GUÍA CATÓLICA
PARA LA BIBLIA

GUÍA CATÓLICA PARA LA BIBLIA

Padre Oscar Lukefahr, C.M.

Título original: *A Catholic Guide to the Bible*

Lukefahr, Oscar, Padre
Guía católica para la Biblia - 1a ed. - Buenos Aires : Bonum, 2006.
272 p. ; 22x15 cm.
ISBN 950-507-905-2
1. Biblia. 2. Educación Religiosa. I. Título
CDD 220

Traducción: Carla Cagnasso
Corrección: Ignacio Lo Russo
Diseño de interior: Donagh Matulich
Diseño de tapa: DG INDIVIDUAL
© 2006 por Editorial Bonum
Av. Corrientes 6687
C 1427 BPE Buenos Aires - Argentina
Telefax: 4554-1414
e-mail: ventas@editorialbonum.com.ar
www.editorialbonum.com.ar

© 2006, Libros Liguori
One Liguori Drive
Liguori MO 63057-999
Estados Unidos
www.liguori.org

Impreso en Argentina
Es industria argentina

ISBN-10: 950-507-905-2
ISBN-13: 978-950-507-905-6

INTRODUCCIÓN

Una de las preguntas que Dios nos hará en nuestro Juicio Final será: "¿Qué te pareció mi libro?" El libro de Dios es la Biblia, un libro que debemos leer y disfrutar.

Quien haya abierto la Biblia sabe que también es un libro que puede ser difícil de entender. Muchos han intentado leer la Biblia de principio a fin, y se desalentaron por sus difíciles pasajes, páginas con nombres y números, estilos de redacción poco familiares, y por el mero tamaño de la Biblia.

La finalidad de este libro es ayudar a los lectores a superar dichos obstáculos mediante la explicación de dónde viene la Biblia y de qué se trata y de ayudar a las personas a *leer* la Biblia ofreciéndoles una visita guiada con información del contexto y pasajes seleccionados para cada uno de sus libros.

Los lectores investigarán tales temas como lenguajes de la Biblia, formas literarias, historia y teología. Esto requerirá tiempo y esfuerzo. Así como quienes estudian piano deben aprender a leer las notas para poder tocar una bella música, de igual modo quienes estudian la Biblia deben aprender los principios de la escolástica bíblica con el fin de leer la Biblia con facilidad y comprensión.

Por lo general, se aconseja a los estudiantes de piano a practicar todos los días. Se aconseja a quienes aprenden a leer la Biblia y usan esta *Guía* a hacerse de algún tiempo todos los días para leer algunas páginas, buscar las referencias bíblicas correspondientes, y a contestar las preguntas del libro de actividades que incluye este libro (también disponible en Publicaciones Liguori). Probablemente sea más productivo dedicar tiempos breves de estudio diario a una sesión intensa ocasional.

Al escribir la *Guía Católica para la Biblia*, me he esforzado por ser fiel a las enseñanzas de la Iglesia Católica. En muchas áreas donde la Iglesia no ha emitido una declaración oficial respecto a temas de interpretación, he hecho mi mayor esfuerzo en esgrimir opiniones dentro de los límites de la razón y fidelidad del dogma de la Iglesia. Las referencias al *Catecismo de la Iglesia Católica* son dadas de la siguiente manera: la cita (C 1-10) lleva al lector a secciones una de cada diez en el *Catecismo*.

Esta *Guía* es una invitación a estudiar la Biblia. Es también una invitación a emprender una aventura: escuchar la palabra de Dios, leer las mismísimas palabras que Jesús una vez pronunció, ¡abrir las páginas que los santos han tocado!

Es también una invitación a descubrir que la Biblia puede ser un compañero de gran riqueza en nuestro viaje por la vida, pues una vez que comprendemos los principios de la escolástica bíblica y nos familiarizamos con la Biblia, Dios nos habla a través de sus páginas.

Y así tendremos la respuesta correcta a la pregunta del Día del Juicio Final: "¿Tu libro, mi Señor? Me encantó. ¡Me ha guiado hacia tu presencia!

PADRE OSCAR LUKEFAHR, C.M.

P.D. Una nota de agradecimiento a todos aquellos que me han ayudado a escribir este libro. Gracias... al Padre David Polek, C.SS.R., quien me propuso este proyecto en un comienzo. A Cecilia Portlock, cuya experiencia y conocimientos han sido de gran valor. A todos aquellos que leyeron el manuscrito completo y el libro de actividades, en especial a Frank y Gail Jones, Delores Lindhurst y Kathy y Dennis Vollink. A todos aquellos que me ayudaron con las diversas etapas del proyecto, en especial a Carol Meyer, Kasey Nugent, Henry y Jeanne Moreno. Padre John Tackaberry, C.M., Mary Ann Toczylowski, Brock y Kathy Whittenberger y al Dr. Michael Wulfers. A la Clase de Estudios Bíblicos en St. Vicent de Paul Parish en Perryville, Missouri, cuyo incentivo y asesoramiento fue esencial. A mi hermana, Joann Lukefahr, D.C., que coordinó mis encuentros con la clases. A mis maestros del seminario de Escrituras, Padre James Fischer, C.M. y Padre Gilmore Guyot, C.M. A Penny Elder, Cheryl Gegg, y Sherrie Hotop, quienes colaboraron con la segunda edición del libro y libro de actividades, y a Kass Dotterweich por la edición de este libro. ¡Que Dios los bendiga a todos!

Parte I

_____

EL CAMINO
A LA BIBLIA

BIBLIAS, CREENCIAS Y COMIENZOS

Una mañana de sábado, contesté el timbre de la puerta del rectorado y me encontré con dos jóvenes bien vestidos parados en el vestíbulo. Ambos llevaban biblias y portafolios. Ambos parecían sorprendidos de estar cara a cara con un sacerdote católico (el rectorado no mostraba un cartel que indicara que fuera un lugar diferente a otras casas en nuestra pequeña ciudad), no obstante preguntaron si podían pasar.

Los invité a pasar a la sala de estar y me presenté como el pastor de la Iglesia Católica del lugar. Se presentaron y explicaron que eran voluntarios de su iglesia, que iban puerta por puerta, para explicar sus creencias, y entregaban folletos. El más joven de los dos se disculpó diciendo que era bastante nuevo en el tema de la evangelización, pero que era su turno de hablar. Continuó con una interpretación verso por verso del Padrenuestro: cada vez se ponía más y más nervioso cuando caía en la cuenta de la incongruencia de explicar esa oración a un ministro con el doble de su edad. Finalmente, tan nervioso al punto de olvidar lo que seguía ("danos hoy el pan de cada día"), hizo una pausa y preguntó si podíamos simplemente conversar.

Luego me preguntó cómo me debía llamar. "Como te guste", respondí, "aunque la mayoría de la gente me dice Padre." Se preguntó por qué, puesto que, ¿no había dicho Jesús que no debíamos llamar a nadie sobre esta tierra nuestro padre? Le expliqué que, según nuestra interpretación católica de Mateo 23,9, Jesús se refería a falsas actitudes de orgullo y superioridad; no prohibía el uso de palabras como *padre* o *maestro*; de lo contrario, ¡estas palabras no podrían ser usadas en referencia a nuestros padres o instructores! Le expliqué también que nosotros seguíamos la práctica de San Pablo, que escribió a aquellos a quien servía: "Por medio del Evangelio yo los engendré en Cristo Jesús" (I Corintios 4,15).

Luego, continuamos conversando sobre los métodos de interpretación de la Biblia. Los dos hombres expresaron sus creencias de que la Biblia establece un cronograma para el futuro, incluso la fecha del fin del mundo. Les expliqué cómo la Iglesia Católica enseña que sólo Dios conoce aquel día y aquella hora (Marcos 13,32), y que siempre debemos estar listos para encontrarnos con Cristo.

Pronto se hizo la hora en que debieron partir. Su visita fue amena, marcada por la amabilidad y el respeto mutuo. ¡Pero yo no he marcado en el calendario la fecha del fin del mundo, y dudo que estos jóvenes llamen a su ministro "Padre"!

¿QUÉ SIGNIFICA LA BIBLIA?

La visita de aquel sábado por la mañana ilustra el hecho de que aquellos que se dicen cristianos leen la Biblia, pero no la entienden de igual manera. Esto se debe, en parte, a las complejidades de la expresión del lenguaje. Todos hemos tenido la experiencia de decir algo en un esfuerzo por expresar una idea determinada, con el resultado de que quienes nos oyen no nos entiendan. Las complejidades se multiplican cuando la gente intenta comunicarse a través de las barreras temporales, culturales o idiomáticas.

Nosotros hablamos inglés. Shakespeare hablaba inglés. No obstante, luchamos, por momentos, por entender su significado, debido a que muchas palabras no representan más las mismas ideas que en aquella época. La voz inglesa 'fardels borne', que significa 'cargas', era utilizada por Shakespeare, pese a que en el inglés actual se usa burdens. Una frase que representa un elogio en una cultura puede ser un insulto en otra. Una palabra apropiada en una lengua puede ser una opción pobre en otra. Hace algunos años, por ejemplo, la empresa Chevrolet Motor tenía un modelo que se llamaba "Nova". El auto se exportó a México, en donde el nombre causó gran confusión, pues en español No va, puede significar "No sirve".

La Biblia fue escrita hace mucho tiempo, a lo largo de mil años, por personas que pertenecían a una cultura bastante diferente a la nuestra y hablaban idiomas que no entendemos. La Biblia usa formas literarias (tipos de literatura) que varían considerablemente de las nuestras. Muchas de las palabras más importantes de la Biblia (las usadas por Jesús) fueron dichas en un idioma (arameo), escritas en otro (griego), y traducidas a un tercer idioma. Entonces no sorprende que tengamos problemas para discernir el significado de la Biblia.

La Iglesia Católica y muchas otras iglesias cristianas creen que la Biblia también tiene a Dios como su autor. Esto quiere decir que podemos esperar un grado de confianza que no encontraremos en ningún otro lugar. Pero se suman más complicaciones: ¿cómo pueden Dios y los seres humanos ser autores de los mismos escritos? ¿Cómo se deben interpretar tales escritos?

La posición oficial de la Iglesia Católica es que Dios inspiró a los autores humanos de la Biblia para escribir mediante el uso de sus talentos, habilidades y estilos. Dios no sólo les dictó mensajes o los usó como un ventrílocuo usa a un títere. Por esta razón, podemos entender mejor cualquier parte de la Biblia remontándonos a la época y al lugar del autor humano y descubrimos qué intentó expresar.

La interpretación de la Biblia será estudiada en detalle más adelante. Pero, por ahora es obvio que ésta *debe* ser interpretada. Hay quienes sostienen que podemos discernir el significado de la Biblia a partir de las palabras solamente. Sin embargo, tras miles de años y a partir del hecho de que fue escrita en otros idiomas por personas de diferentes culturas, el estudio e interpretación de la Biblia son necesarios si la queremos comprender adecuadamente.

Para sustentar mejor aun este punto, simplemente necesitamos referirnos a algunas citas de sus citas. El Salmo 144,1 dice de Dios: "Bendito sea Dios, la roca mía." ¿Significa esto que Dios es una materia mineral sólida o significa que Dios es un creador todopoderoso de quien dependemos? La interpretación es necesaria. Otro ejemplo se puede ver en Lucas 14,26 donde Jesús dice: "Si alguno viene a mí y no deja a su padre y a su madre, a su mujer y sus hijos, hermanos y hermanas, y aun su propia vida, no puede ser discípulo mío." ¿Nos quiere de-

17

cir Jesús que debemos literalmente detestar a nuestros propios parientes? ¿O el idioma arameo que Jesús hablaba significaba algo diferente? Nuevamente, ¡la interpretación es absolutamente necesaria!

INVESTIGACIÓN ESCOLÁSTICA Y LA BIBLIA

La idea de interpretar la Biblia hace sentir a algunos católicos incómodos. Ellos se enteran de que algunos pasajes bíblicos que se creía eran históricos ahora son interpretados de una manera diferente. ¿Significa que la Biblia en su totalidad es sólo un cuento?

Desde ya que no. *Han* habido cambios en nuestra comprensión respecto a algunas partes de la Biblia en los últimos años. Estos cambios se deben a los descubrimientos hechos por escolásticos en el campo del idioma, arqueología e historia.

Idioma: Los siglos diecinueve y veinte sacaron a la luz miles de documentos desconocidos desde los tiempos bíblicos. Registros en egipcio, asirio, babilónico, arameo y muchos otros idiomas han permitido a los escolásticos descifrar formas antiguas de escritura y pensamiento. Descubrimientos como los Manuscritos del Mar Muerto (viejas copias de los libros de la Biblia y de otra literatura encontrada en cuevas de desiertos en el sudeste de Jerusalén) ayudaron a los investigadores a concretar grandes progresos en su comprensión de los dos Testamentos, el Antiguo y el Nuevo, en 1947.

Arqueología: En los últimos dos siglos, algunos arqueólogos han arrojado nueva luz sobre la Biblia. Antiguos monumentos y ciudades enteras han sido desenterradas y estudiadas en Egipto, Palestina, y otras áreas importantes para la Biblia. Casi todos los aspectos de la vida mencionada en la Biblia fueron clarificados de uno u otro modo.

Historia: Con la ayuda de los hallazgos arqueológicos, los historiadores han obtenido una imagen exacta de los tiempos antiguos. Han podido documentar la verdad histórica en la Biblia y han podido diferenciar las partes no históricas de las históricas de la Biblia.

Como resultado, quizás nos encontremos en una mejor posición para comprender el significado original de los autores de la Biblia y más que nadie desde la época de Jesús. Tendremos que revisar nuestras formas de mirar algunas partes de la Biblia, pero esto no implica que toda la Biblia sea un cuento. Hay historia en la Biblia. Pero hay también parábolas, poesía, historias breves, canciones, drama, fábulas y otros tipos de escritura.

Todo esto puede parecer confuso. Es verdad que el tipo de investigación que requiere el conocimiento de idiomas, culturas e historia antiguas puede ir más allá del alcance de la mayoría de las personas. Pero los escolásticos de la Biblia han establecido gran parte del fundamento para nosotros. Con la ayuda de ellos, podemos aprender a reconocer y entender las formas literarias de la Biblia de la misma manera que nosotros reconocemos y entendemos las formas literarias comúnmente usadas en la actualidad.

Nos beneficiamos con la investigación de los escolásticos cada vez que abrimos las buenas traducciones modernas de la Biblia. Tales traducciones guardan mayor similitud con los manuscritos originales (documentos manuscritos) de lo que guardaban las antiguas versiones del católico Douay y del protestante rey Jacob. Nos pueden introducir a los libros de la Biblia así como también a las notas que dan información histórica y explican pasajes difíciles.

Una nota aclaratoria: este libro menciona a los escolásticos de las Escritura con frecuencia y se refiere a sus trabajos. Se han realizados los mayores esfuerzos aquí para que la escolástica siga fielmente las enseñanzas de la Iglesia Católica y para expresar ideas que concuerden con los lineamientos de la Iglesia. No obstante, las opiniones de los escolásticos pueden cambiar a medida que los arqueólogos, lingüistas e historiadores descubran nuevas pruebas. Esto no debe alarmarnos. Nuestra fe descansa no en las últimas especulaciones de los escolásticos, sino en la sabiduría y autoridad de Dios. Mientras las teorías y opiniones de los escolásticos cambian, las doctrinas básicas sobre las cuales se funda la Iglesia Católica son ciertas y duraderas porque provienen de Cristo Jesús, nuestro Señor y Dios, quien "es el mismo ayer y hoy y lo será siempre." (Heb 13,8).

TRADUCCIONES MODERNAS DE LA BIBLIA

No quedan hoy manuscritos redactados a mano de los autores originales. Los manuscritos más viejos que quedan son copias y traducciones, algunos de ellos de dos mil años de antigüedad, algunos incluso más viejos. En siglos pasados, había mucho desacuerdo sobre el contenido de los textos originales. Los escolásticos han llegado a un acuerdo sobre la sustancia de los textos originales, gracias al progreso en la arqueología, lingüística e historia.

Como resultado, muchas de las drásticas diferencias anteriormente encontradas en las traducciones protestantes y católicas de la Biblia fueron eliminadas. Por ejemplo, el agregado no bíblico de la oración del Señor "Para ti es el reino, el poder y la gloria" ha sido suprimido de las ediciones modernas protestantes. No obstante, hay muchas traducciones modernas inglesas, protestantes y católicas. La gente pregunta a menudo "¿por qué hay tantas?" y "¿cuál debo usar?".

Hay muchas traducciones simplemente porque las palabras tienen significados diversos y están sujetas a interpretaciones diferentes. Un traductor tal vez quiera usar la palabra *ayuda,* mientras que otro prefiera *asistencia*. Para un lingüista *amor* tal vez parezca preferible en una instancia particular antes que *caridad,* mientras que a otro *caridad* le parece la mejor opción.

Algunas traducciones no se apartan de su lengua original, mientras las traducciones más libres, o parafraseadas (tal como *The Living Bible),* parafrasean y reformulan las ideas. El primer enfoque puede proporcionar una versión que presenta fielmente el pensamiento del autor original, pero el lenguaje puede ser formal. El segundo enfoque puede tener la ventaja de producir un texto más leíble, pero puede también imponer la tendencia del traductor sobre el contenido.

Actualmente, existen muchas versiones en inglés aprobadas por católicos en los Estados Unidos de América. Entre ellas se encuentran: *Jerusalem Bible, New American Bible* y *New Revised Standard Version of the Bible.* Por un lado, hay buenas traducciones, confiables, sin ser excesivamente literales y, por el otro lado, meras interpretaciones. La *New Revised Standard Version of the Bible* (la traducción elegida para el *Catecismo de la Iglesia Católica*) será utilizada a lo largo de este libro.

COMENZAR A LEER LA BIBLIA

La Biblia es realmente una colección de muchos libros. (la palabra _biblia_ proviene del griego _biblia_, que significa "libros". Se nombra también a la Biblia como las Sagradas Escrituras, los Escritos Sagrados, o la Escritura). Hay dos divisiones principales de la Biblia: el Antiguo Testamento, escrito antes del nacimiento de Jesús, y el Nuevo Testamento, escrito durante el año cien después de su muerte y Resurrección. La mayoría de las biblias tiene un índice que enumera los diversos libros en el Antiguo y Nuevo Testamento así como también una lista de abreviaturas comúnmente usadas por los libros.

Cada libro se divide en capítulos y versículos. El sistema en uso hoy en día no era parte de la Biblia original, y, a menudo, los intervalos por capítulos y versículos no están sincronizados con el significado del texto. Pero sí proporcionan un método universalmente aceptado para encontrar las citas de la Biblia.

La forma común de encontrar una cita en la Biblia es primero nombrar el libro (por lo general abreviado): _Mt_ se refiere al Evangelio de Mateo, _1 Pe_ a la Primera Carta de Pedro. Después sigue un número de serie, que indica el capítulo. _Mt 2_ significa el Evangelio de Mateo, capítulo 2. El número del capítulo va seguido de un signo de puntuación de algún tipo (dos puntos, una coma o un punto), después del cual siguen más números que representan los versículos. Por este motivo, _Mt 2,19-23_ significa el Evangelio de Mateo, capítulo 2, versículo 19 a 23.

Si la cita se refiere a más de un capítulo, se escribe _Mt 2,19-3,6_, que significa el Evangelio de Mateo, capítulo 2, versículo 19 hasta el capítulo 3, versículo 6.

A veces, se hace referencia a versículos específicos dentro del mismo capítulo, mientras que se omiten otros. Se usa una coma para indicar los versículos omitidos. Por ejemplo, _1 Rey 2,1-4,10-11_ significa el Primer Libro de los Reyes, capítulo 2, versículos 1 a 4 y 10 a 11. (Se omiten los versículos 5 a 9).

Este sistema puede parecer confuso al principio, pero es más fácil a medida que el lector se familiariza con la Biblia y con el proceso de buscar pasajes. Las biblias usan abreviaturas levemente diferentes, y en algunas versiones de la Biblia varía en algunas ocasiones la enumeración de los versículos y capítulos seleccionados. Con frecuencia, el lector puede encontrar estos capítulos y versículos buscándolos en el área general del pasaje que se ha citado.

AYUDAS PARA LEER LA BIBLIA

Este libro guiará a los lectores a través de la Biblia, quienes encontrarán más ayuda en las numerosas guías de estudio que se encuentran disponibles de la Biblia. Un *comentario* de Biblia ofrece explicaciones capítulo por capítulo de los pasajes de la Biblia. Un *atlas* de la Biblia proporciona mapas que muestran cómo era el mundo durante las diferentes etapas de la historia del Antiguo y Nuevo Testamento. Los atlas también ofrecen detalles acerca de la vida diaria en tiempos antiguos. Un *índice temático* enumera la aparición de cada palabra en la Biblia y enuncia el capítulo y versículo donde se encuentra la palabra. Un *diccionario* de la Biblia ofrece explicaciones de las palabras, nombres y lugares importantes en la Biblia. Las *cintas de audio* permiten a los oyentes acercarse a las Sagradas Escrituras, cuando la lectura no es posible o conveniente. Éstas son especialmente de gran valor para los no videntes y quienes tengan problemas de visión. Se encuentran disponibles los programas de computadora con muchas versiones de la Biblia que permiten al usuario acceder a la palabra o versículo y proporcionan comparaciones de versiones en columnas paralelas en pantalla.

Existen literalmente miles de libros que ofrecen información acerca de la Biblia. Algunos de ellos son de gran ayuda y están en conformidad con las enseñanzas católicas. Otras fuentes, incluso algunas que dicen ser no sectarias, contradicen la doctrina católica y atacan a la fe católica. Los estudiantes de la Biblia pueden juzgar el valor de estas fuentes en una biblioteca u hojear la sección de la Biblia en una librería que venda libros del catolicismo.

FE Y LA BIBLIA

La Biblia ha sido el *bestseller* por dos mil años. Hace referencia a cada situación humana, refleja cada movimiento e ilustra vívidamente todas las clases de personas, buenas y malas. Es una gran obra de literatura: trama intensa, poesía espiritual, historias inolvidables. Pasajes como "el Señor es mi pastor" (Sal 23) y la parábola del Hijo Pródigo (Lc 15,11-32) son conocidos y amados por cientos de miles de personas en todo el mundo.

Pero la razón principal por la cual la Biblia es un *bestseller* es que está inspirada por Dios. Esto significa que Dios influyó en los autores humanos de la Biblia para enseñar las verdades necesarias para nuestra salvación. Dios, entonces, nos dio la Biblia para contestar las grandes preguntas de la vida. "¿Por qué estoy aquí?", "¿cuál es el origen de las cosas creadas?", "¿existe un Dios, y si es así, cómo es Dios?", "¿cómo debemos vivir?", "¿qué nos sucederá después de la muerte?"

Es posible, pero incorrecto, considerar la Biblia solamente como la gran obra de literatura para ser investigada de la misma forma que se estudian otros grandes libros. Podemos conocer su contenido y hablar de la manera que lo hacen los escolásticos acerca de sus temas; no obstante, ahí fallamos en tratar el tema más importante a menos que nos preguntemos a nosotros mismos: *¿La Biblia es inspirada por Dios? ¿Dios realmente nos habla a través de las páginas de la Biblia? ¿Nos muestra la Biblia cómo vivir? ¿Confiamos en el mensaje de salvación y vida eterna de la Biblia a través de Cristo Jesús?*

La Biblia pide una respuesta. Podemos leer y disfrutar una buena novela sin tener que hacer cambios en nuestro estilo de vida. Pero cuando leemos la Biblia, se nos presenta el desafío de creer y tener esperanza, de amar y dar, de sacrificar y compartir, de perdonar y ser perdonado, de crecer y confiar. Nosotros podemos apreciar la Biblia como una gran obra de literatura, pero recién comprenderemos plenamente la Biblia cuando la veamos como un medio para el diálogo con Dios.

Hace algunos años, me encontré con una anciana a quien le habían diagnosticado un cáncer terminal. Después de hablar acerca de su enfermedad, le pregunté si le temía a la muerte, "oh, no", respondió.

"Jesús me tomará de la mano y me llevará al paraíso. Quiero estar con mi marido, con mis padres. Sé que Dios me cuidará."

¡Ella *conocía* su Biblia! Tal vez, no era capaz de citar el capítulo y versículo, pero sabía lo que Jesús había prometido, y ¡ella creía! Por otro lado, es posible que un erudito sepa todo lo que Jesús dijo acerca de la vida eterna sin creer una palabra de todo eso. Nuestro objetivo al estudiar la Biblia debe ser aprender lo que Dios dice en la Biblia y creer y actuar en consecuencia.

A veces podemos recurrir a la Biblia para estudiar el contenido que más nos preocupa. A veces, en primera instancia, podemos abrir la Biblia como punto de partida para la oración. A veces podemos recurrir a la Biblia como guía. En cualquier caso, se recomienda empezar a usar la Biblia con una humilde oración a Dios: "Señor, ayúdame a comprender tu palabra. Permíteme creer en tu palabra. Fortaléceme con tu palabra. Amén."

Preguntas para analizar y reflexionar

¿Cuál es tu pasaje favorito de la Biblia? ¿Por qué? ¿Qué parte de la Biblia te parece más confusa? ¿Por qué?

Cuando lees la Biblia, o cuando es leída en un oficio religioso, ¿tratas conscientemente de pensar que Dios te está hablando a través de estas palabras? ¿Cuáles son algunas formas que te recuerdan esta realidad? (Un ejemplo: algunas personas se imaginan a Cristo parado en el púlpito los domingos a la mañana, leyéndoles la Biblia.)

Actividades

Tómate algunos minutos para reflexionar sobre las preguntas más importantes en tu vida. Luego, escribe tu propia oración y pide a Dios que te ayude a encontrar en la Biblia las respuestas a esas preguntas. Conserva esta oración en tu Biblia, y úsala cada vez que estudies o leas la Biblia.

CAPÍTULO DOS

LOS AUTORES DE LA BIBLIA: DIOS Y LA GENTE

Giran a nuestro alrededor imágenes y sonidos, sinfonías y obras de Shakespeare, noticieros y partidos de los deportes más conocidos, música popular y programas de reportajes. Transmitidos por los canales, estas imágenes y sonidos se hacen visibles y audibles en el preciso momento en que encendemos la televisión.

Giran a nuestro alrededor otras imágenes y sonidos, los mensajes de amor y verdad, imágenes de grandeza y belleza. Emanan por siempre desde el Creador del universo, estas imágenes y sonidos se hacen visibles y audibles cuando acercamos nuestros corazones y mentes a Dios.

La mayoría de nosotros sabe cómo la cámara de televisión captura los hechos, los transmite desde un canal y, así, los recibimos en nuestros hogares. Podemos no entender tan claramente cómo Dios nos envía mensajes o cómo los recibimos. Sin embargo, a través de la tradición judeocristiana, sabemos que Dios se comunica con nosotros a través de la belleza de la naturaleza, a través de los hechos en nuestras vidas, a través de las personas, y a través de la experiencia de la oración. También sabemos que escuchamos a Dios cuando afinamos nuestros sentidos y nuestro intelecto, nuestra memoria y nuestra voluntad, nuestra imaginación y nuestras emociones a la realidad de la presencia, acción y comunión de Dios.

La calidad de las imágenes y sonidos que tomamos de la televisión depende de muchos factores. Las manchas solares en un aparato eléctrico puede causar estática. Una antena defectuosa o una mala sintonía puede quitar nitidez a la imagen y distorsionar el sonido. De igual modo, la calidad de las imágenes y mensajes que recibimos de Dios pueden enturbiarse por muchos factores. Nuestras mentes pueden enceguecerse por el pecado. Mensajes opuestos que niegan la existencia de Dios pueden confundir nuestros corazones. Nuestros sentidos e intelecto, nuestra memoria y voluntad, nuestra imaginación y emociones pueden estar cargados de objetivos terrenales de modo tal que se nos hace imposible dirigir nuestra atención en dirección al Reino de Dios.

INSPIRACIÓN BÍBLICA

En los últimos años, la tecnología hizo posible que superemos muchos de los obstáculos que impedían una buena recepción de la señal televisiva. Las señales salen de los satélites. La televisión de cable da línea directa a una fuente de transmisión. Las películas grabadas en un video pueden ser vistas en una videocasetera con gran nitidez.

La tecnología no puede eliminar los obstáculos que impiden la comunicación entre Dios y nosotros, pero la inspiración de Dios sí puede. En la historia judeocristiana, ha habido gente que buscaba a Dios con gran intensidad, que "vieron el rostro de Dios" y "oyeron la voz de Dios". Ellos fueron *inspirados* por Dios.

La experiencia que tuvieron de Dios en naturaleza, gente, hechos y oraciones pudo haber sido similar a las maneras en que nos encontramos con Dios. En algunos casos, pudieron haberse inspirado en la investigación de los sabios sin darse cuenta de que Dios estaba trabajando a través de ellos (2 Mac 2,19-32 y Lc 1,1-4). En otros casos, pudieron haber recibido la inspiración de Dios en revelaciones dramáticas, tal como le pasó a Isaías en sus visiones (Is 6).

Cualquiera sea la manera en que fueron inspirados, ya sea a través de procesos naturales o hechos milagrosos, ellos transmitieron sus experiencias a los demás. Finalmente, la comunidad judeocristiana, a la cual pertenecían, reconoció que las percepciones que tuvieron de Dios eran reales, registraron esas percepciones y las atesoraron como sagradas. En su debido tiempo, bajo la guía de Dios, la comunidad recopiló tales escritos sagrados en un libro, el cual expresaba sus creencias y daba forma a las creencias de las generaciones futuras.

Puesto que la Biblia proviene de autores inspirados a través de una comunidad, las percepciones de Dios guardadas en la Biblia difieren de las percepciones no bíblicas. Aquellas que están en la Biblia tienen posición especial porque tienen el reconocimiento de la comunidad, la Iglesia, como inspiradas por Dios.

LA BIBLIA HOY

Porque Dios inspiró a los autores de la Biblia de tal modo que la inspiración fue reconocida por la Iglesia, la Biblia nos habla hoy. Nosotros podemos, y debemos, comunicarnos con Dios en una oración personal. Pero peleamos. Así como un televisor, sujeto a una antena defectuosa, ubicada lejos del canal, nosotros recibimos, a menudo, una imagen que no es clara debido a la interferencia de voces opuestas y a un mensaje desvirtuado por la estática del pecado. La Biblia es como una cinta de video que ponemos en una videocasetera de nuestra conciencia y recibe una visión y mensaje que indudablemente provienen de Dios.

En la Biblia son las visiones de Dios que nos llegan a través de Abraham, Moisés, la comunidad judía. En la Biblia son las visiones de Dios que nos llegan a través de Lucas, Pablo, la comunidad cristiana. A través de los libros de la Biblia, se clarifican nuestras ideas acerca de Dios y se mejora nuestra habilidad para hablar con Dios. ¡La Biblia nos pone en contacto con Dios de manera única y poderosa!

LA HISTORIA DETRÁS DE LA BIBLIA "A.C."

El desarrollo de la Biblia ocurrió en la historia humana. Quien quiera familiarizarse con la Biblia debe conocer la historia de las comunidades judías y cristianas que dieron origen a la Biblia. Examinaremos esta historia en capítulos más adelante. Aquí repasaremos brevemente los principales hechos para darle forma a futuros análisis.

El estudio empieza con Abrám, oriundo de Ur, una antigua ciudad al norte del Golfo Pérsico. Alrededor del año 1900 A.C., su familia fue hacia Harán, una ciudad de la actual frontera entre Turquía y Siria. (Muchas de las fechas relacionadas con el Antiguo Testamento son aproximadas.) En Harán, Abrám recibió un llamado de Dios para desplazarse hacia Canán (el territorio conocido en diferentes épocas como la Tierra Prometida, Israel, Judea, Palestina, y la Tierra Santa). Dios selló un compromiso (un acuerdo ceremonial) con Abrám que cambió su nombre por el de Abraham y prometió que él y su esposa, Sara (que cambió de Sarai a Sara), tendrían un hijo, el primero en la larga línea de descendientes. Ese hijo, Isaac, se convirtió en el padre de Jacob, que tuvo doce hijos varones. Alrededor del año 1720 A.C. Jacob y su familia marcharon hacia Egipto donde sus descendientes, los judíos, finalmente se convirtieron en esclavos.

Alrededor del año 1250 A.C. un judío, llamado Moisés, escuchó a Dios que le pedía que guiara a su pueblo a la libertad en la tierra de Canán, la Tierra Prometida. Moisés condujo a los judíos (también conocidos como israelitas y más tarde como judíos) en una huida valiente. En el Monte Sinaí recibió una nueva señal de la alianza con Dios en los Diez Mandamientos, luego guió a los israelitas que deambularon por el desierto durante cuarenta años. Moisés murió antes de entrar a la Tierra Prometida y su coronel Josué, condujo al pueblo a Canán. Siguió un período de conquistas, con las doce tribus (divisiones del pueblo judío bautizadas con los nombres de los hijos de Jacob) que se asentaron en diversas partes de Canán. Pelearon con los habitantes de la tierra (Filipenses entre otros) durante un largo período de transición, denominado el tiempo de los Jueces.

Alrededor del 1020 A.C. Sául, un líder carismático, empezó a juntar las tribus y fue designado rey. Finalmente se volvió insano y murió en un combate. Fue reemplazado por un soldado joven llamado David. A comienzos del año 1000 A.C., David unió las tribus, estableció en Jerusalén el centro de su gobierno e hizo de Israel una fuerza reconocida en el Medio Oriente. En el año 961 A.C., su hijo, Salomón, lo sucedió como rey y construyó un magnífico Templo en Jerusalén. Pero, en sus últimos años, Salomón empezó a adorar falsos dioses y castigó a su gente con altos impuestos y trabajo forzado. Su hijo, Rehoboam, continuó con estas políticas, y en el año 922 A.C., una guerra civil dividió al pueblo en dos reinos: Israel, al norte, con su capital en Samaria, y Judea, al sur, con su capital en Jerusalén (algunos sabios establecieron la fecha en el año 927 A.C. ó 931 A.C.).

Ambos reinos fueron conducidos por líderes pobres y por la infidelidad de la gente hacia Dios. En el año 721 A.C., Israel fue atacada por los asirios (parte de la actual Iraq); sus ciudadanos fueron cruelmente asesinados u obligados al exilio. Otros cautivos de tierras extranjeras fueron traídos a Israel por los asirios; se casaron con los israelitas que habían quedado relegados, y formaron el pueblo al que se lo conoce como el de los samaritanos. En el año 587 A.C., Judea fue conquistada por Babilonia (también parte de la actual Iraq). Jerusalén fue saqueada, sus muros destruidos y su Templo derrumbado. Los sobrevivientes fueron obligados al exilio en Babilonia.

Algunas décadas más tarde, Ciro, rey de Persia, derrotó a Babilonia. Ciro permitió a los israelitas regresar a su tierra en el año 539 A.C. Aquellos que regresaron encontraron que Jerusalén no era otra cosa más que ruinas. Hostigados por todos lados por los enemigos, terminaron de construir un nuevo Templo alrededor del año 515 A.C. y de reconstruir la ciudad en el año 445 A.C. Pero las esperanzas de su pueblo de volver a ganar la gloria de los tiempos del rey David estaban condenadas al fracaso.

Alejandro el Magno tomó el mando del gobierno en el año 332 A.C. Después de su muerte, Egipto y Siria se disputaron el control de la nación judía, y en el año 167 A.C. los sirios lanzaron una terrible persecución sobre los judíos. Fueron resistidos por una familia de guerreros, los macabeos, quienes lograron la independencia en el año 142 A.C. Esto duró hasta el año 63 A.C., cuando los romanos conquistaron Jerusalén e hicieron de Palestina (Idumea, Judea, Samaria y Galilea) un estado vasallo. En el año 37 A.C. Herodes el Grande fue proclamado rey por los romanos; déspota e incansable trabajador, gobernó hasta el año 4 A.C. Aproximadamente dos años antes del fin de su reinado, nació Cristo Jesús. (Quienes se ocuparon originariamente de calcular la fecha del nacimiento de Cristo erraron por seis o siete años.)

LA HISTORIA DETRÁS DE LA BIBLIA "D.C."

Jesús fue criado en el pueblo de Nazaret, ubicado a unas sesenta millas al norte de Jerusalén. Aprendió el oficio de su padre adoptivo, José, un carpintero. A los treinta años aproximadamente, Jesús empezó a predicar un mensaje que conmovía los corazones de muchos israelitas: el reino de Dios se establecía en la tierra y las esperanzas de los creyentes se cumplirían por medio de él. Demostró importantes poderes mediante los milagros de curación. Reunió un grupo de doce apóstoles como sus colaboradores especiales. Muchos de los que oían su enseñanza y veían sus milagros esperaban que Jesús fuera el nuevo rey David, un mesías (el salvador) que desplazaría a los romanos y haría de su país una potencia mundial una vez más. Jesús rechazó respaldar tales esperanzas, pues su reino no pertenecía a este mundo.

Sin embargo, la popularidad de Jesús causó alarma entre los saduceos y los herodianos, las clases gobernantes entre los judíos. Los colaboradores de los romanos tenían miedo de que las grandes multitudes que rodeaban a Jesús incitaran a la sublevación. Otra clase importante en Palestina, los fariseos, se enfurecían cuando Jesús criticaba la insistencia de estos que proclamaban que la gente únicamente se salvaría, si observaba las numerosas y minuciosas leyes que habían establecido. Finalmente, los saduceos, herodianos y fariseos complotaron contra Jesús. Con la ayuda de Judas Iscariote, uno de los doce apóstoles, Jesús fue arrestado, quedó sujeto a un juicio injusto ante el alto tribunal judío, el Sanedrín, y fue sentenciado a muerte. Debido a que los líderes judíos no querían ser culpados de la muerte de Jesús, y porque querían que sintiera la humillación de una crucifixión romana, lo hicieron condenar a muerte por un gobernante romano, Poncio Pilato. Fue crucificado un viernes por la tarde junto con dos delincuentes en un lugar llamado Gólgota, en las afueras del territorio de Jerusalén. Murió después de horas de agonía, y un soldado romano clavó una lanza en uno de sus costados para garantizar su muerte. Jesús fue enterrado y su tumba quedó sellada con una gran roca. Los soldados fueron enviados para vigilar el lugar, y sus enemigos sintieron que se habían deshecho de él para siempre.

Pero al siguiente domingo por la mañana, encontraron la tumba abierta y vacía. Nadie supo qué pensar hasta que Jesús apareció ante sus seguidores elevado y glorioso, ya no estaba limitado ni por el tiempo ni por el espacio. Por un período de cuarenta días, Jesús se les apareció con frecuencia a sus apóstoles y a otras personas. Les recordó el modo en que había anunciado su muerte y Resurrección como un modo de vencer la muerte y traer vida eterna a todos. Jesús les pidió a sus seguidores que predicasen la Buena Nueva de su salvación al mundo, les enseñó que ellos debían ser el signo de la continuación de su presencia en la tierra. Luego, ascendió a los cielos. Diez días más tarde los seguidores de Jesús fueron tocados por el poder del espíritu de Dios. Liderados por Pedro, el primero de los apóstoles, empezaron a predicar a grandes multitudes a las que les decían que el Jesús resucitado era el Mesías esperado por el pueblo judío. Los apóstoles invitaron a sus oyentes a depositar su fe en Cristo y a unirse a él por medio del Bautismo.

La cantidad de seguidores crecía fuertemente, pero también crecía la oposición por parte de los líderes judíos. En el año 36 D.C., seis años después de la Resurrección de Cristo, tuvo lugar una persecución, llevada a cabo por un fariseo llamado Saúl. Supervisó la ejecución de un líder de la Iglesia, Esteban, y envió a prisión a muchos creyentes.

Luego, sucedió un dramático e inesperado desarrollo. Saúl tuvo una visión de Cristo resucitado y empezó a proclamar a Jesús como el Mesías. Otros creyentes debieron huir de Jerusalén por ser perseguidos, empezaron a predicar la Buena Nueva de Jesús a los judíos y a los gentiles (no judíos). Pese a que las persecuciones se sucedían unas a otras, los cristianos continuaron predicando, creciendo en número y protegiéndose entre sí. Paulatinamente, se fueron alejando de sus lazos judíos a causa de las persecuciones y porque muchos judíos se negaban a aceptar a Jesús como el Mesías.

El cristianismo pronto se expandió por todo el mundo civilizado. Saúl, conocido en ese entonces como Pablo y otros misioneros, predicaron la palabra de Cristo en Asia Menor, Europa, África y Asia, y su trabajo se hizo vio facilitado por los caminos romanos y la paz romana. Pero, más tarde Roma se convertiría en un enemigo. El emperador Nerón comenzó a perseguir a los cristianos a mediados de los sesenta y, según cuenta la tradición, martirizó a Pedro y a Pablo en Roma. Según la lógica, el poderoso Imperio Romano debió haber eliminado al cristianismo; no obstante, las persecuciones solamente alentaron su crecimiento. Roma jugó un papel primordial en otro importante desarrollo. Después de la muerte de Herodes Agripa en el año 44 D.C., los rebeldes de Judea, conocidos como zelotes, presionaron para declarar la guerra santa a los romanos. En el 66 D.C., el malestar dio origen a una sublevación de gran magnitud. En el año 70 D.C., los romanos sitiaron Jerusalén, mataron a sus habitantes y convirtieron a la ciudad en ruinas. El Templo desapareció y el cristianismo fue alejado aun más de sus raíces judías.

Los cristianos pronto desarrollaron un sentido propio de su identidad como Iglesia. Se establecieron los modelos de las estructuras de la Iglesia. Las iglesias locales eran dirigidas por los obispos y asistidas por los sacerdotes y diáconos. Quienes sucedieron a Pedro como obispos de Roma eran considerados con la misma autoridad que Pedro había recibido de Jesús; ellos eran los primeros de entre los obispos como Pedro fue el primero de entre los apóstoles.

Las persecuciones periódicas por parte de las autoridades romanas continuaron, pero la Iglesia florecía. Para el año 100 D.C., había entre 300.000 a 500.000 creyentes. En el año 313 D.C., cuando los cristianos ya eran unos cuantos millones, el emperador romano, Constantino, promulgó el Decreto de Milán, por el cual otorgaba tolerancia religiosa a la Iglesia. El cristianismo se había convertido en una Iglesia *católica* (universal) tal como Cristo había querido.

LA FORMACIÓN DEL ANTIGUO TESTAMENTO

El pueblo judío ve a Abraham como su padre en la fe y a Moisés como al líder que los sacó de la esclavitud y los liberó. Debemos entender, dada la importancia de Abraham y Moisés, que los libros sagrados del pueblo judío (el Antiguo Testamento) se remontaban a estos grandes líderes. Los descendientes de Abraham y Moisés ciertamente transmitieron estas historias acerca de estos héroes, así como también sus enseñanzas de generación en generación. También relataron las tradiciones sobre sus orígenes y creencias religiosas en canciones y sagas, poesía y parábolas, leyendas y leyes.

Pero estas historias, tradiciones y creencias no alcanzan su forma actual hasta tiempo más tarde. Hay muchas teorías acerca de cómo sucedió esto. Una teoría (modificada y purificada a lo largo de los años) sostiene que el Antiguo Testamento se desarrolló a partir de diferentes fuentes. Durante los reinados de David y Salomón se registró un primer conjunto de tradiciones. Estas tradiciones incluyen algunas de las más conocidas y encantadoras historias de la Biblia y, como usaban "Yavé" como el nombre de Dios, eran llamados yaveístas. Después de la guerra civil del año 922 A.C., otra serie de tradiciones, que empleaba "Elohím" como el nombre de Dios y se llamaba elohísta, fue incorporada en la escritura por el reino del norte. Cuando el reino del norte fue destruido por los asirios en el año 721 A.C., los documentos elohístas fueron llevados al sur donde se unieron con la tradición yaveísta. Por esta época, las leyes del norte y del sur se codificaron en un documento que se lo conoce en la actualidad como el de la tradición deuteronomista ("segunda ley"). Después de que el reino del sur cae bajo el dominio de los babilonios, los líderes de los israelitas empezaron a concentrarse más en el significado espiritual de su identidad como el pueblo de Dios. Ellos escribieron una cuarta serie de documentos conocidos como la tradición sacerdotal. Finalmente, un editor o grupo de editores fusionaron las cuatro tradiciones para formar los primeros cinco libros de la Biblia, conocidos como el Pentateuco (Génesis, Éxodo, Levítico, Números y Deuteronomio) muy apreciados por los judíos como su Tora o Ley.

Durante el largo período de la formulación del Pentateuco, se fueron escribiendo otros libros de la Biblia. La tradición deuteronomista produjo a Josué, Jueces, 1º y 2º Libro de Samuel, y el 1º y 2º Libro de los Reyes, que proporcionaron una interpretación teológica de los hechos de la historia israelita que se extiende desde el Éxodo hasta la caída de Jerusalén. Importantes predicadores y líderes espirituales, conocidos como los profetas, impulsaron al pueblo de Israel y Judea a ser fieles con la alianza con Dios. Sus sermones y muchos de los detalles de sus vidas fueron registrados en los libros proféticos del Antiguo Testamento.

Con la edificación del Templo devino el culto del templo. Por siglos, las canciones usadas en esta adoración fueron recogidas con otras poesías religiosas y de enseñanzas, luego modificadas varios siglos antes de Cristo en el Libro de los Salmos (Psalter). Del siglo diez al quinto antes de Cristo, se desarrollaron otras clases de escritos: colecciones de dichos sabios como Proverbios, historias como Rut, diseñadas para enseñar las lecciones religiosas y reflexiones sobre los problemas de la vida como Job.

En el siglo cuarto antes de Cristo, los esfuerzos por ver la providencia de Dios en los hechos de la historia encontraron su expresión en los escritos de las Crónicas (1° y 2° Libro de las Crónicas, Esdras, y Nehemías). Como Israel estaba siendo atacada por Grecia, Egipto y Siria, grandes escritores compusieron historias como Tobías, Judit y Ester que enseñan las virtudes de la fidelidad, devoción, coraje y confianza en Dios. Los juicios soportados por los israelitas durante tiempos tan difíciles hizo que los maestros sabios examinaran los significados de la vida en libros como Eclesiastés y Isaías. La persecución siria y la sublevación de los macabeos se convirtieron en el eje del 1° y 2° Libro de los macabeos, escritos alrededor del año 100 A.C.

Una especial clase de literatura llamada apocalíptica se desarrolló durante la persecución siria. Mediante el uso de visiones, códigos numéricos y símbolos, los autores de dicha literatura, representada por el Libro de Daniel (Capítulos 7-12), trataron de alentar a los oprimidos a perseverar. Finalmente, alrededor de mediados del primer siglo antes de Cristo, un judío que estaba familiarizado con el pensamiento griego y las tradiciones hebreas escribió la Sabiduría de Salomón para proclamar la presencia de Dios en el mundo, la inmortalidad del alma humana y el Juicio Final de Dios, que recompensa a los justos y castiga a los malos.

¿Cuándo formaron estos libros la colección que conocemos como el Antiguo Testamento? Para la época del regreso del exilio, hubo compilaciones de escritos sagrados que eran proclamadas a la gente en ocasiones especiales. Por ejemplo, el Libro de Nehemías describe cómo Esdras, el prescrito, leía al pueblo de Jerusalén el libro de la ley de Moisés, más probablemente una parte del Pentateuco (Ne 8). Alrededor de cien años antes de Cristo, se hace mención a los "libros sagrados" (1° Mac 12,9) y la "ley y los profetas" (2° Mac 15,9).

Para esa época existían aparentemente dos libros sagrados de uso común. Uno, en hebreo, al que se lo conoce como el Palestino. El otro, en griego, fue llamado el Septuaginta (de la palabra griega para denominar setenta, siguiendo la tradición de que provenía de setenta traductores) o Alejandría (de la ciudad en Egipto donde se originó). Esta versión incluyó algunos libros escritos en griego y arameo (lenguas habladas por los judíos antes y durante el tiempo de Cristo), así como también aquellas traducidas del hebreo, y así perduró más que la colección palestina. Las colecciones palestinas y alejandrinas fueron honradas por diferentes comunidades judías, pero desde que el griego fue entonces la lengua común del mundo mediterráneo, la colección alejandrina pasó a ser más popular. Ninguna de estas colecciones alcanzó su forma definitiva hasta después de la época de Cristo. La colección alejandrina fue aceptada por los cristianos como su Antiguo Testamento. La colección palestina fue adoptada por un grupo de sabios judíos, alrededor del año 100 D.C., en parte, en reacción al uso cristiano de la colección alejandrina.

LA FORMACIÓN DEL NUEVO TESTAMENTO Y LA BIBLIA CRISTIANA

Después de la resurrección de Cristo, los misioneros dieron a conocer la Buena Nueva de Jesús mediante la predicación. Finalmente, los cristianos sintieron la necesidad de preservar su herencia en la escritura. Y así empezaron a aparecer las colecciones de los dichos de Jesús, las oraciones litúrgicas y profesiones de fe. En el año 51 ó 52 D.C., Pablo empezó a escribir cartas a las ciudades que había evangelizado. Estas cartas fueron preservadas y compartidas. Pronto fueron reconocidas por poseer una especial autoridad. Hacia el año 65 ó 70 D.C., se escribió el Evangelio de Marcos. Otros evangelios y escritos le siguieron. Algunos fueron aceptados por la Iglesia como inspirados por Dios, mientras que otros fueron rechazados. Hacia el año 125 D.C. (a más tardar) se escribieron los veintisiete libros de nuestro Nuevo Testamento. Hacia el año 250 D.C. estimativamente fueron compilados en una lista (canon) y por lo general reconocidos como inspirados por Dios.

Durante estos años, los libros sagrados del pueblo judío fueron evaluados por los cristianos. Debido a que el Nuevo Testamento fue escrito en su totalidad en griego para los cristianos de origen judío y gentiles que hablaban griego, los escritores del Nuevo Testamento usaron la versión alejandrina (Septuaginta) del Antiguo Testamento. Por lo general, ellos citaron el Antiguo Testamento de la versión alejandrina y a menudo se refirieron a los libros encontrados solamente en esta versión. Los concilios de Iglesia (reuniones de los líderes de Iglesia) en Roma en el año 382 D.C., Hipona en el 393 y Cártago en el 397 proporcionaron las listas de los libros de la Biblia cristiana basados en la versión alejandrina. La Iglesia desde un comienzo aceptó la Biblia como los católicos la aceptan hoy (veintisiete libros del Nuevo Testamento y cuarenta y seis libros del Antiguo Testamento; C120).

Hubo poco disentimiento hasta el siglo dieciséis, cuando Martín Lutero y otros protestantes rechazaron la lista alejandrina (cristiana) a favor de la lista palestina (judía). Lutero también cuestionó la inspiración de cuatro libros del Nuevo Testamento: Hebreos, Santiago, Judas y Apocalipsis. Sin embargo, sus seguidores mantuvieron la lista tradicional y pronto prevaleció. En el año 1546, el Concilio de Trento definió a la alejandrina como la lista oficial de los libros del Antiguo Testamento para los católicos y reafirmó la lista tradicional de los libros del Nuevo Testamento. Como resultado, mientras los católicos y protestantes hoy comparten el mismo Nuevo Testamento de los veintisiete libros, el Antiguo Testamento de los católicos contiene siete libros más que el de los protestantes: Tobías, Judit, 1º y 2º Libro de los Macabeos, el libro de la Sabiduría, Isaías (a veces llamado el Eclesiástico) y Baruc (más los agregados de Ester y Daniel). Estos se encuentran en algunas biblias protestantes como la Apócrifa (libros ocultos).

LOS IDIOMAS DE LA BIBLIA

El Antiguo Testamento fue escrito, en su mayoría, en hebreo. El Libro de Tobías y partes del de Daniel, Esdras y Ester fueron escritos en arameo. El libro de la Sabiduría de Salomón y el Segundo Libro de los

Macabeos fueron escritos en griego, así como lo fue el Nuevo Testamento en su totalidad. Gracias a la cooperación entre los sabios de la Escritura de todas las creencias, las traducciones modernas en inglés concuerdan sustancialmente entre sí y transmiten de manera exacta las ideas y los sentimientos expresados en los idiomas originales. Al punto de que ellos lo logran, Dios, el autor divino de la Biblia, nos habla a través de los autores humanos de la Biblia.

Preguntas para analizar y reflexionar

¿Puedes pensar en una situación en la Biblia donde alguien encuentra a Dios en la naturaleza?, ¿en las personas?, ¿en los hechos?, ¿en la oración? Sé lo más exacto posible al recordar las circunstancias de la auto-revelación de Dios en cada uno de estos casos (Algunos ejemplos: 1° Rey 19,9-13 [naturaleza]; Hech 9,1-9 [personas]; Sal 78 [hechos]; Ex 33,7-11 [oración]).

¿Puedes recordar los incidentes en tu propia vida cuando experimentaste a Dios en la naturaleza, personas, hechos, oración?

Actividades

Trata de memorizar o, al menos, familiarizarte con estas fechas importantes:

A.C. 1900: Abraham; 1720: Josué y hermanos de Egipto; 1250: Moisés y el Éxodo; 1000: David; 922: reinos divididos; 721: caída del reino del norte a Asiria; 587: caída del reino del sur respecto de Babilonia; 539: regreso de los exiliados; 515: Reconstrucción del Templo; 445: Reconstrucción de Jerusalén; 332: Alejandro el Magno conquista Palestina; 167: persecución siria y la sublevación de los macabeos; 142: independencia para Judea; 63: los romanos conquistan Jerusalén; 37: Herodes el Grande; 6: el nacimiento de Jesucristo.

D.C. 26: Cristo empieza su prédica; 30: la crucifixión y Resurrección de Cristo; 36: persecución de cristianos bajo el reinado de Saúl; 51: primer libro del Nuevo Testamento; 70: destrucción de Jerusalén; 125: finalización de los libros del Nuevo Testamento; 313: Edicto de Milán; 382: Concilio de Roma enumera setenta y tres libros de la Biblia; 1546: Concilio de Trento define los libros de la Biblia.

La mayoría de las biblias tienen mapas de las tierras habitadas por el pueblo judío. Trata de familiarizarte con estas tierras. Observa que en diferentes épocas la tierra de origen judío era conocida como la Tierra Prometida, Canán, Israel, Judá, Judea, Palestina y Tierra Santa.

Reflexiona tranquilamente por algunos minutos sobre las imágenes y sonidos que hay a tu alrededor. Luego, enciende la radio, y sintonízala en diferentes programas. Los sonidos estuvieron allí siempre, pero una radio fue necesaria para captarlos. Apaga la radio, y siéntate tranquilamente otra vez. Reflexiona sobre las imágenes y sonidos que son los mensajes que vienen de Dios para tu propia persona. Observa algo hermoso en la naturaleza. Piensa en una persona que amas. Piensa en un hecho que te causó alegría o tristeza. Luego abre tu corazón a Dios y reza por la gracia, para ver lo que Dios quiere que veas, para oír lo que Dios quiere que oigas.

CAPÍTULO TRES

LECTURA E INTERPRETACIÓN DE LA BIBLIA

Todas las mañanas miles de americanos se sientan a tomar una taza de café y a leer el diario matutino. Los típicos lectores miran las noticias de la portada, hojean los titulares de los deportes, ven varios avisos, leen uno o dos editoriales, echan un vistazo a las columnas populares y disfrutan los chistes.

Sin darse cuenta, se involucran en una forma sofisticada de análisis literario. A medida que pasan las páginas del diario instintivamente clasifican muchas formas diferentes de escritura y las interpretan. Buscan algo en la portada, algo en los editoriales. Sacan un tipo de información de su columna favorita, otra de los avisos. Leen con atención acerca de los equipos de béisbol "*Giants*" y "*Angels*" en la sección de deportes y se ríen de las payasadas de los perros que hablan y de los gatos que se pelean en los chistes.

ANÁLISIS DE LAS FORMAS LITERARIAS SEGÚN LAS CULTURAS

Podemos preguntarnos qué es lo tan sofisticado al leer el diario matutino. Pero imaginemos el siguiente cuadro. En el año 2025, un inmenso meteoro golpea la tierra. La mayoría de las personas muere a causa del impacto y por los cambios geológicos que suceden. Las pocas personas que sobreviven son llevadas a vivir en cuevas. Comienza el difícil proceso de reconstrucción de la civilización. Alrededor del año 5000, se inicia una investigación especializada sobre las viejas culturas, incluida la de los Estados Unidos de América a principios de siglo veintiuno. Bajo las ruinas de tres mil años, descubren documentos antiguos y los analizan hasta que empiezan a traducirlos del inglés a su propio idioma.

Un día, los arqueólogos descubren partes de un periódico. Con gran esfuerzo, descifran la noticia de la portada acerca de un robo. Leen: "Agente de seguridad asesina a un ladrón que intentaba robar planilla de personal de la empresa", ayudados en su análisis por una foto del ladrón tirado en el piso rodeado de un mar de sangre. Luego, descubren parte de una sección de deportes que dice: "En partido de béisbol, multitud alienta mientras defensor neoyorquino acaba con un corredor de St. Louis que trata de llegar a la segunda base." Los arqueólogos están atónitos. Llegan a la conclusión de que los americanos disfrutaban los eventos deportivos cuando los competidores se peleaban a muerte.

Están también confundidos por estos americanos cuando encuentran una parte de los chistes. Se preguntan: "¿Los perros hablaban antiguamente y los gatos realmente echan a sus amos?"

Los arqueólogos se quedan desconcertados hasta que otros hallazgos de periódicos y literatura les dan un conocimiento más acabado del inglés y la cultura americana. Descubren que "acabar con un corredor" en la página de deportes significa algo muy diferente a "asesinar a un ladrón" de la portada. Estudian libros acerca de las historietas y en seguida se ríen de los chistes, preguntándose a sí mismos cómo pudieron haberlos entendido tan mal.

La tarea de esos arqueólogos del siglo quincuagésimo sería entrar en las mentes de los americanos del siglo veintiuno, aprender la cultura, entender el idioma, averiguar lo que el escritor intentó transmitir. Se requerirá un estudio e investigación intensivos antes de poder interpretar sus escritos. ¡Lo que nosotros, los americanos, hacemos con facilidad y sin pensar puede ser una tarea muy demandante de aquí a tres mil años!

ANÁLISIS DE LAS FORMAS LITERARIAS DE LA BIBLIA

Este cuadro imaginario puede ayudarnos a que nos demos cuenta de algunas de las dificultades que se presentan en la comprensión de la Biblia. Casi tres mil años han pasado desde que las primeras partes de la Biblia fueron escritas. Tal como fue indicado en el capítulo uno, los arqueólogos han descubierto muchos elementos necesarios para una comprensión adecuada de la Biblia. Así que no sorprende que se haya vuelto a hacer una evaluación de los libros bíblicos. Mientras esto puede ser molesto para algunas personas, en realidad hemos ampliado nuestra capacidad para entender el verdadero significado de la Biblia. Es cierto que algunos libros, a los que antiguamente se los consideraba históricos, son ahora clasificados dentro de otras categorías. Pero también es cierto que el fundamento histórico y esencial de nuestra fe cristiana es ahora más demostrable que nunca. Por ejemplo, ningún historiador serio cuestionaría la realidad de la vida de Cristo. Cuanto más estudiamos la Biblia, más seguridad tenemos de que nuestra fe está sólidamente construida sobre una roca.

El método de interpretar la Biblia, que intenta remontarse a la intención primaria de sus autores al analizar sus épocas, cultura, idioma y demás circunstancias, es denominado el enfoque de *contexto*. Éste es el enfoque recomendado por el papa Pío XII en su carta encíclica del año 1943, *Divino Afflante Spiritu*, del Segundo Concilio Vaticano y por el *Catecismo de la Iglesia Católica* (S 109-110).

Otro enfoque de la Biblia es la *interpretación fundamentalista* que, por lo general, sostiene que las palabras de la Biblia deben ser tomadas en su valor nominal. Existen muchas clases diferentes de fundamentalismo, y todas ellas, implican *interpretar* la Biblia de una forma u otra.

Algunos fundamentalistas dicen que la historia de la creación en el primer capítulo del Génesis debe ser considerada tal cual es: Dios creó el mundo en seis días, y descansó en el séptimo. Otros fundamentalistas enseñan que los días son períodos de tiempo más largos. En realidad, los fundamentalistas interpretan cada pasaje de la Biblia; explican cómo la Biblia debe ser entendida.

Esto solamente muestra que la Biblia *debe* ser interpretada. Hemos visto que aquellos pasajes que llaman a Dios una "Roca" y aquellos que piden que "dejemos" a nuestra familia requieren interpretación. Y así pasa prácticamente en cada pasaje de la Biblia. El verdadero tema es: ¿qué principios usaremos para interpretar la Biblia?

LOS PRINCIPIOS CATÓLICOS PARA INTERPRETAR LA BIBLIA

Los fundamentalistas suelen interpretar la Biblia de acuerdo con los principios subjetivos de un predicador individual o de acuerdo con su propia interpretación personal. Los católicos son alentados a interpretar la Biblia según los principios objetivos sustentados por la Iglesia. Los católicos son guiados a una interpretación adecuada de la Biblia en temas esenciales de fe, porque la Iglesia claramente define tales doctrinas como la Resurrección de Cristo y su Verdadera Presencia en la Eucaristía. El *Catecismo de la Iglesia Católica* enseña que debemos leer las Escrituras dentro de la tradición vigente de la Iglesia. Dios confió la Biblia a la Iglesia y envió al Espíritu Santo para que guíe la Iglesia hacia la verdad y podamos entender la Biblia solamente con la guía de la Iglesia (C 113).

El primer principio de interpretación es aquel dado por el papa Pío XII, en el Segundo Concilio Vaticano, y por el *Catecismo de la Iglesia Católica* (C 109-100). Debemos usar el enfoque de contexto. Para entender la Biblia, debemos buscar el sentido que los escritores quisieron dar. Debemos remontarnos en tiempo, lugar, estilo de vida, forma de pensar y formas de expresión de la gente de la Biblia.

Otro importante principio expresado en el *Catecismo de la Iglesia Católica* (C 112) es que debemos prestar atención al contenido y unidad de toda la Biblia. Debemos interpretar un pasaje específico a la luz de otro pasaje que se relacione al primero. Un ejemplo clásico de esto es Mt 26,26-28, donde Jesús dijo acerca del pan y el vino: "Tomen y coman; éste es mi cuerpo... beban todos de él, porque ésta es mi sangre." Curiosamente, éste es un pasaje que los fundamentalistas se niegan a tomar literalmente. Pero los católicos lo interpretan a la luz de Juan 6, donde Jesús proclama ser el pan de vida. Cuando Jesús dijo que debemos comer de su cuerpo y beber de su sangre, muchos de sus oyentes lo abandonaron. Sin embargo, Jesús no los volvió a llamar para decirles: "Me entendieron mal. Sólo quise decir eso de una forma simbólica." Lo que les estaba pidiendo que crean era difícil de aceptar y cuando se negaron, Jesús los dejó ir. Otros pasajes, tales como 1 Cor 11,27, también señala la Verdadera Presencia de Jesús bajo las formas del pan y el vino. Los católicos miran el contenido de toda la Biblia, y creen que Jesús está verdaderamente presente en la Eucaristía.

Un tercer principio para la interpretación de la Biblia es que existe una unidad y consistencia con las verdades que Dios reveló para nuestra salvación. _El Catecismo de la Iglesia Católica_ denomina esto la analogía de la fe (C 114). Algunos intérpretes erróneamente oponen la fe y los trabajos entre sí, argumentando que nos salvamos por la fe solamente. Pero la fe y los trabajos no pueden separarse. En Gál 3,1-9, Pablo enfatiza que la justificación viene a través de la fe en Cristo y no de la observancia de la ley judía. Al decir esto, Pablo no está negando la importancia de los buenos trabajos, pues en Gál 5-6 los realza como "los frutos de nuestro Espíritu" (5,22). Los pasajes que afirman la importancia de la fe son consistentes con aquellos que hablan de la necesidad de los trabajos. "Lo único que cuenta es la fe al servicio de la caridad" (5,6). Cuando se ignora este principio de unidad y consistencia, surge la confusión. Es posible, por ejemplo, argumentar prácticamente cualquier posición sustentada por determinadas partes de la Biblia en detrimento de otras. Los católicos son llamados a reconocer la armonía en el plan de Dios. (A veces, los católicos son atacados por sus creencias por alguien que cita algunos pasajes mientras ignora otros. Nuestra respuesta debe poder ser capaz de explicar nuestra posición si la otra persona es de mente abierta. De lo contrario, debemos decir que respetamos las creencias de los demás y esperamos que ellos respeten las nuestras.)

Un cuarto principio es que los idiomas de la Biblia usan expresiones fantásticas que no deben ser tomadas literalmente. Algunas muestras: "Si tuvieras una fe tan grande como un grano de mostaza y dijeras a este sicomoro: 'Arráncate y transplántate al mar', él te obedecería" (Lc 17,6). "Si tu ojo derecho te escandaliza, arráncatelo y arrójalo de ti" (Mt 5,29). Y Lucas dijo: "Si alguno viene a mí y no deja a su padre y a su madre, a su mujer y a sus hijos, hermanos y hermanas, y aun su propia vida, no pude ser discípulo mío" (Lc 14,26). Esta clase de lenguaje no es fácil de traducir al inglés, aunque debemos recordar que hay expresiones intraducibles en inglés también. Así como una madre le dice a su hija, "¡Te dije mil veces que no exageres!"

Un quinto principio es que los pasajes del Antiguo Testamento deben ser interpretados a la luz de Cristo Jesús y del Nuevo Testamento (C 129). Algunas partes del Antiguo Testamento nos llevan a preguntarnos: "¿Puede ser esto realmente parte del mensaje espiritual que Dios envía para guiarnos?" El clamor del salmista por revancha es uno de esos mensajes: "¡Oh hija de Babel, devastadora, / feliz el que te devuelva..../ feliz quien agarre y quien estrelle contra la roca a tus pequeños!" (Sal 137,8-9). ¡Ciertamente éste no es un pasaje de Dios! Podemos pensar, de este modo, que es una reflexión de la teología imperfecta del Antiguo Testamento, no una indicación de la voluntad de Dios para con nosotros.

Como regla general, es acertado decir que si un pasaje del Antiguo Testamento atribuye algo a Dios que no podemos atribuir a Cristo Jesús, entonces ese pasaje no debe ser considerado en su sentido literal. Por ejemplo, no es posible que Dios realmente haya comandado a los líderes militares del Antiguo Testamento a asesinar a cada hombre, mujer y niño inocente en las ciudades que invadían. Es menos probable aun que los líderes erróneamente creyeran que Dios estaba detrás de sus directivas y que sus actitudes equivocadas son registradas como son percibidas. (Este tema será tratado con más detalle en el capítulo 5.)

INSPIRACIÓN Y VERDAD EN LA BIBLIA

El enfoque contextual de la Biblia no niega la verdad de la Biblia. La Iglesia Católica enseña que Dios es el autor de la Biblia. Esto es lo que significa la inspiración bíblica. "Toda escritura divinamente inspirada es útil para enseñar, para argüir, para corregir y formar en la justicia" (2° Tim 3,16; ver también 2° Ped 1,20-21).

Dado que Dios es el autor de la Biblia, los libros de las Escrituras enseñan sin error las verdades que Dios quiere revelar por el bien de nuestra salvación (C 107). Pero la verdad se expresa en diferentes maneras en diversas formas literarias, tales como historia, profecía, poesía, leyes, proverbios (dichos sabios), mitos (historias o descripciones de los hechos reales que explican la realidad esencial), leyendas (historias populares no verificadas transmitidas desde tiempos pasados y que, a menudo, tienen una moraleja), fábulas (historias fantásticas, por lo general con personajes de animales que enseñan una lección) y parábolas (historias simples que ilustran una moraleja o una lección religiosa).

Todas estas formas literarias son capaces de comunicar la verdad de manera dramática. La poesía, por ejemplo, expresa la verdad de manera que un diccionario no puede. Estas líneas de introducción de Percy Bysshe Shelley "A una Alondra"...

¡Sálvate, espíritu alegre!
Pájaro nunca estabas...

parecen decir que la alondra nunca fue un pájaro. El diccionario establece que la alondra es un pájaro. No obstante, tanto Shelly como el diccionario dicen la verdad. Shelly expresa de manera poética la belleza y elegancia de la alondra. El diccionario nos da una definición técnica. Si sabemos cómo leer la poesía, veremos la verdad de las líneas de Shelley y entenderemos que éstas expresan realidades que el diccionario no puede.

Es interesante observar que cuanto más importante es para nosotros un asunto, más usamos la poesía y otras formas literarias no científicas. El lenguaje científico, objetivo, es adecuado para el laboratorio, pero cuando nos ocupamos de las cosas más profundas en la vida, encontramos que nos faltan las palabras. A cambio, nos volcamos a la poesía, las imágenes, los símbolos y la lírica. La Biblia versa sobre la vida y la muerte, sobre el amor y el odio, lo bueno y lo malo, Dios y la nada. ¡El lenguaje simple de laboratorio no puede tener valor ante tales asuntos!

Vale destacar también la distinción entre verdad y actualidad histórica. Una historia que no es histórica no puede transmitir una verdad, tal como muestran las parábolas de Jesús. El "hijo pródigo" puede no haber sido una persona real, pero el objetivo de la parábola es verdadero: Dios nos ama más de lo que podemos imaginar y siempre está dispuesto a perdonarnos.

A veces, las personas históricas se convierten en el punto de atención de las historias que no son históricas, pero enseñan lecciones que

45

son verdad. Por ejemplo: George Washington existió en la historia. Pero existe una historia a menudo contada acerca de él: cuando era pequeño, cortó el cerezo de su padre, y luego admitió haberlo hecho ("no puedo mentir"). Probablemente no sea un hecho histórico. No obstante, la historia nos transmite una moraleja que es verdad: la honestidad es la mejor política. Por lo tanto, en la Biblia, las personas históricas, como Abraham, que se convirtieron en héroes de las historias que, pese a no ser históricas, nos enseñan lecciones religiosas. Por ejemplo, la historia de Dios pidiéndole a Abraham que sacrifique a su hijo Isaac va más allá de la historia, porque describe la interacción entre Dios y el ser humano (Gn 22,1-19). Lo que realmente ocurrió en este hecho parece imposible de expresar en términos meramente históricos. En la Biblia, las parábolas, la poesía, los mitos, las fábulas y otras formas literarias se convierten en vehículos para expresar verdades religiosas importantes, muchas de las cuales trascienden la historia.

INSPIRACIÓN Y LIMITACIONES HUMANAS

En el entendimiento católico de la inspiración, Dios no sólo dictó palabras, sino que influyó para que los autores usen sus propios talentos y habilidades. Como resultado, la Biblia es tanto la Palabra de Dios como el trabajo de seres humanos. La Iglesia enseña que esas verdades que Dios inspiró para nuestra salvación son infalibles (C 107); no obstante, hay muchos elementos de la Biblia (tales como nociones contemporáneas de ciencia e historia) que no se relacionan directamente a nuestra salvación. Por lo tanto, la Biblia puede tener limitaciones que provienen de su origen humano. En especial, el Antiguo Testamento contiene asuntos que son imperfectos y provisorios (C 122).

Los autores humanos de la Biblia eran personas que pertenecían a esa época en términos de su conocimiento científico. Ellos daban por seguro que la tierra, por ejemplo, reposaba sobre columnas, y aparentemente no tenían idea de que es un globo que gira alrededor del espacio. Dios inspiró a estas mismísimas personas, con su conocimiento limitado de ciencia y sus erróneas nociones acerca de la creación del universo, para que enseñen las verdades básicas que aún hoy se aplican. Dios usó sus ideas inexactas para hacer comprender un verdadero mensaje: Dios creó todo cuanto existe.

Los autores humanos de la Biblia eran personas de una época en el sentido de que no eran capaces de entender la plenitud de la revelación de Dios. Dios los guió hasta el punto que pudieran aceptar la divina inspiración. Quienes vivieron quinientos años antes de Cristo no comprendían la diferencia entre causa y efecto. Ellos pensaban que Dios había creado todo, incluido el diablo. (Ver Éx 11,10). En esto, ellos estaban equivocados y Dios no inspiró sus limitaciones (que son enteramente humanas). Pero Dios pudo inspirar a esos autores humanos limitados para transmitir las verdades acerca de otros asuntos importantes. A medida que pasaban los siglos, y la gente maduraba espiritualmente, ellos podían entender más y más la verdad de Dios. En libros posteriores al Antiguo Testamento y en el Nuevo Testamento encontramos una comprensión más clara de la causalidad de Dios.

Un joven una vez me remarcó: "No entiendo cómo los católicos pueden creer que María reza por nosotros cuando la Biblia dice que los muertos no hacen nada. En lo que a mí respecta, el Eclesiastés 9,5 resuelve esta cuestión." Esta afirmación es un clásico ejemplo de qué tan mal usamos la Biblia. Eclesiastés 9 ,5 establece: "Los que viven saben que morirán, pero los muertos no saben nada." El joven tomó este pasaje como la última palabra en la Biblia sobre la vida después de la muerte. Pero esto no está lejos de la última palabra. Nosotros, los seres humanos aprendemos cosas paso a paso. Desde la ignorancia evolucionamos lentamente hacia el conocimiento. El Espíritu Santo nos guía de modo progresivo hacia un entendimiento más pleno de la verdad (Jn 16,13). El autor del Eclesiastés, libro escrito trescientos años antes de Cristo, estaba equivocado acerca de la vida eterna. Pero el mensaje inspirado del Eclesiastés no es la última palabra sobre la vida eterna. Por el contrario, es un hecho que necesitamos un Salvador. Más adelante, los libros del Antiguo Testamento, tales como el 1° y 2° Libros de Macabeos y de la Sabiduría, enseñaron la existencia de la vida después de la muerte. Jesús puso en claro la realidad de la vida eterna, y su enseñanza es proclamada en todo el Nuevo Testamento.

Dios no cambió, pero la gente sí, en términos de su capacidad para oír lo que Dios les estaba diciendo. Hay un desarrollo de la doctrina en los libros bíblicos y cuanto más sabemos acerca de la historia y formación de la Biblia, mejor la entenderemos. Muchos de los más antiguos pasajes de la Biblia están fechados; eso es valioso porque muestran cómo la humanidad evolucionó en su entendimiento del mensaje de Dios; no obstante, no deben guiar más nuestras acciones. Deben ser interpretados y entendidos a la luz de toda la Biblia, en especial la enseñanza de Jesús.

INSPIRACIÓN E INCERTIDUMBRE

Los autores de la Biblia a veces incorporan diferentes versiones de un hecho en el mismo libro, posiblemente porque no estaban seguros de qué versión era la correcta o porque ellos provenían de tradiciones distintas, que los autores querían conservar. Por esta razón, leemos en Hech 9,7 que cuando Jesús se le apareció a Pablo, aquellos que acompañaban a Pablo "oyeron la voz pero no vieron a nadie". En los Hechos 22,9 ellos "vieron la luz, pero no escucharon la voz". Quizás Lucas aprendió dos versiones de lo que había sucedido años antes, no pudo decidirse cuál era la más precisa, y por ello, incluyó ambas. Lucas no trataba de probar la verdad de uno o de otro. Lo que quería transmitir, y que fue lo que Dios dijo a través de su intermedio, sin lugar a dudas, era que Jesús se le había parecido a Pablo y le había cambiado su vida por completo. Si tales incertidumbres o relatos confusos no hubieran preocupado a los autores de la Biblia, claramente no se deberían hacer problema. Ellos son periféricos a la finalidad central de la Biblia, la expresión de las realidades espirituales.

LA BIBLIA Y LA TRADICIÓN: REVELACIÓN

Todo lo que se ha dicho acerca de la Biblia, transmitido a través de la Iglesia Católica, y acerca del papel de la Iglesia en la interpretación de la Biblia nos puede ayudar a entender que la Biblia proviene de la Iglesia, no la Iglesia de la Biblia.

Al proclamar que los setenta y tres libros de la Biblia fueron inspirados por Dios y al rechazar otros libros como no inspirados, la temprana Iglesia nos decía: *"Esto* es en lo que creemos acerca de Dios, acerca de Cristo Jesús, acerca de la vida y la muerte, acerca de quiénes somos como Iglesia. *Eso* es lo que rechazamos." Los libros de la Biblia, en cambio, ayudaron a dar forma a las creencias de cada nueva generación de cristianos.

Éste fue un proceso dinámico que implicó conflictos. En los primeros cuatro siglos después de Cristo, hubo algunas personas que querían poner límites a la acción salvadora de Jesús mediante la proclamación de que todos los cristianos debían seguir la ley de Moisés. Algunos herejes decían que Jesús era Dios, pero no humano. Otros aseguraban que Jesús era humano, pero que no era Dios. Incluso, otros negaban que Jesús revelara a Dios como Padre, Hijo y Espíritu Santo.

La Iglesia refutó tales errores y expresó la verdad revelada de Dios acerca de las importantes doctrinas en los libros de la Biblia, como inspiradas por Dios. La Iglesia repudió falsas enseñanzas al rechazar libros tales como los evangelios nósticos y otros trabajos a veces denominados "libros ocultos" de la Biblia. La Iglesia expresó sus creencias también en la manera que interpretó la Biblia, en las decisiones de los concilios, en fórmulas de fe llamadas credos, y en su alabanza. De esta manera, Cristo guió la Iglesia que reconocemos como "católica" e inspiró la Biblia como un libro "católico".

En este proceso, la Iglesia no creó su propia serie de creencias. A cambio, la Iglesia sólo podía enseñar las verdades que Dios dio a conocer a la humanidad. Dios nos ha revelado las verdades de maneras naturales. El universo, por ejemplo, nos muestra algo de la grandeza de Dios. Pero Dios también nos ha hablado de maneras milagrosas, que nos enseña las verdades sobrenaturales que no hemos podido alcanzar por nuestros propios medios. En la época del Antiguo Testamento, Dios reveló verdades a los autores inspirados. Entonces, con el correr del tiempo, Dios envío a Cristo Jesús como la palabra de la Revelación (Jn 1). Lo que Jesús enseñó a los apóstoles fue transmitido por ellos verbalmente a través de la prédica y las escrituras. La revelación sobrenatural de Dios, entonces, es transmitida de dos maneras: a través de la sagrada Tradición y a través de las Escrituras.

El contenido de la sagrada Tradición y de las Escrituras se denomina Depósito de Fe. Jesús reveló todas las verdades necesarias para nuestra salvación, y en este sentido, el Depósito de Fe se completó. La Iglesia no agrega nada a este Depósito, no obstante, bajo la guía del Espíritu Santo, ésta sí crece en su entendimiento acerca de lo que Cristo ha revelado. Así como la Iglesia transmite el Depósito de Fe de generación en generación, ésta desarrolla una conciencia más profunda de la belleza de la Revelación de Dios (C 74-100).

Tradición significa "transmitir", y Tradición sagrada incluye la manera en que la Iglesia transmite e interpreta la Biblia, así como también las decisiones de los concilios, credos, alabanzas, y la enseñanza consistente de la Iglesia. Éstas no contradicen a la Biblia, incluso están íntimamente relacionadas con ella, basadas en ella, y se expanden en base a ella.

Algunas iglesias sostienen que toda doctrina debe fundarse explícitamente en la Biblia. Los católicos no creemos que nuestras creencias puedan limitarse a lo que dice la Biblia, porque en el principio de la vida de la Iglesia no había Nuevo Testamento. Los primeros cristianos creían en la sagrada Tradición antes de que existiera una Biblia completa.

La Iglesia Católica enseña que la doctrina debe estar en armonía con la Biblia, pero no necesita estar específicamente declarada en la Biblia. Un ejemplo es la doctrina de la Trinidad. La Biblia menciona al Padre, al Hijo y al Espíritu Santo, pero nunca usa la palabra Trinidad. Lo que está implícitamente mencionado en la Biblia se hace explícito en la sagrada Tradición de la Iglesia.

La sagrada Tradición también es necesaria, si la Iglesia debe aplicar la enseñanza de la Biblia a las circunstancias cambiantes. La Iglesia hace esto bajo la guía del Espíritu Santo, pues Jesús le dijo a los apóstoles: "Muchas cosas tengo que decir todavía. Pero ahora no están capacitados para entenderlas. Cuando venga el Espíritu de la Verdad, los guiará a la verdad completa" (Jn 16,12-13). (Ver Capítulo 12 para una explicación más detallada de la relación entre Escritura y sagrada Tradición.)

LA BIBLIA: UN LIBRO CATÓLICO

Hemos hablado de la Biblia como un libro "católico". Esto no significa que se les niega a quienes no son católicos. Se considera así a la Biblia, porque la original surgió en comunidades de creyentes presididas por obispos católicos y completada en forma de colección a través de las decisiones de los concilios de los obispos católicos. La Biblia fue preservada y transmitida a lo largo de los siglos por la Iglesia Católica. Antes de la invención de la imprenta, los monjes y religiosas católicos copiaban letra por letra, cada palabra de la Biblia a mano. Muchos de estos manuscritos perduraron al día de hoy, testimonio del amor y habilidad artística de aquellos que los habían creado.

Desde hace dos mil años, la Biblia se lee diariamente en las celebraciones católicas de la Eucaristía. En las catacumbas, en los hogares, y en las grandes catedrales, la palabra de Dios ha sido proclamada por los católicos, testigos permanentes de la reverencia de la Iglesia ante la Biblia. El _Leccionario_ Católico, libro de las lecturas de las Escrituras que le sigue a un ciclo de tres años para los domingos, fue el modelo del _Leccionario Común_ usado en muchas iglesias protestantes.

La Iglesia Católica impulsa a sus miembros a leer la Biblia. El Segundo Concilio Vaticano afirma en su _Constitución Dogmática sobre la Divina Revelación_:

> ...tenaz y especialmente exhorta a los Católicos a aprender fielmente ...el "sublime conocimiento de Cristo Jesús" (Flp 3,8) mediante la lectura frecuente de la divinas Escrituras. "Ignorar las Escrituras es ignorar a Cristo." Por esta razón, deja que alegremente vayan al texto sagrado, ya sea en la liturgia sagrada, que está repleta de palabras divinas, o en la lectura devota... Déjalos que recuerden, sin embargo, que la oración debe estar acompañada de la lectura de la Sagrada Escritura, para que tenga lugar un diálogo entre Dios y el hombre. Porque "hablamos con él cuando rezamos, lo escuchamos cuando leemos las divinas revelaciones" (#25; ver también C 131-133).

LOS SENTIDOS DE LA ESCRITURA

El *Catecismo de la Iglesia Católica* observa que aparte del sentido literal que le quisieron dar los autores a la Biblia, puede también haber un sentido espiritual (C 115-119). Por la unidad del plan de Dios para nuestra salvación, Dios intentó conexiones de las cuales los autores humanos no se dieron cuenta. Los pasajes de la Escritura, por lo tanto, trasmiten relaciones a través del simbolismo y analogía, y muchos hechos bíblicos pueden ser signos que llaman nuestra atención a realidades más profundas. Dios sabe y promueve estas relaciones, y la Iglesia las busca a través de la oración y reflexión. El *Catecismo* subdivide el sentido espiritual en tres clases.

La primera es el sentido *alegórico*. Esto significa que un hecho bíblico puede llevar un simbolismo que trasciende el sentido literal del texto. Por ejemplo, cruzar el Mar Rojo es una alegoría, un signo, que prefigura y sugiere el bautismo cristiano.

La segunda es el sentido *moral*, que quiere decir que los hechos en las Escrituras deben guiarnos a actuar con justicia. El libro de Rut, por ejemplo, no sólo cuenta la historia de una mujer que se comprometió con Dios y su familia, sino que también nos invita a imitar el compromiso de Rut.

El tercer sentido es el *anagógico*. Esta palabra proviene de un verbo griego que significa liderar e indica que los hechos en la Biblia tienen un significado eterno. Por anagogía, la ciudad de Jerusalén en la tierra es un signo de la Jerusalén del cielo y la Iglesia en la tierra es un signo de nuestro hogar eterno en el paraíso.

LA BIBLIA: DIOS NOS HABLA

En el capítulo 2 nos ocupamos del desarrollo de la Biblia. En este capítulo, consideramos su interpretación. Debemos tener un buen entendimiento del origen e interpretación de la Biblia, aunque debemos ir más allá del mero entendimiento para darnos cuenta de que, en la Biblia, Dios nos habla, como un Padre afectuoso habla a sus hijos (104).

Cuando tomamos la Biblia, Dios, que no tiene limitación en tiempo o espacio, nos habla a través de las mismas palabras que usó para dirigirse a Abraham, a Moisés, o a los profetas. Cuando tomamos la Biblia, Jesús nos habla aquí y ahora, tan sinceramente como les habló a los apóstoles hace dos mil años (C 101-102).

A través de la Biblia, Dios nos provee de un juicio especial, que nos ayudará en cada una de las circunstancias específicas que se nos presentan en cada nuevo día. Las palabras que muchas veces hemos leído anteriormente pueden conmovernos con nueva fuerza cuando lloramos la muerte de un ser querido, cuando estamos confundidos y no sabemos a quién recurrir, cuando buscamos respuestas a las preguntas de la vida.

Cada vez que abrimos la Biblia, "llamamos a Dios". Podemos seleccionar cualquier libro del estante de la biblioteca, leerlo, y aprender información valiosa. A todo esto, no obstante, el autor del libro desconoce lo que estamos haciendo. Pero cuando tomamos la Biblia, Dios dice "hola".

Dios está allí para nosotros con respuestas para los problemas que nos aquejan hoy. "Pues la palabra de Dios es viva y eficaz....y capaz de distinguir los sentimientos y pensamientos del corazón." (Heb 4,12). El _Catecismo de la Iglesia Católica_ nos incita a entender el significado literal de las Escrituras, el significado que los autores humanos le quisieron dar. Sin embargo, también nos invita a encontrar los significados espirituales que le permiten a Dios hablarnos personalmente.

Cuando nos sentimos desalentados, Jesús nos dice: "Vengan a mí los que estén cansados y oprimidos, y yo los aliviaré" (Mt 11,28). Cuando nos invade el miedo, Jesús nos dice: "Paz a ustedes" (Jn 20,19). Cuando estamos solos, Jesús nos reconforta: "Yo estoy con ustedes todos los días hasta el fin del mundo." (Mt 28,20).

Las palabras de Dios en la Biblia invitan a una respuesta. Respondemos con la _oración_. Leemos las palabras de Dios, luego hablamos con Dios como lo haríamos con un amigo. Respondemos a través de nuestras _elecciones de vida_. Leemos hasta que llegamos a una frase que nos desafía a tomar una decisión, luego tomamos una resolución basada en lo que Dios nos ha dicho. No existe otro libro que permita esta clase de comunión con Dios. "¡Claro que la palabra de Dios es viva y eficaz!"

Preguntas para analizar y reflexionar

¿Cuál es tu comprensión de las formas literarias? ¿Cuántas clases de formas literarias puedes identificar en los diarios? ¿Cuántas en la Biblia? ¿De qué manera cada forma literaria transmite verdades en el diario y en la Biblia?

¿Cuáles son las diferencias entre los enfoques contextuales y los fundamentalistas? ¿Qué diferencia hay entre histórico y verdadero? ¿Alguna vez pensaste en interpretar el Antiguo Testamento a la luz de Cristo Jesús? ¿Te invita esto a volver a pensar la forma en que entendiste determinados pasajes del Antiguo Testamento? ¿De qué maneras es la Biblia un libro católico? ¿Qué significa decir: "Cuando tomas la Biblia, estás llamando a Dios"?

Actividades

Llama a un amigo por teléfono, solamente para disfrutar una conversación agradable. Luego, con esa experiencia vívida en tu mente, toma la Biblia y disfruta de una visita placentera a Jesús.

Parte II

EL ANTIGUO
TESTAMENTO

CAPÍTULO CUATRO

LOS PRIMERO PASOS EN EL ANTIGUO TESTAMENTO: DE ADÁN A MOISÉS

Mario y Rita escuchaban cómo sus hijos conversaban a lo largo del camino de regreso a casa, después de una comida de Navidad en la casa de los padres de Rita. Los chicos repetían las historias que el abuelo les había contado acerca de días pasados y les preguntaban a sus padres acerca de los parientes ancianos.

Intrigados por el interés de sus hijos por conocer el pasado, Mario y Rita decidieron investigar la historia de la familia. Les pidieron a sus padres que grabaran en una cinta de audio sus recuerdos. Empezaron a armar así el árbol genealógico. Llevaron a sus hijos a visitar iglesias donde los miembros de la familia habían sido bautizados y a los cementerios, donde éstos habían sido enterrados. Los padres y los chicos estaban encantados también por los viejos artículos de diarios y por los registros que asentaban operaciones de venta de tierras.

Finalmente, Rita y Mario dieron con sus orígenes que los llevaron a Alemania. Descubrieron que sus antepasados habían partido de Europa en el año 1849, escapándose de la persecución religiosa. Resistieron una difícil travesía a través del Atlántico, descendieron en balsa por el río Ohio hasta llegar finalmente a Kentucky.

Al investigar el pasado, obtuvieron una nueva apreciación de su fe católica y de América como una tierra de oportunidades. Lograron conocer bien el sentido de familia. Conversaron acerca de los valores que sus antepasados habían atesorado y lo que esos valores significaban para ellos. El árbol genealógico adquirió una nueva vida, porque ahora estaba firmemente arraigado en el pasado.

LAS RAÍCES DE NUESTRA FAMILIA ESPIRITUAL

En un mundo que cambia vertiginosamente, la gente busca la estabilidad y la seguridad que provienen de tener raíces. Los que somos católicos tenemos raíces que van mucho más profundo que los registros de los tribunales o los viejos sepulcros. Podemos encontrar nuestro pasado espiritual en las viejas tradiciones mencionadas en el Antiguo Testamento.

Si consideramos los libros que componen al Antiguo Testamento como registros de nuestra propia historia familiar, descubriremos una clave que revela uno de los más grandes tesoros que guardan las Escrituras. No son sólo historias del pasado lejano, listas de nombres, y leyes y disposiciones antiguas. Constituyen la historia de nuestra familia, los nombres de nuestros antepasados en la fe, los detalles de cómo nuestra familia vivía. Nosotros, entonces, investigamos el Antiguo Testamento con el mismo entusiasmo que cualquiera siente cuando investiga los viejos tesoros de la familia.

LECTURA DEL ANTIGUO TESTAMENTO

Una de las finalidades de este libro es ayudar a la gente a *leer* la Biblia brindándole una visita guiada con información del contexto y pasajes seleccionados para los libros de la Biblia. La información y selección se limita a mantener este trabajo a una extensión razonable. Los lectores pueden tener explicaciones más detalladas para cada pasaje en los comentarios de la Biblia (Ver "Bibliografía").

Empezamos con una introducción al Pentateuco, luego analizaremos los libros que componen la Biblia, siguiendo el orden dado en la *New Revised Standard Version of the Bible*.

EL PENTATEUCO

Los editores que formaron el Pentateuco, el primero de los cinco libros de la Biblia, alrededor de quinientos cincuenta años antes de

Cristo, querían dar a los israelitas estabilidad y seguridad. Su gente había sido desarraigada y exiliada por los babilonios. Quienes regresaron fueron tentados a abandonar a Dios por deidades paganas. Se sentían atraídos por los mitos paganos, que sostenían que el diablo y el caos guiaban el destino de los seres humanos.

Los editores querían sacar a los israelitas de tales errores y llevarlos a las tradiciones sólidas transmitidas por Abraham y Moisés. Ellos registraron las historias frecuentemente contadas sobre sus antepasados, que habían seguido la voluntad de Dios. Enseñaron que Dios existía, que Dios había creado todas las cosas buenas y que el diablo no era una divinidad, sino la consecuencia de elecciones pecaminosas hechas por los seres humanos.

Se nos presentan tentaciones como las que desafiaron a los israelitas. Estamos tentados a desacreditar nuestra fe como antigua, a alabar a los falsos dioses del materialismo, lujuria, y humanismo secular, a temor de que el diablo posee el poder de destruir lo bueno, admirable y hermoso.

El Pentateuco nos proclama, tal como lo ha hecho a generaciones anteriores, que un solo Dios verdadero existe, que la bondad vence a la maldad, que podemos caminar seguros a lo largo de los senderos que nuestros antepasados eligieron transitar. El Pentateuco es relevante para nosotros en la actualidad, ya que registra el pasado de nuestra familia y bajo la divina inspiración, responde las preguntas más elementales que se presentan en la vida.

EL LIBRO DEL GÉNESIS: 1-11

El Génesis es un libro en el que los israelitas recuerdan sus orígenes de su familia en los patriarcas Abraham, Isaac y Jacob. Luego, van más allá en busca de los orígenes del universo y el significado de la vida en sí misma. Ahora, abre la Biblia y lee _Gn 1,1-2,4._

Esta parte del Génesis pertenece a la tradición Sacerdotal, y pudo haber sido usada en el culto del Templo. Supone la creencia de los judíos de que la tierra era una estructura plana sustentada por columnas sobre los océanos, y el cielo, como un recipiente invertido con ventanas para dejar entrar la lluvia y la nieve. Hay una repetición de frases elaboradas para hacer más fácil la memorización: "Y Dios dijo", "Y así se hizo", "Y Dios vio que eso era bueno", "Y creó la noche y el día". La estructura de los siete días es poética, diseñada para enseñar que el día del Señor es sagrado, pues incluso ¡Dios descansó después del sexto día de trabajo!

La estructura también provee una unión de los días, otra ayuda memoria. El primer día, cuando Dios creó la luz, se relaciona con el día cuarto, cuando Dios crea el sol, la luna y las estrellas. El segundo día, cuando Dios crea el firmamento separando el agua de lluvia de las aguas de abajo, se relaciona al día quinto, cuando Dios crea las aves que vuelan debajo del cielo y los peces que nadan en el mar. El tercer día, cuando Dios seca la tierra y crea las plantas, se relaciona al sexto día, cuando Dios crea los animales y al hombre para que vivan en la tierra y coman de las plantas.

Se debe poner especial atención a la creación del hombre. Dios dice: "Déjanos hacer a la humanidad a nuestra imagen." El significado de esta frase es discutida por los sabios. Una opinión sostiene que "déjanos" puede ser un plural de majestad, una declaración solemne de la intención de Dios de hacer algo especial. "A nuestra imagen" tal vez se refiera al hecho de que la gente tiene el dominio sobre la tierra, como representantes de Dios y son llamados a cuidar el mundo que Dios nos dio.

Contrariamente a los mitos paganos de la época, este relato de la creación enseña que hay sólo un Dios que crea todas las cosas. La Creación no proviene de las guerras de dioses buenos y malos que son sólo una parte de la naturaleza.

El mensaje es verdadero para nosotros en la actualidad. El universo no viene de la nada. Su organización no pudo pasar accidentalmente por una explosión de átomos. Dios existe. Dios creó el universo. Nosotros, los seres humanos, no somos accidentes sino criaturas de valor, porque somos los propios representantes de Dios en la tierra. El primer capítulo del Génesis no da un relato científico de la creación (esto era desconocido en la época en que se compuso el Génesis); no obstante, sí enseña verdades religiosas en un lenguaje que desborda de poder y belleza.

La Iglesia Católica enseña que el Génesis no está en disputa con las modernas teorías científicas de la creación, incluidas aquellas que dejan lugar para la evolución, en la medida en que no nieguen la existencia de Dios y el hecho de que todas las cosas encuentran su origen en Dios. El Génesis se ocupa de las preguntas religiosas, el *porqué* de la creación. La ciencia se ocupa de todo aquello que puede ser observado, el *cómo* de la creación. Es posible que Dios haya creado el universo para la eternidad, y que en la providencia de Dios, alguna evolución pudo haber ocurrido en las criaturas hechas por Dios. El Génesis enseña que cualquiera haya sido la forma en que empezó a existir el universo, éste provino del amor y sabiduría de Dios.

Lee *Gn 2,4-3,24*. Esta parte contiene un segundo relato de la creación tomado de la fuente yaveísta. Hay algunas inconsistencias en los dos relatos. Por ejemplo, los seres humanos fueron creados después de los animales en el primer relato y antes que los animales en el segundo. Los últimos editores del Génesis obviamente no se preocuparon por tales diferencias y este hecho aislado muestra que ellos no intentaban presentar una descripción científica de la creación. Incluyeron ambos relatos, porque cada uno había sido guardado por mucho tiempo en la comunidad y cada uno enfatizaba verdades religiosas especiales.

Los antiguos se preguntaban, tal como hacemos nosotros hoy, por qué el mundo incluía el pecado, el sufrimiento, el dolor y la muerte. El segundo relato de la creación, en un rico lenguaje lleno de simbología y detalles de la condición humana, se ocupa de estos temas. Elabora una historia no sólo acerca de los primeros humanos en la tierra sino acerca de nosotros mismos.

Dios nos ha dado la vida en un mundo que podría ser un paraíso. Somos criaturas libres, inteligentes, invitadas a caminar de la mano con un Dios que nos ama. Se nos ha dado la posibilidad de un compromiso fiel en el matrimonio y de compartir con Dios el don de la creación de la vida. Debemos usar bien nuestra libertad y elegir lo que Dios declara que es bueno y evitar lo que Dios declara que es malo. Pero los primeros seres humanos comieron "del árbol del conocimiento de lo bueno y lo malo". Tentados por el diablo (representado en una serpiente, un símbolo pagano común), le dijeron a Dios: "No nos puedes decir qué hacer. Decidiremos nosotros lo que es bueno y lo que es malo." Por medio de esta elección, el pecado entró en el mundo y levantó un muro entre nosotros y Dios. Nos hicimos responsables del sufrimiento y la muerte, de conflictos en las relaciones humanas, de la fatiga y el cansancio en nuestro trabajo, del dolor en funciones humanas como el nacimiento de un hijo. Lo que pudo haber sido el paraíso se convirtió en un mundo donde nos sumergimos en la muerte y la desesperación, en el desamparo donde la salvación sólo puede ser encontrada en Dios, quien, incluso en el peor de los tiempos, promete que la cabeza de la serpiente será destruida y el diablo vencido.

El resto del Génesis 4-11 es un comentario sobre la verdad de que el pecado atrapa cada vez más a los seres humanos. Al igual que Caín, la gente llega al punto, incluso, de asesinar a los miembros de su familia. Estamos atrapados en una creciente de maldad, de la cual Dios nos puede rescatar. Nos alejamos de Dios, de nosotros mismos y de entre nosotros, hasta el punto que toda la tierra parece una Torre de Babel.

ABRAHAM: GÉNESIS 12-25

Los primeros once capítulos del Génesis muestran a la humanidad alejándose de Dios. Pero al final del capítulo 11 aparece un hombre que traerá al pueblo de vuelta a Dios. Ese hombre es Abrám, hijo de Terah, que alrededor del año 1900 A.C. emigra con su familia desde Ur (en la actualidad Iraq) hacia Harán (una ciudad cerca de la actual frontera entre Turquía y Siria). Después de la muerte de Terah, Abrám escuchó que Dios lo llamaba a ir a una nueva tierra y le prometió hacer de él una gran nación. Abrám obedeció inmediatamente, tomó a su esposa, Sarai, su sobrino, Lot, y todas sus pertenencias y los llevó a la tierra de Canán (actualmente Israel). En las visiones sucesivas, Dios renovaba las promesas en la forma de una alianza, cambió el nombre de Abrám por el de Abraham y el de Sarai por el de Sara, luego los bendijo con un hijo, Isaac.

El Génesis 12-25 contiene varias historias llamativas sobre Abraham y su familia. Los escolásticos debaten la actualidad histórica de estas historias, pero no hay dudas de que el Génesis establece a Abraham como modelo de fe, como el antepasado del pueblo israelita y como aquel al que Dios le prometió la tierra que más tarde fue reclamada por los israelitas.

Ahora lee el _Gn_ 12,1-9, _Gn_ 15,1-17,27, _Gn_ 21,1-8, y el _Gn_ 22,1-19. En estos pasajes, la fe de Abraham en Dios es permanentemente enfatizada. La ceremonia de la alianza en la cual se sacrificaban los animales era practicada en el Medio Oriente. Los participantes caminaban entre los pedazos de los animales cortados para mostrar que ellos esperaban el mismo destino, si alguna vez rompían las promesas. La historia de Abraham, que es llamado por Dios a sacrificar a su hijo, muestra la fe profunda de Abraham. También mostraba a los israelitas (que vivían junto a los paganos que practicaban sacrificios humanos) que Dios quería el sacrificio de animales a cambio del de seres humanos.

Antes de la muerte de Abraham, su hijo Isaac se casa con Rebeca, una sobrina nieta de Abraham, que de acuerdo con las costumbres de la época, era una esposa adecuada para Isaac. Fue a través de Isaac que la promesa de Dios a Abraham fue llevada a cabo.

ISAAC, JACOB, Y LOS HIJOS DE JACOB: GÉNESIS 25-36

Isaac y Rebeca tuvieron hijos gemelos: Jacob y Esaú (Gn 25,19-34).

Estos se convirtieron en rivales y Jacob engañó a su padre anciano, Isaac, para que le diera la bendición que le correspondía a Esaú. Otras historias hablan de Jacob, muchas de las cuales versan sobre su astucia. Algunas de las historias se basan en el folclore. Rediseñan viejos mitos y leyendas, y dan explicaciones populares para los nombres de lugares y el origen de diversas tradiciones.

Jacob fue a Harán para encontrar una esposa y terminó casándose con las dos hijas de su tío, Laban. (La poligamia, casarse con varias esposas, era común entre los antiguos pueblos y fue practicada por los reyes israelitas hasta el siglo quinto A.C.). Sus esposas y sus sirvientas se convirtieron en las madres de los doce hijos de Jacob, los precursores de las doce tribus de Israel. Dos relatos separados (Gn 32,29 y Gn 35,10) explican que Dios cambió el nombre de Jacob al de Israel, que se convirtió en el nombre del pueblo que descendió de él. Finalmente, Jacob regresó con su familia a Canán y se reconcilió con Esaú.

Lee el *Gn* 25,19-34, *Gn* 27, 1-45, *Gn* 33, 1-20, y *Gn* 35,9-15. Estos pasajes relatan momentos clave en la vida de Jacob y muestran cómo Dios permaneció fiel a las promesas hechas al abuelo de Jacob, Abraham. La historia de cómo Jacob engañó a su padre moribundo, Isaac, quien le dio a él la bendición que era para Esaú muestra que Dios puede hasta usar las fechorías de los pecadores para cumplir los designios divinos. Esto no quiere decir que Dios desea tales fechorías, sino que Dios es capaz de redireccionarlas para traer el bien, en este caso, el cumplimiento de la alianza de Dios con Abraham (Ver Gn 35,9-12). Hay una lección aquí: Dios puede sacar el bien de la desgracia, incluso de nuestras propias faltas pasadas, si nos acercamos a él con fe y confianza.

JOSÉ: GÉNESIS 37-50

La historia de José, con la que concluye el Génesis, nos enseña la misma lección. José confía en Dios en la peor de las circunstancias, y Dios convierte el desastre en triunfo una y otra vez.

Cuando los hermanos deciden vender a José como esclavo, José pasa a ser un exitoso mayordomo. Cuando resiste los avances de la esposa de su amo, es acusado falsamente y enviado a prisión, que es uno de los trampolines menos probables para alcanzar la autoridad en Egipto. Una hambruna mundial, sin embargo, se convierte en una oportunidad para José para desplegar sus habilidades administrativas y regresar con sus hermanos y su padre, Jacob.

Gracias a que Jacob se reencuentra con José, muere felizmente. Su entierro llevado a cabo por José en la tierra de Canán es aún otro símbolo de que su familia algún día partiría de Egipto para volver a la Tierra Prometida.

Lee el *Gn* 45,1-28. Este pasaje presenta un bello cuadro de la emotiva reunión de José con sus hermanos y del recibimiento de Jacob ante la increíble noticia de que José estaba vivo.

Tal vez quieras leer toda la historia de José. Es interesante, dinámica, difícil de abandonar. Nos deja con la familia de Israel en Egipto donde otra tragedia, la cruel esclavitud, es devuelta por Dios a la libertad y a una vida nueva.

EL LIBRO DEL ÉXODO: 1-18

El Génesis termina con la muerte de José en Egipto alrededor del año 1750 A.C. Quinientos años pasaron entre la muerte de José y los hechos descriptos en el siguiente libro de la Biblia, el Éxodo. En esos quinientos años, los descendientes de Abraham fueron sometidos a la esclavitud. Los antiguos registros hablan de esos descendientes como "Habiru", un pueblo nómade puesto a trabajar en los proyectos de edificación de los egipcios. (De Habiru se desprende el término Hebreo, otro nombre dado a los israelitas.)

El libro del Éxodo describe la esclavitud de los israelitas y su liberación bajo el liderazgo de Moisés. Los israelitas habían perdido su identidad. No obstante, Dios se le apareció a Moisés como "El Dios de Abraham, el Dios de Isaac y el Dios de Jacob" (Ex 3,6). Había empezado un proceso que devolvería a los hebreos su destino como Pueblo de Dios.

Aparentemente, hubo varias migraciones de Habiru en Egipto y varias ocasiones en las que algunos de ellos se liberaron del yugo de Egipto. La Biblia se centra en el éxodo liderado por Moisés. La mayoría de los escolásticos ubican los hechos de este Éxodo durante el reinado de Ramses II; la fecha del Éxodo es alrededor del año 1250 A.C. Muchos sabios suponen que la cantidad de personas sacadas por Moisés de Egipto era relativamente pequeña, no más de unas mil. Sin embargo, como la historia del Éxodo fue contada una y otra vez, adquirió dimensiones épicas. La cantidad de personas que escaparon empezó a alcanzar la población de Israel en su pico máximo. Los hechos del Éxodo fueron ampliados hasta que se convirtieron en manifestaciones milagrosas del poder y protección de Dios: las plagas, la separación de las aguas, las columnas de fuego.

¿Cuál es el sentido histórico detrás del Éxodo? Sigue un posible escenario. Un gran líder, Moisés, experimenta la presencia de Dios en la oración (el arbusto en llamas). Él percibe la voluntad de Dios de liberar a Israel. Aprovechando la ventaja de fenómenos naturales que habían causado conmoción (la inundación del Nilo, las ranas arrastradas por la inundación, moscas y mosquitos comiendo de las ranas muertas, que luego esparcieron peste y enfermedades, granizo, plagas

65

de langosta, tormentas de arena del desierto, quizás la muerte del hijo del Faraón), Moisés llevó a un grupo de israelitas a una región conocida como el Mar de los Juncos (no el "Mar Rojo", probablemente una traducción errada del hebreo original). Los israelitas lo cruzaron exitosamente, pero los egipcios en sus carros de guerras quedaron atascados. Muchos de ellos se perdieron, y los israelitas huyeron hacia el desierto donde estuvieron durante cuarenta años hasta entrar a la Tierra Prometida bajo el liderazgo del sucesor de Moisés, Josué.

Pero ¿por qué no se toma la historia del Éxodo literalmente? ¿Por qué no asumir, tal como algunas interpretaciones fundamentalistas lo hacen, que el Libro del Éxodo es la historia en el sentido moderno?

Antes que nada, no negamos la habilidad de Dios de hacer los milagros en la historia del Éxodo. Dios es Dios y *puede* hacer los milagros. Pero cuando miramos el texto del Éxodo, nos inclinamos a pensar que los autores de la Biblia quisieron escribir no la historia sino una presentación épica que exalte la gloria de Dios y ridiculice a sus enemigos. Estos escritores conformaron, a partir de fuentes antiguas, una historia que es verdaderamente memorable, alaba el poder de Dios, y recuerda los orígenes de Israel como nación, que no lo lograría una simple historia.

Podemos comparar el Éxodo con la canción de estilo *country* de Johnny Horton, "The Battle of New Orleans" ("La Batalla de Nueva Orleans"). La canción tiene una verdadera base histórica, pero está escrita como una canción épica, con imaginación y humor. Es cierto, la batalla de Nueva Orleans existió en 1814-1815, y el General Jackson logró derrotar a los británicos (la canción ayuda a la gente a recordar esos hechos mejor que lo que podrían lograr las clases de historia). No obstante, el escritor de la canción no tuvo la intención de tomar los elementos fantasiosos de la canción (¡se usa el término cocodrilos para designar a los cañones cuando la artillería se recalienta!) en su sentido literal. De modo similar, los autores del Éxodo nunca tuvieron la intención de que todos los detalles de su historia sean tomados literalmente.

Existen indicios dentro de la historia que nos llevan a interpretar la forma literaria como épica en vez de histórica. En primer lugar, ¿por qué el Faraón le permitiría a Moisés seguir con las amenazas y demandas? ¿Por qué enviar a Moisés a prisión o ejecutarlo? En segundo lugar, el Éxodo 12,37 habla de 600.000 hombres que parten de Egipto; esto sugeriría una partida de varios millones de personas. Pero, ¡antes la historia menciona solamente dos parteras para todos los hebreos! En tercer lugar, existen inconsistencias que no pueden ser históricas. Por ejemplo, "todo el ganado de los egipcios murió" con la quinta plaga (la peste), pero el ganado muere otra vez a causa del granizo e incluso otra vez en la muerte de los primogénitos. En cuarto lugar, está la incongruencia de un Dios que haría estragos en un pueblo a favor de otro, sin siquiera frenar la matanza de niños inocentes. A este Dios no se lo identifica con el Dios revelado por Jesús.

Nuevamente, no negamos la posibilidad de los milagros. Dios es todopoderoso y no está limitado por las leyes de la naturaleza. Pero, por la forma literaria y el carácter épico del Libro del Éxodo, no podemos alcanzar conclusiones definitivas sobre la naturaleza precisa de los milagros allí descriptos. El Éxodo nos introduce en el corazón esencial de la historia de un israelita escapando de Egipto bajo el liderazgo de Moisés. El Éxodo nos enseña importantes lecciones religiosas: a Dios le importa la gente y está a favor de la libertad. Más allá de tales hechos básicos, hay mucho más lugar para las especulaciones, y la Iglesia Católica no ha establecido declaraciones dogmáticas respecto a estas cuestiones.

Lee _Éx_ 1 para experimentar la tristeza y el desamparo de la esclavitud de los israelitas en Egipto. Lee _Éx_ 14 para sentir la alegría de la libertad. Piensa en los niños judíos, setecientos años más tarde, sentados alrededor de su abuelo: "¡Cuéntanos una vez más, abuelo, cómo Dios condujo a Moisés y a los israelitas a través del mar!"

LA ALIANZA EN EL MONTE SINAÍ: ÉXODO 19-40

El pueblo que Moisés condujo desde Egipto era un grupo harapiento de refugiados. Ellos se peleaban con Moisés, se quejaban de sus dificultades y a veces hasta querían volver a Egipto.

Pero el Señor debía formar estos refugiados en el Pueblo de Dios. En el Monte Sinaí, Dios hizo una alianza con los hebreos que se centró en los Diez Mandamientos. Los israelitas debían cumplir estos mandamientos como parte de la alianza. La parte de Dios en la alianza fue la divina promesa de ser su Dios, de protegerlos y guiarlos a la tierra prometida de Abraham.

Los Diez Mandamientos son dados en el Éx 20,1-17 (y nuevamente, de una forma un tanto diferente, en el Deut 5,1-21). La tradición de contarlos como diez proviene del Éx 34,28. La manera de enumerarlos varía. Los católicos cuentan el Éx 20,1-6 como un mandamiento y el Éx 20,17 como dos.

La Biblia habla de los Diez Mandamientos como provenientes de la mano de Dios (Ex 34,1) y de la mano de Moisés (Ex 34,28). Estas tradiciones señalan que la mismísima existencia de una nación israelita dependió de sus alianzas con Dios. Muestran que Moisés fue elegido por Dios para establecer la tradición basada en la ley de Israel y formar un pueblo que alabaría al verdadero Dios. Designaron a Moisés como el líder religioso que hizo el Arca de la Alianza, un armario móvil que contiene los Diez Mandamientos y el trono donde Dios se encontraría con Israel. Moisés, entonces, era el líder que puso a Israel en contacto con Dios.

Por estas razones, muchas de las leyes posteriores de Israel, regulaciones litúrgicas e ideales de construcción y culto del Templo se encuentran en el Libro del Éxodo, como si viniera de los Diez Mandamientos de Dios por medio de Moisés. Los editores que, setecientos años después del Sinaí, conformaron el Libro del Éxodo, a partir de las diversas fuentes, se dieron cuenta de que todas las leyes de Israel podían resumirse en la alianza del Sinaí.

Se dieron cuenta también de que la historia de Israel podía resumirse en los hechos del Éxodo. Es por esa razón que incluyeron la historia del Becerro de Oro (Ex 32-34) entre las listas de leyes y reglamentos. Así como los israelitas en el desierto estuvieron propensos a ignorar a Dios, de igual modo los descendientes repitieron los errores, incluso en hacer más becerros de oro (Ver 1 Rey 12,26-32). Así Dios perdonó a los israelitas cuando buscaron el perdón, y los llamó a volver a prometer fidelidad.

¿Qué nos dicen hoy estos capítulos del Éxodo? Nos dicen que Dios quiere estar cerca de nosotros (Éx 33,12-13). Dios quiere que nosotros cumplamos los mandamientos porque nos mantienen en su presencia. Estos capítulos nos enseñan cómo ser verdaderamente libres. Dios fue quien liberó a los israelitas de la esclavitud. Cuando Dios les dio los Diez Mandamientos, éstos fueron para liberarlos de un sometimiento peor: la esclavitud al pecado. Si cumplimos hoy los mandamientos, disfrutaremos el amplio alcance que significa la libertad humana sin quedar atrapados por las limitaciones del pecado.

Podemos aprender incluso de los capítulos que enumeran leyes y reglamentos que no seguimos más. Éstos nos recuerdan el mandamiento de nuestros antepasados espirituales de vida recta y alabanza dedicada. Éstos nos incitan a dar lo mejor de nuestra obediencia y alabanza a Dios, "¡Yavé, Yavé, Dios clemente y misericordioso, tardo para la ira y grande en benignidad y fidelidad, que extiende su bondad a mil generaciones" (Éx 34,6).

Lee _Éx_ 20,1-17, que describe cómo Dios otorga los mandamientos a los israelitas. Lee _Éx_ 24,1-8, cuando los israelitas aceptan los términos de la alianza y Moisés los conduce a una ceremonia de aceptación. En esta ceremonia, el altar es un signo de la presencia de Dios y la sangre es un símbolo de la vida. Cuando Moisés toma la sangre sacrificatoria, derrama la mitad sobre el altar y unge con la otra mitad a las personas. Es testigo de la unión existente entre Dios y los israelitas. Lee _Éx_ 32,1-20 y _Éx_ 34,1-9: la historia del Becerro de Oro y la renovación de la alianza. Lee _Éx_ 38,1-8 como muestra de la legislación de alabanza contenida en el Éxodo. Presta atención a los detalles, testimonio vivo del deseo israelita de adorar a Dios dignamente.

EL LIBRO DEL LEVÍTICO: "SEAN SANTOS PORQUE SANTO SOY YO"

El nombre del Libro del Levítico deriva de _Levi,_ porque consiste principalmente de leyes rituales establecidas para los sacerdotes de la tribu de Levi. Estas leyes son presentadas como provenientes de Moisés, y algunas tienen su origen con Moisés durante el Éxodo. No obstante, la mayoría parece reflejar tiempos y costumbres más modernas. Fueron incorporadas en el Pentateuco alrededor del año 550 A.C.

Los lectores modernos tal vez encuentren un tanto tediosa la lectura de las leyes y rituales del Levítico. No obstante, podemos sacar gran provecho del libro, si lo consideramos un documento que establece los ideales y objetivos de la conducta del Antiguo Testamento, como el modelo que nuestros antepasados siguieron en su adoración de Dios.

Lee *Lev* 19,1-19. Allí encontrarás el tema central del Levítico: "Sean santos porque Santo soy yo." Aquí aprendes que el cumplimiento de nuestras obligaciones para con otros está ligada al cumplimiento de las obligaciones a Dios. Encontrarás algunos de los Diez Mandamientos reformulados y leerás la bella directiva de amar al prójimo como a ti mismo. Descubrirás los reglamentos que se podrían caracterizar como llamativos, tal es el caso del mandato de no usar ropas tejidas con dos tipos diferentes de hilo. Los estudiosos debaten sobre el origen de tales reglas. En otros tiempos, eran prácticas; por ejemplo, las reglas judías en contra de la ingestión de cordero pudo haberse implementado porque mucha gente que comía cordero sufría de triquinosis. Lo que empezó como un tabú contra un posible alimento peligroso paulatinamente adquirió dimensiones religiosas.

El Levítico 23, que ordena la observancia del Sábado y los cinco días sagrados judíos: Pascuas, Pentecostés, Año Nuevo, el Día de la Expiación y la Fiesta de los Tabernáculos. El propósito del Sábado y estos días sagrados era ayudar a los judíos a recordar la verdad fundamental: "Yo soy Yavé tu Dios" (Lev 23,43).

El Levítico puede ayudarnos a recordar que Yavé es nuestro Dios y que debemos ordenar nuestras vidas de acuerdo con los modelos dados por Dios. Debemos ser santos porque santo es Dios.

EL LIBRO DE LOS NÚMEROS

Números toma su nombre del relato de dos censos a los hebreos y de las listas de los objetos y personas descriptas en el libro. Retrata los cuarenta años que los israelitas pasaron en el desierto y finaliza cuando están listos para entrar en la Tierra Prometida. Registra, enumera historias y tradiciones que fueron transmitidas por los israelitas durante siglos antes de ser editado en su forma actual. Con los arreglos de este material, los editores finales de Números alientan a los israelitas del año 550 A.C a verse a sí mismos como una comunidad santa, organizada por la voluntad de Dios y llamada a seguir la ley de Dios.

Tal vez, quieras mirar rápidamente las listas en los capítulos 1-3 para conocer el tipo de literatura. Lee *Núm 20* para tener una idea del paso de los cuarenta años en el desierto. Observa la muerte de la hermana de Moisés, Miriam; la protesta de los israelitas por la falta de cosas básicas, como el agua; el acoso cometido por pueblos vecinos hostiles y la muerte del hermano de Moisés, Aarón.

Lee *Núm 22-24*. Aquí encontrarás una leyenda (posiblemente desarrollada a partir de los antecedentes históricos) elaborada para enseñar una verdad religiosa. A medida que los israelitas se acercaban a la Tierra Prometida, su presencia preocupaba al Rey de Moab. Intentó contratar a un profeta, Balaam, para blasfemarlos. No obstante, tal como relata la leyenda, Balaan es guiado por Dios y entonces sólo puede bendecir a los israelitas. Hay una gran cuota de humor en la historia, especialmente en una fábula en cierta forma desconectada de un burro que habla. Lee *Núm 22,22-35* para ver cómo esta fábula enseña la verdad religiosa de que Israel está bajo la protección de Dios.

EL LIBRO DEL DEUTERONOMIO

Deuteronomio significa "segunda ley" o "copia de la ley". El nombre es adecuado porque el Libro del Deuteronomio es una reformulación de mucho de lo que se encuentra también en el Pentateuco. Se presenta en la forma de un sermón dado por Moisés a los israelitas poco antes de entrar en la Tierra Prometida.

Moisés revisa los hechos del Éxodo desde Egipto y de los cuarenta años en el desierto. Él reformula las leyes, incluidos los Diez Mandamientos (Deut 5,1-21), a través de los cuales Israel debía ser gobernada. Enumera bendiciones que se cumplirían para los israelitas si obedecían a Dios, y los advertía de las maldiciones que los afligiría si lo desobedecían. Después de que Josué es designado por Dios como el sucesor de Moisés, éste bendice a las tribus, sube al Monte Nebo para ver la Tierra Prometida, y allí muere.

El Libro del Deuteronomio finaliza cuando los israelitas se preparan para entrar en la Tierra Prometida, con un elogio a Moisés: "No ha vuelto a surgir en Israel profeta semejante a Moisés, con el cual Yavé había tratado cara a cara, ni en cuanto a los milagros y portentos que por voluntad de Yavé realizó en la tierra de Egipto contra el Faraón, sus servidores y todo su territorio, ni en cuanto a su mano poderosa y a tantos tremendos prodigios como hizo Moisés a los ojos de todo Israel" (Deut 34,11-12).

Porque el Deuteronomio presenta a Moisés como un orador que se dirige al pueblo de Israel, los fundamentalistas interpretan este libro como un discurso verdaderamente dado por Moisés. No obstante, el idioma, estilo y referencias a hechos históricos posteriores definen esto como imposible. Imposible también es la noción de un hombre de ciento veinte años de edad dando un sermón, según el Libro del Deuteronomio a cientos de miles de personas. Por el contrario, el escenario del Deuteronomio es un recurso literario. Moisés está puesto en el centro de la historia, así como los personajes en una obra se encuentran frente a una audiencia.

Es ciertamente posible que las partes del Deuteronomio y otras partes del Pentateuco encuentren su origen en Moisés. Pero el Libro del Deuteronomio en su formato actual fue posiblemente escrito por los líderes religiosos israelíes en tiempo del exilio babilónico. Jerusalén había sido destruida, cientos de miles de judíos asesinados y otros miles arrastrados por el desierto en dirección a Babilonia. En esta hora de desesperación en la historia de los judíos, los autores del Deuteronomio pusieron a Moisés frente a los israelitas. El escenario era la unión de su pueblo antes de entrar en la Tierra Prometida, pero la verdadera audiencia la conformaba aquel grupo maltratado que sobrevivió al exilio. El mensaje era claro. Hay solamente un solo Dios verdadero. Dios es fiel. Dios sólo debe ser venerado y adorado. Obedezcan a Dios y prosperarán. Desobedezcan a Dios y serán derrotados.

Este mensaje es el fundamento de lo que se ha llamado la Teología del Deuteronomio. Los autores del Deuteronomio se remontaron a la historia judía y vieron un modelo. Dios es siempre fiel. Cuando Israel obedecía a Dios, las cosas iban bien; cuando Israel desobedecía, las cosas iban mal. Con respecto al futuro, los reyes y los ejércitos no podían salvar a Israel. Solamente Dios lo podía lograr. Y la obediencia a Dios sería la única forma de recibir la salvación de Dios.

El Libro del Deuteronomio está compuesto casi en su totalidad por la tradición deuteronomista, que está también en el Pentateuco (solamente en algunas partes aisladas). Pero constituye la fuente de Josué, Jueces, el 1° y 2° Libro de Samuel, 1° y 2° Libro de los Reyes. También es una importante influencia en la composición de otros libros en la Biblia. El Libro del Deuteronomio tuvo un gran impacto en el judaísmo y en el cristianismo. Es citado o referido alrededor de doscientas veces en el Nuevo Testamento.

La Teología del Libro del Deuteronomio es limitada. Sus autores eran personas de esa época, y no tenían la riqueza de la Revelación otorgada a través de Cristo Jesús. Junto con muchos otros autores del Antiguo Testamento, los autores del Deuteronomio no hacían distinción entre el Dios que causa algo y el que permite algo. Debido a que Dios es todopoderoso, ellos creían que Dios tenía que ser la causa de todo, incluido el sufrimiento. Y si Dios hacía que algo malo sucediera, Dios debía de tener una buena razón. Por lo general, esa razón era el castigo del pecado. Por lo tanto, si la gente sufría, era porque había pecado.

Pero esta teología propone una conexión demasiado cerrada entre el pecado y el sufrimiento. Es verdad que debemos obedecer a Dios, y nuestro mundo sería mucho mejor si todas las personas así lo hicieran. (¡Imagina qué maravilloso podría ser nuestro mundo si todos simplemente cumpliéramos los Diez Mandamientos!). Pero, debido a que muchos desobedecen a Dios, el mundo está muy lejos de lo que Dios quiere que sea. En el mundo tal cual es, la gente inocente es lastimada directa e indirectamente por los pecados de otros. La obediencia no siempre garantiza la prosperidad y el sufrimiento no siempre es el resultado de la desobediencia personal.

Por lo tanto, el principal problema con la teología deuteronomista radica en que conduce a la gente a creer que el sufrimiento personal es siempre el resultado del pecado personal. Esta noción equivocada es cuestionada en los libros del Antiguo Testamento, tales como Job, y es refutada una vez más y por todos por la enseñanza y vida de Cristo Jesús, la víctima inocente de los pecados de los otros. Al leer el Deuteronomio, se nos presenta el desafío de formular nuestra propia filosofía del sufrimiento, yendo más allá de las limitaciones del Antiguo Testamento hacia la riqueza de la Revelación hallada en Jesús.

Lee *Deut 1,1-8* donde el autor presenta el escenario donde Moisés les habla a los israelitas, no sólo a aquellos que se preparaban para entrar en la Tierra Prometida, sino a aquellos de todas las edades. Lee *Deut 5,1-6,9* para volver a leer la Alianza del Sinaí. (Horb es otra palabra para decir Sinaí). Aquí también encontramos una visión deuteronomista de Moisés, una declaración de que la prosperidad es la recompensa por la fidelidad y la primera declaración del "Gran Mandamiento". Lee *Deut* 30: un capítulo que resume la teología deuteronomista. Observa cómo los primeros diez versículos se refieren a los exilios en Babilonia.

EL PENTATEUCO: UNA UNIDAD

El Pentateuco, como lo conocemos, era llamado por los judíos el *Torah* y era considerado una unidad para ellos. El Génesis relata los orígenes del pueblo de Dios. El Éxodo relata la historia del nacimiento de la nación israelita. El Levítico enfatiza la naturaleza sagrada del pueblo de Dios. Números describe la organización de la nación. El Deuteronomio muestra el espíritu del amor y obediencia que deben caracterizar al pueblo de Dios. Juntos todos estos libros forman la constitución de los judíos, nuestros antepasados en la fe.

Preguntas para analizar y reflexionar

¿Cuánto sabes acerca del árbol genealógico de tu propia familia y tus raíces? ¿Qué tan lejos te puedes remontar en la historia de tu familia? ¿Tienes recuerdos de familia? ¿Cuáles son las tradiciones favoritas de tu familia (la observancia de los días sagrados, ciertas comidas en fechas especiales, etc.)? ¿Has pensado alguna vez en el Antiguo Testamento como un registro del árbol genealógico y raíces de _tu_ familia, historia, recuerdos y tradiciones? ¿Te ayuda esto a ver algún valor incluso en la lista de nombres, reglas, e imágenes que se hallan en el Pentateuco y en otras partes del Antiguo Testamento?

¿La interpretación católica del Génesis como una declaración de verdades religiosas, en vez de un documento específico, tienen sentido para ti? ¿Has estudiado alguna vez relatos científicos acerca del tamaño y grandeza del universo? ¿Pueden estos relatos también hablarnos de la gloria y poder de Dios?

¿Has alguna vez pensado en los Diez Mandamientos y en la ley de Dios en general, como enviada por Dios para que podamos ser verdaderamente libres? Piensa un momento acerca de cómo el mundo es manejado por los lazos del pecado. ¿De qué manera cambiaría nuestro mundo, si hoy todos empezásemos a cumplir los Diez Mandamientos?

Actividades

Sal en una noche despejada y mira las estrellas. ¡Los astrónomos nos dicen que hay más de 200 mil millones de estrellas en la galaxia de la Vía Láctea y más de 100 mil millones de galaxias en el universo! Las distancias del espacio son inimaginables. ¡Tan solo viajar con las naves espaciales actuales a la estrella _más cercana_ en nuestra galaxia llevaría 100.000 años! ¡Incluso si pudiéramos viajar a la velocidad de la luz (186.282 millas por segundo), nos llevaría alrededor de 35 ó 40 mil millones de años viajar de un extremo al otro del universo! Pregúntate: ¿Puede toda esta magnificencia y belleza venir de la nada? Piensa en las palabras del Génesis 1,31: "Vio Dios todo lo que había hecho y he aquí que todo era bueno." Alaba y agradece a Dios por la belleza de la creación y por la promesa que nos hizo de que tendremos por siempre que explorar la magnificencia y belleza del universo.

LOS LIBROS HISTÓRICOS: DE JOSUÉ A LOS EXILIADOS

La memoria es uno de los bloques de construcción más importante de la vida. Lo que somos y lo que seremos depende en gran medida de qué hemos sido y de nuestros recuerdos del pasado, de nuestra *historia*.

Lo mismo sucede con las naciones. Cada una puede ser comprendida sólo a la luz de la historia. Por cierto, la conciencia del pasado es esencial para la supervivencia de una nación. Cuando Abraham Lincoln intentaba guiar a los Estados Unidos durante la terrible crisis de la guerra civil, el se centró en su historia: "Hace ochenta y siete años que nuestros padres dieron origen a este continente, a una nueva nación, concebida en la libertad."

Lo que es cierto sobre los individuos y naciones es también cierto sobre las religiones judía y cristiana. Sólo pueden ser plenamente comprendidas a la luz de sus pasados. El judaísmo se originó a partir de los hechos históricos que formaron a los judíos como un pueblo y al que le fue asignada una misión. El cristianismo encuentra sus raíces en la historia del judaísmo y en sucesos posteriores que se refieren a la vida, la muerte y la resurrección de Cristo Jesús. El judaísmo y el cristianismo se construyen sobre la base del pasado.

Por este motivo, los libros históricos del Antiguo Testamento son significativos. Pero, no son historia moderna. Los antiguos historiadores no tenían grabadoras de video, teléfonos o imprenta. No alcanzaban la precisión que esperamos de los historiadores modernos. Sus propósitos diferían de los propósitos de los historiadores modernos.

HISTORIA DE LA SALVACIÓN

En el año 1948, la Comisión Bíblica Pontificia, la oficina de enseñanzas de las escrituras para la Iglesia Católica, estableció que la historia en la Biblia no es la historia en el sentido moderno de la palabra. Sino que es la historia tal como la entendía y escribía la gente de épocas antiguas.

La historia de la Biblia es *primero* relatada y *más tarde* la memoria colectiva de familias, tribus y naciones la escribe. A menudo, dicha historia no puede reproducir el pasado con exactitud y se recurre a la reconstrucción imaginaria, llamada folclore. La historia de la Biblia se centra en las relaciones entre Dios y el pueblo, y por esta razón, es denominada la historia de la salvación.

La historia de la salvación puede ser definida como la historia del encuentro de Dios y los seres humanos. Cuenta cómo Dios entró a nuestro mundo, y nos invita a asistir a la realidad de la presencia y providencia de Dios.

En este capítulo, ponemos de relieve los mensajes espirituales de la historia de la salvación, con frecuencia encontrados en los temas religiosos generales, en vez de las específicas directivas morales. También, prestaremos atención a los principales hechos y personalidades de la historia de Israel, que nos ayudan a obtener una mejor comprensión de las Escrituras en tu totalidad.

Dichos libros, como el de los Salmos, y los trabajos de los profetas son más comprensibles cuando los podemos ubicar en el contexto de nuestras propias circunstancias históricas. El Salmo 137, por ejemplo, nos habla con más poder e intensidad cuando nos damos cuenta de que fue escrito por un exiliado judío durante el cautiverio babilónico.

El desarrollo de la doctrina es más fácil de entender cuando nos familiarizamos con la historia del Antiguo Testamento. Si somos capaces de distinguir los libros más antiguos de los más modernos, no nos sorprenderemos al encontrar que los más antiguos tienen una clara noción de la vida eterna, y podremos ver cómo Dios paulatinamente condujo a las personas a un conocimiento más acabado del plan divino, a medida que se abrieron más a su sabiduría e inspiración.

LA HISTORIA DEUTERONOMISTA

Los estudiosos de las escrituras consideran que los Libros de Josué, Jueces, 1° y 2° Carta de Samuel y 1° y 2° Libro de los Reyes surgen de la misma visión teológica que el Libro del Deuteronomio. Ellos categorizan estos seis libros como la historia del Deuteronomio. Los libros son una compilación de los relatos verbales y escritos, incluidas las historias populares, el folclore, las biografías de testigos oculares, los anales de los reyes, las historias del pueblo, los documentos oficiales, los informes impositivos y otras fuentes. En su mayoría, estas fuentes no fueron fusionadas en una narrativa brillante. Por el contrario, las fuentes fueron tomadas a medida que eran encontradas, luego dispuestas para ilustrar los principios teológicos deuteronomistas. Como resultado, estos libros a veces contienen transiciones repentinas, duplicaciones y relatos contradictorios.

Muchos estudiosos sostienen la teoría de que la historia deuteronomista fue compuesta por primera vez a partir de diferentes fuentes alrededor del año 620 A.C. Fue actualizada y editada en su forma actual alrededor del 550 A.C. durante la época del exilio babilónico. Abarca los hechos desde la muerte de Moisés (1210 A.C.) hasta el exilio babilónico (550 A.C.).

¿Por qué se escribió la historia deuteronomista? Los judíos del año 550 A.C. eran conscientes de las promesas de Dios de hacerlos un pueblo elegido. Pero después de los días de gloria de David y Salomón, no le había ido bien al pueblo israelita. Dividido en reinados diferentes a causa de la guerra civil, nunca logró la grandeza esperada por ellos. El reinado del norte de Israel fue destruido por Asiria en el año 721 A.C. y el reinado del sur de Judá fue destruido por Babilonia en el 587 A.C. Los sobrevivientes se preguntaban por qué. ¿Era el Dios de ellos el Dios único y verdadero? Si era así, ¿por qué había permitido que su pueblo fuera víctima de tal desgracia? ¿Eran todavía el pueblo de Dios? ¿Qué les amparaba el futuro? La historia deuteronomista tuvo por intención dar respuesta a tales preguntas.

Queda confirmado que hay un solo Dios verdadero. Dios fue fiel a la alianza hecha con los israelitas, pero a cambio, los israelitas no fueron fieles muchas veces. Las desgracias que recaían sobre ellos eran consideradas como castigos por su desobediencia, pero si se arrepentían, experimentaban el perdón de Dios. Los israelitas del año 550 A.C. eran aún el pueblo de Dios; su futuro dependía de qué tan bien podían aprender las lecciones enseñadas en el pasado. La obediencia a la alianza traería la bendición. La desobediencia traería más destrucción.

Tal como se explicó en el capítulo 4, debemos reconocer las limitaciones de la Teología Deuteronomista. Es verdad que la obediencia es recompensada y la desobediencia castigada, aunque sabemos por las enseñanzas de Jesús que el Juicio Final de Dios tiene lugar sólo después de la muerte. Sabemos también por Jesús que el sufrimiento no es necesariamente el castigo de Dios por los pecados personales.

Otra debilidad en la Teología Deuteronomista se puede hallar en su enfoque de Dios como la causa de todas las cosas. Los autores deuteronomistas no entendían la diferencia entre el Dios que causa algo y el Dios que permite algo. Como resultado, a veces veían a Dios como quien causa una decisión pecaminosa y castiga dicha decisión. ¡Un ejemplo de esto es 2 Sam 24, donde se cree que Dios impulsó a David a llevar a cabo un censo a los israelitas y luego a castigar a David y a los israelitas por ese censo! Este pasaje ilustra el hecho de que la inspiración de Dios de los autores bíblicos no quita sus limitaciones. Vemos en 2 Sam 24 la teología defectuosa de su autor y somos llamados a encontrar una mejor comprensión de la divina causalidad a la luz de la Biblia en su totalidad, en especial a la luz que proviene de la enseñanza de Jesús.

Habiendo reconocido las debilidades de la Teología Deuteronomista, podemos aprender mucho de su enfoque en la preeminencia de Dios y del valor de la obediencia. La historia deuteronomista nos enseña a poner a Dios primero en nuestras vidas y ver cada elección como una oportunidad para responder a la voluntad de Dios.

EL LIBRO DE JOSUÉ

El Libro de Josué es así llamado por su héroe, Josué, el sucesor de Moisés. Relata cómo Josué condujo a los judíos a través del río Jordán a la Tierra Prometida, conquistó a sus habitantes y dividió la tierra entre las tribus de Israel.

La principal finalidad del Libro de Josué es mostrar la fidelidad de Dios al entregar la Tierra Prometida a los israelitas. La impresión dada por el libro es la de que formaron un ejército poderoso que conquistó a todos los habitantes de Canán y tomaron posesión de la tierra. Sin embargo, el Libro de los Jueces muestra un cuadro diferente. Muestra cómo las tribus israelitas tuvieron que pelear de forma aguerrida para establecerse en la Tierra Prometida.

Probablemente este último cuadro se encuentre más cerca de la realidad histórica. El Libro de Josué casi seguro contiene un cuadro idealizado de la conquista de la Tierra Prometida, que condensa en algunos años los hechos que realmente se extendieron por varios siglos. El hecho fundamental de la invasión hebrea a Palestina y la conquista progresiva de sus habitantes es el eje histórico detrás del Libro de Josué. Junto con el eje histórico hay muchas historias, tales como la tormenta de Jericó, que no pudo ser verificada por la arqueología y debe ser categorizada como folclore. La finalidad de los autores fue enseñar las lecciones teológicas, no la historia en el sentido moderno.

Darnos cuenta de que el Libro de Josué no es historia en el sentido moderno, nos ayuda a resolver uno de los principales problemas en Josué y otros libros del Antiguo Testamento. Este problema es, a menudo, la insistente declaración de que Dios ordenó el aniquilamiento masivo de aquellos que se oponían al pueblo judío.

Observa que las guerras santas, con la presunción de la orden de Dios de aniquilar a los hombres, mujeres y niños, fueron registradas alrededor de setecientos años después de la fecha en que se supone que ocurrieron, en una época en la que el pueblo judío intentaba sobrevivir desesperadamente. Por esta razón, muchas de las guerras santas, en donde los enemigos eran proscritos (condenados a muerte) pudieron haber sido un recurso literario, en vez de hechos históricos. Las guerras santas según están registradas en Josué y en otras partes pudieron haber sido, en verdad, una advertencia a los judíos del año 550 A.C.

Estos judíos, por ejemplo, fueron tentados a casarse entre extranjeros y a aceptar sus dioses paganos. Los editores de la historia deuteronomista recordaban las historias de conquista por parte de Josué y sus sucesores. Recordaban especialmente el folclore que glorificaba a Dios con las historias de la total victoria para los judíos y la total erradicación de sus enemigos. Vieron la victoria y la erradicación como provenientes de la mano de Dios. Ellos volvieron a relatar estas historias para advertir a los judíos del año 550 A.C. que fueran precavidos con el paganismo. Las advertencias pueden ser reformuladas de esta manera. "Aléjate de los paganos. Nuestros antepasados así lo hicieron. En verdad, tenían órdenes estrictas de Dios de matar a cada uno de ellos. ¡Lo menos que podemos hacer es evitarlos!"

Cuando miramos a Jesús, vemos una razón más, para tal interpretación. Jesús nunca fue un defensor de la masacre de los seres humanos. No podemos imaginar a Jesús diciéndole a Josué que aniquile a los hombres, mujeres y niños. No debemos entonces sentirnos obligados a creer que Dios dio tales órdenes en los tiempos del Antiguo Testamento. Más bien, las muertes como esas descriptas en Josué ocurrieron menos de lo que se ha registrado. Cuando efectivamente ocurrieron, se debieron a las percepciones equivocadas y pecaminosas de los seres humanos, y no a una orden directa de Dios.

No ponemos en duda la inspiración de las Escrituras, cuando cuestionamos si Dios realmente ordenó las guerras santas y la matanza sistemática de gente inocente. Decimos que la Biblia registra de manera precisa las percepciones de los israelitas largo tiempo atrás, pero esas percepciones estaban erradas. El mensaje inspirado, aquel que los autores inspirados quisieron transmitir, no es que Dios ordena la destrucción de los paganos, sino que los lectores de la Biblia no deben caer en la trampa del paganismo.

Nosotros, los contemporáneos, hemos leído mensajes similares a los del deuteronomio en nuestra propia historia. No hace mucho tiempo, los americanos consideraban las guerras indias del siglo diecinueve como un aniquilamiento de los salvajes divinamente comandado al abrirse camino hacia el pueblo civilizado. No hace mucho, hemos repensado nuestra historia y alcanzado el entendimiento de que Dios no pudo haber apoyado la matanza de tantos inocentes por personas de ambos lados del conflicto. Leer los libros históricos del

Antiguo Testamento puede ser una ocasión para que busquemos esas épocas en que presumimos a la ligera que Dios está de nuestro lado, ya sea en conflictos internacionales o en los desacuerdos de todos los días con familiares, vecinos, compañeros de trabajo.

Lee *Jos 3* para una descripción de la entrada a la Tierra Prometida. Los estudiosos observan que el río Jordán es de vez en cuando cubierto por desprendimientos de tierra y que tal suceso pudo haber permitido a los israelitas cruzar sobre tierra seca. Sea cual sea la realidad histórica, la historia ha mostrado a los israelitas que Dios estuvo con Josué como con Moisés en el paso del Mar de los Juncos cuarenta años antes.

Lee *Jos 6* para el relato de la destrucción de Jericó. (Tal vez quieras volver a *Jos 2* para obtener los antecedentes de Rahab.) Lee *Jos 24* para un informe de los últimos días de Josué, la renovación de la alianza, y su muerte y funeral.

EL LIBRO DE LOS JUECES

Muchas naciones se remontan a un período crucial, un tiempo de conquistas y asentamientos donde los sufridos individuos enfrentaron grandes obstáculos para crear un hogar para ellos y sus familias. Para los israelitas, el período crucial fue el tiempo de los Jueces, un período de aproximadamente ciento cincuenta años entre la muerte de Josué y la carrera de Samuel como profeta.

Los jueces no eran expertos en leyes, pero sí héroes y heroínas que rescataban al pueblo de Israel de situaciones difíciles. El Libro de los Jueces está dominado por el principio deuteronomista de que la desobediencia trae la desgracia y la obediencia gana el favor de Dios. De acuerdo con el Libro de los Jueces, cuando los israelitas se alejaron de Dios, "en todas sus expediciones la mano de Yavé pesaba sobre ellos para hacerles mal, como el mismo Yavé lo había dicho y jurado. Así, pues, los puso en gran angustia" (2,14-15). Cuando los israelitas se arrepintieron, Dios "les suscitó jueces" y "Yavé estaba con el juez y los libraba de la mano de sus enemigos mientras vivía el juez, pues Yavé se movía a compasión ante sus gemidos por causa de sus opresores y perseguidores" (2,18).

El período de los jueces fue un tiempo duro y despiadado en el que los israelitas y sus vecinos paganos se involucraron en batallas sangrientas por la supervivencia. Las historias contenidas en el Libro de los Jueces quizás se basen en los hechos históricos, aunque algunas de ellas, en especial aquellas que tratan con Sansón, son adornadas por el folclore y la leyenda. En Jueces, el lector encontrará historias de intriga y asesinatos (Jue 3,15-30), engaño y muerte (Jue 3), guerra (Jue 6-8), alta traición y fratricidio (Jue 9), votos irreflexivos (Jue 11), conflicto civil (Jue 12), vandalismo, traición y suicidio (Jue 13-16). Hay un índice de las historias acerca de las tribus de Dan y Benjamín (capítulos 17-21), incluso más horribles que las de los capítulos 1-16. Todo el libro muestra un cuadro macabro de la humanidad en las peores circunstancias y lo que le sucede al pueblo cuando se aleja de Dios.

¿Qué podemos aprender de este libro? Quizás la lección más relevante de Jueces es que la humanidad necesita la salvación. La humanidad por sí sola se degenera en una pésima caricatura de lo que debemos ser. Vemos que tales lecciones se repiten en la historia, en esas naciones del siglo veinte que intentan la construcción de una sociedad atea y terminan, a cambio, envueltas en guerra y autodestrucción. En el Libro de los Jueces, vemos nuestra necesidad de Dios.

Lee *Jue 15-16* para conocer los dos últimos capítulos de la historia de Sansón. En éstos, observarás cómo la lujuria, el orgullo y la desobediencia pueden convertir la fuerza en debilidad y enterrar el mundo de placer, poder y posesiones bajo un montón de escombros.

EL LIBRO DE RUT

Ubicado a continuación del Libro de los Jueces, el Libro de Rut es una narrativa que no forma parte de la historia deuteronomista. El libro de Rut es una breve historia que puede tener una base histórica. Enseña de una forma bella las virtudes del amor, la fidelidad y devoción. El libro se ubica después de Jueces porque su acción tiene lugar "en los días en que gobernaban los jueces" (Rut 1,1) y porque brinda detalles acerca de los tatarabuelos del rey David. Por este motivo, establece un puente entre el período de los Jueces y la era de la monarquía de Israel. Las virtudes reflejadas en este libro proporcionan un estimulante contraste con la degradación de los Jueces y las debilidades humanas tan evidentes en los libros que le siguen.

Existen muchas opiniones sobre la forma literaria y el tiempo de composición del Libro de Rut. Tales cuestiones no necesitan ser resueltas por nosotros para aprender las lecciones que Dios inspiró en el autor para compartir: amor, fidelidad y devoción a Dios y a la familia.

Lee _Rut 1-4_. Esta historia es breve y encantadora. La expresión de devoción de Rut para con su suegra, Naomi, a veces es leída en las ceremonias de casamiento y es utilizada para expresar el compromiso hacia los miembros de la familia en todo momento.

1º Y 2º LIBROS DE SAMUEL

El libro Primero y Segundo de Samuel toman su nombre del profeta Samuel, cuya vida vio el fin del período de los Jueces y el comienzo de la monarquía en Israel. Los libros tienen su origen en diversas fuentes, incluidas las antiguas historias sobre el Arca de la Alianza, varias narraciones sobre Samuel, Saúl y David y una historia de familia acerca de David, escrita de un modo muy bello (2 Sam 9-20). En la opinión de muchos estudiosos, los libros de Samuel fueron creados a partir de estas fuentes alrededor del año 620 A.C. y editados en su actual formato alrededor del año 550 A.C.

El libro Primero y Segundo de Samuel no son la continuación de la historia que describe los hechos de manera sistemática. Por el contrario, son una colección de historias acerca de diversos episodios y personalidades. Los libros fueron escritos en un principio para ilustrar la Teología Deuteronomista y, por esta razón, son clasificados como una historia de salvación. No obstante, contienen muchos datos históricos confiables, en especial a medida que los hechos descriptos se aproximan al tiempo del reinado del David, cuando se establece una corte y se conservan los registros de muchos reyes.

Los libros comienzan con la historia del nacimiento de Samuel. Él fue dedicado al servicio del Señor por sus padres y de niño vivió en un santuario en Silo, alrededor de veinte millas al norte de lo que hoy es Jerusalén. Helí era un sacerdote en Silo, pero por su avanzada edad, sus malvados hijos estaban frente al ministerio del santuario y abusaban de sus privilegios. De acuerdo con el primer libro de Samuel, se debió a los delitos cometidos por aquellos que Dios prometió sufrimiento para la familia de Helí. Cuando él y sus hijos mueren, Samuel se convierte en el líder espiritual de Israel en una época en la que el Arca era un símbolo de la unidad religiosa para las tribus y el fundamento de muchas viejas historias (1 Sam 1-7).

Samuel tuvo la suerte de ungir al primer rey de Israel, Saúl. El reinado tuvo una historia marcada por las facciones que estaban a favor y las que estaban en contra de la monarquía. Quienes leyeron el primer libro de Samuel en su totalidad habrán notado ambas facciones; además hay varias historias conflictivas acerca del ungimiento de Saúl. (1 Sam 8-12).

Saúl fue exitoso en sus primeros años como rey. Se convirtió en un punto central para la cooperación entre las tribus y formó un poderoso ejército que derrotó a muchos enemigos de Israel. Pero, las Escrituras nos cuentan que Saúl empezó a desobedecer a Dios. Se volvió insano y fustigaba a las personas más cercanas a él, incluso al portador de su armadura y al marido de su hija, David. David tuvo que huir y se convirtió así en el líder de una banda armada que rondó, por Palestina, hasta la muerte de Saúl, en una batalla contra los filisteos en el Monte Gilboa, al sudeste del Mar de Galilea (1 Sam 13-31).

Lee *1 Sam 3*, la historia acerca del llamado de Samuel como profeta. Lee *1 Sam 9,1-10,1*, una narrativa pro monárquica del ungimiento de Saúl por Samuel, y *1 Sam 10,17-24*, un relato que considera el ungimiento de un rey como rechazo a Dios. Lee *1 Sam 17,1-11, 32-51*, una conocida historia de David y Goliat. Lee *1 Sam 31*, la tragedia de la muerte de Saúl.

El paso de Saúl disipó el camino para David, a quien se le pidió que asumiera el reinado de la tribu de Judá. Las otras tribus, sin embargo, siguieron al hijo de Saúl, Isbaal, y durante siete años se desató una guerra entre el ejército de Isbaal, conducido por Abner, y los soldados de David, conducidos por Joab. Después de una pelea con Isbaal, Abner juró lealtad a David. Sin embargo, Joab asesina a Abner e

Isbaal es también asesinado. Luego, las tribus de Israel proclamaron a David como rey (2 Sam 1,1-5,5).

David rápidamente conquistó la ciudad de Jerusalén y la convirtió en su capital. Trajo el Arca de la Alianza a Jerusalén y así convirtió la ciudad en el centro religioso y político para toda Israel. Los ejércitos de David lograron encaminar a los filisteos y a otros enemigos de los judíos, incluidos Edom, Moab y Ammon al sur y al este y a Aram de Damasco al norte. David, para ese entonces, ejercía un control importante sobre el área que comprendía unas doscientas millas a lo largo y unas ochenta a lo ancho. David fortaleció sus ejércitos, creó estructuras gubernamentales y estableció el comercio con países vecinos. Construyó un palacio en Jerusalén e hizo minuciosas preparaciones para la construcción de un templo. En aproximadamente cuarenta años, convirtió un pueblo desesperanzado y desorganizado en una nación (2 Sam 5,6-10,19).

Sin embargo, la carrera de David no estuvo exenta de tragedias. El editor deuteronomista del 2 Samuel las justifica debido a los pecados de adulterio de David con Betsabé, y al asesinato del marido de Betsabé, Urías (2 Sam 1-12). En consecuencia, el hijo de David, Amnón violó a su media hermana, Tamar, y fue asesinado más tarde por Absalón, el hermano de Tamar (2 Sam 13). Aunque Absalón se autoexilió por un tiempo, se reconcilió con David y luego lideró una sublevación que terminó con su vida. Más tarde, las victorias de David sobre varios enemigos de Israel consolidaron su poder (2 Sam 14-24).

Las siguientes generaciones recordaron a David como el rey israelita más importante. Sus elogios eran, por cierto, destacables. Pecó, pero cuando se lo comparaba con el profeta Natán, se arrepentía con sinceridad y humildad. Natán prometió a David que por el poder de Dios su reinado perduraría por siempre (2 Sam 7,8-17). Esta profecía daría a Israel la esperanza en tiempos de derrota, cuando los judíos empezaron a buscar un mesías, un salvador, que surgiría de la familia de David y traería fortuna a Israel. Las esperanzas de un mesías se cumplirían en Cristo Jesús y en el establecimiento de un reinado eterno.

Lee *2 Sam 5*, un relato de la asunción de David a la monarquía, su captura de Jerusalén y sus victorias sobre los filisteos. Lee *2 Sam 11,1-12,15*, una dramática historia de los pecados de David y su reincidencia. Lee *2 Sam 18,1-17*, los detalles de la muerte de Absalón en las manos de los soldados de David.

1º Y 2º LIBROS DE LOS REYES

Al igual que el 1º y 2º Libros de Samuel, el 1º y 2º Libros de los Reyes provienen de una serie de fuentes (ver 1 Rey 11,41 y 1 Rey 14,19). Aparecieron por primera vez alrededor del año 620 A.C. y fueron editados en su actual formato alrededor del año 550 A.C. Cuentan la historia de una monarquía israelita desde la muerte de David (961 A.C.) hasta la destrucción de Jerusalén (587 A.C.). Fueron escritos según el punto de vista deuteronomista y relatan las vidas de los reyes de Israel y Judá en términos de su obediencia o desobediencia a Dios. Los reyes obedientes (desafortunadamente una minoría) trajeron prosperidad a los judíos. Los reyes desobedientes trajeron calamidad, desde la guerra civil en su tierra hasta el exilio en Babilonia.

El primer Libro de los Reyes empieza con los detalles de la popularidad de Salomón hasta llegar al trono. Gracias a los planes de su madre, Betsabé, Salomón fue designado por David, de edad avanzada por ese entonces, como su sucesor. Después de la muerte de David, Salomón rápidamente actuó para consolidar su poder mediante la ejecución de sus potenciales rivales, incluido su hermano Adonías, el viejo general Joab y Semeí, un antiguo vengador de David (1 Rey 1-2).

Salomón demostró ser un astuto gobernante por muchos años. Organizó el reino de Israel en doce distritos y construyó un Templo imponente para adorar e incluso un magnífico palacio para él mismo. Expandió el tamaño de su ejército y desarrolló un poderoso cuerpo de carros. Construyó ciudades-fortaleza durante todo su reinado y estableció asentamientos agrícolas al sur de Jerusalén. Su reinado se convirtió en un centro para el comercio entre Asia y África, un centro para la educación y el arte, y una nación renombrada por su poder, riqueza, e influencia (1 Rey 3-10).

Pero el poder, la riqueza, y la fama constituyeron la caída de muchos gobernantes, y probaron también ser la caída de Salomón. Procuró solidificar su poder a través de las alianzas selladas por matrimonios con extranjeras. En un intento por complacer a sus muchas esposas extranjeras, construyó templos para los dioses paganos de éstas. En su avaricia por la riqueza, exigió demasiado a su pueblo, en especial a las tribus del norte. En su carrera por consolidar su fama como fundador, transformó a sus propios súbditos en esclavos. Finalmente, el resentimiento latía hasta el punto de que el malestar de la sociedad empezó a hacerse notar. En la época de la muerte de Salomón alrededor del año 922 A.C., la tensión dentro de las fronteras de su reinado alcanzó un nivel crítico (1 Rey 11).

Reboam, sucedió a su padre, Salomón. Cuando las tribus del norte le suplicaron alivio de las cargas que Salomón les había impuesto, Reboam fue sólo promesa de más opresión. Con ello, las tribus del norte se separaron de Judá en el año 922 A.C. y nombraron a Jeroboam como su líder. Jeroboam rápidamente estableció santuarios religiosos en Betel y en Dan para separar aun más a su pueblo de Jerusalén. Poco podía hacer Reboam para frenar la rebelión ya que su ejército era cada vez más grande. La unidad forjada por David se derrumbó, y comenzó la era de los reinados divididos, Israel en el norte y Judá al sur (1 Rey 12-14).

La división estuvo acompañada de una época de decadencia. Los dos reinados se peleaban entre sí y ambos eran atacados por sus vecinos. En el año quinto del reinado de Reboam, Egipto atacó a Jerusalén, saqueó los tesoros del Templo (1 Rey 14,25-28), y arrasó muchas ciudades fortificadas de Judá e Israel. El liderazgo en el norte y en el sur era lamentable. La mayoría de los reyes eran infieles a la alianza, un hecho que hacen notar los editores deuteronomistas del 1º y 2º Libros de los Reyes que, al relatar las vidas de los reyes, se centran en la fidelidad o infidelidad a Yavé (1 Rey 15-16).

Una serie de historias acerca de los profetas empieza en 1 Rey 17. Los profetas eran quienes hablaban para Dios. Desde la época de Samuel, había grupos de profetas en Israel que se organizaron para adorar. Se creía que muchos tenían poderes especiales. Los verdaderos profetas fueron considerados, tiempo más tarde, como quienes habían sido llamados por Dios para oponerse a los malos reyes. Quizás, ésta es la razón por la cual el reinado del israelita Acab, establece el marco para una serie de historias acerca del profeta Elías.

Acab ejerció su reinado en Israel alrededor del año 870 A.C. hasta el 850 A.C. Se casó con una princesa de Sidonian, Jezael, y construyó altares al dios pagano Baal en la capital israelita de Samaria. Por este pecado y por los delitos de injusticia y codicia, Elías se opuso a él. El conflicto alcanzó su máxima tensión en una pelea entre Elías y 850 profetas paganos en el Monte Carmelo. Jezabel se enfureció cuando Elías asesinó a estos profetas, y Elías tuvo que huir para salvar su vida. Sin embargo, fortalecido por un encuentro con Yavé, Elías continuó su misión profética y ungió a un sucesor, Eliseo. Acab, mientras tanto, obtuvo dos victorias sobre Ben-Arab, el rey de Aram (Siria). Más tarde, es asesinado en una tercera batalla (1 Rey 17-22).

Las historias de Elías y otros profetas en los libros de los Reyes parecen basarse en hechos históricos. Pero también contienen leyendas y fábulas elaboradas para enseñar mensajes religiosos: a Dios le importan los creyentes fieles (1 Rey 17; 19); quienes adoran a dioses paganos merecen la muerte (1 Rey 18); la obediencia a Dios es recompensada y la desobediencia es castigada (1 Rey 20-22; 2 Rey 1-8).

Lee *1 Rey 3*, las historias de la sabiduría de Salomón, y *1 Rey 11*, para el relato de sus últimos años. Lee *1 Rey 12* para los detalles de la separación de Israel de Judá. Lee *1 Rey 21* para la dramática historia de traición de Acab y el juicio de Dios a Acab.

Los primeros trece capítulos de 2 Reyes cuentan las historias y leyendas acerca de Elías y Eliseo, así como también una serie de hechos históricos que ocurrieron durante sus vidas. Estos hechos incluyen una alianza temporal de Israel, Judá y Edom en una exitosa campaña militar contra Moab (2 Rey 3), la victoria de los israelitas sobre los arameos (2 Rey 7), el crimen en el año 842 A.C. de Jezabel y de toda la familia de Acab por el general armado Jehú (2 Rey 9-10), y otras intrigas políticas en Israel y Judá (2 Rey 1-13).

Después de la muerte de Eliseo, siguieron años de decadencia, conmoción civil y la guerra que involucró a Israel, Judá, Aram (Siria), Edom, Moab y Ammon. Alrededor del año 783 A.C., el rey Amsías de Judá fue asesinado por enemigos políticos y su hijo de dieciséis años Azarías (también conocido como Ocías) lo sucedió en el trono.

Sorprendentemente, este joven demostró ser un capaz soberano. Durante su extenso reinado, tuvo lugar un resurgimiento en Judá y al mismo tiempo, otro en Israel bajo el mandato del rey Jeroboam II (786-746 A.C.). Judá expandió sus fronteras hacia el sur e Israel lo hizo hacia el norte en la época de David. Se construyeron y fortificaron ciudades; se fomentó el comercio; se expandió la agricultura y la silvicultura. Ambos reinos gozaron de años de riqueza y prosperidad (2 Rey 14,1-15,7).

Desafortunadamente, la injusticia, la avaricia y la inmoralidad también florecieron, en especial en el norte. Profetas como Amós y Oseas castigaban a los ricos y poderosos, presagiando la destrucción en Samaria. Sus profecías pronto se cumplieron. Después de la muerte de Jeroboam, el caos reinó en Israel; cuatro de los cinco reyes que le sucedieron fueron asesinados, y en el año 734 A.C., el poderoso imperio de Asiria comenzó una serie de asaltos en Israel que terminó con la destrucción total de Samaria en el año 721 A.C. El monarca de Asiria, Sargón II, envió a casi treinta mil israelitas al exilio en la Mesopotamia (actualmente Iraq) y reestableció otras naciones conquistadas en Israel. Éstos se casaron entre sí con los israelitas quienes habían sido apartados y formaron personas con lazos de sangre mixtos, más tarde conocidos como los samaritanos (2 Rey 15,8-17,41).

Cuando Asiria atacaba Israel, Ahaz, entonces rey de Judá, rindió homenaje a Asiria. Su sucesor, Hezekiah (715-687 A.C.), decidió no homenajear a Asiria, sino revelarse contra ella. Construyó una fortaleza alrededor de Jerusalén y de otras ciudades, guió al pueblo hacia un renacimiento religioso, según el profeta Isaías, y trató de formar alianzas con otros estados. En el año 701 A.C., los asirios, bajo el mando del rey Senaquerib, avanzaron sobre Judá. Saquearon los campos linderos a Jerusalén, luego sitiaron la ciudad. Jerusalén pareció estar condenada, cuando, de repente, el ejército de Senaquerib fue diezmado por "el ángel del Señor" (2 Rey 19 ,35), quizás una plaga terrible. Los asirios regresaron a su casa y Jerusalén quedó liberada. Sin embargo gran parte de Judá quedó en ruinas, con miles de ciudades devastadas y conquistadas, y Hezekiah tuvo que reanudar su homenaje a Asiria hasta su muerte en el año 687 A.C. (2 Rey 18-20).

El hijo de Hezekiah, Manasseh, en sus cuarenta y cinco años de reinado, también rindió homenaje a Asiria. Le proporcionó tropas y adoró a dioses paganos. Su hijo, Amón, continuó con estas prácticas hasta que fue asesinado después de tan solo dos años en el trono. Fue sucedido por su hijo de ocho años, Josiah, en el año 640 A.C. y esto debió parecerse al preludio del desastre. Pero Asiria había comenzado a perder el control sobre sus súbditos. Liberados del temor de Asiria, Josiah en el año 621 A.C. implementó en Judá reformas religiosas y expandió sus fronteras hacia el norte, oeste y sur. Nínive, la capital de Asiria, cayó ante Babilonia en el año 612 A.C., pero cuando Babilonia avanzó hacia el oeste, Egipto se opuso. En el año 609 A.C. Josías decidió interceptar al ejército egipcio en Megiddo. Fue gravemente herido y murió en Jerusalén tiempo más tarde (2 Rey 21,1-23,30).

Los siguientes cuatro reyes de Judá quedaron atrapados por los enredos de egipcios y babilonios. Ignorando el consejo del profeta Jeremías, se aliaron con Egipto. En el año 597 A.C., el rey de Babilonia, Nabucodonosor, tomó el control de Jerusalén. Envió al rey Joacim y a otros destacados ciudadanos al exilio y nombró como rey títere a Zedekiah. Cuando Zedekiah se reveló tontamente contra Babilonia en el año 589 A.C., Nabucodonosor atacó a Judá con un ejército enorme, destruyó sus ciudades principales y sitió Jerusalén. Después de casi dos años de increíble penuria, Jerusalén fue derrotada en el 587 A.C. El ejército babilónico saqueó la ciudad, deportó a miles de sus sobrevivientes a Babilonia, y finalmente, Jerusalén fue incendiada. La nación creada por Saúl, David y Salomón desaparecía para siempre. (2 Rey 23,32-25,29).

En el año 600 A.C., alrededor de un cuarto de millón de personas vivía en Judá. Muchos escaparon de la invasión babilónica, se refugiaron tan lejos como Egipto, se estableció donde una considerable comunidad judía. Cientos de miles de judíos murieron en batallas, de hambre o por enfermedades. Tal vez, veinte mil personas fueron deportadas a Babilonia. La devastación del país causó más emigración, y para el año 550 A.C., hubo menos de cincuenta mil personas viviendo en lo que alguna vez fue Judá.

Aquellos deportados a Babilonia tuvieron que soportar una marcha forzada de casi mil millas. Los sobrevivientes fueron tratados decentemente, después de su arribo en Babilonia. Se les permitió vivir en comunidades judías, y dedicarse al cultivo de la tierra o al comercio. Debido a que Nabucodonosor deportó a los más educados, más habilidosos, y a ciudadanos influyentes de Judá, los judíos de Babilonia constituyeron un grupo talentoso, y algunos alcanzaron el éxito y la riqueza. Muchos se interesaron en la herencia judía, y líderes espirituales y religiosos comenzaron a coleccionar escritos antiguos en partes de lo que hoy se conoce como el Antiguo Testamento.

Lee *2 Rey 2* que habla sobre las leyendas de Elías y Eliseo. Es improbable que estos hechos hayan ocurrido como se los registró; no obstante, enseñan el respeto por los profetas. En especial, la historia sobre los niños y los osos no concuerda con nuestras susceptibilidades modernas, sino que es la clase de historia que un abuelo podría relatar a un niño insolente que replica a sus mayores. Podemos oír las advertencias del abuelo: "No debes hablar así. Déjame que te cuente qué les sucedió a unos niños malos cuando llamaron pelado al profeta Eliseo." Lee *2 Rey 17* que habla sobre la destrucción de Israel por Asiria y lee *2 Rey 25*, la caída de Jerusalén.

Los lectores contemporáneos pueden aprender mucho más que hechos históricos de los libros de Samuel y Reyes. En las carreras de Samuel, Saúl, David y sus sucesores, vemos cómo la desobediencia a Dios termina en desgracia. Aprendemos cómo el abuso de poder destruye a la sociedad y a los individuos. Nos recuerda que la lujuria desenfrenada puede dividir familias y destruir vidas. Al estudiar estas lecciones, podemos evitarnos la desgracia y la miseria.

Preguntas para analizar y reflexionar

La Teología Deuteronomista establece que lo bueno es recompensado y lo malo es castigado. ¿Hasta qué punto es esta teología verdadera? ¿En qué partes está incompleta? Si es verdad que el sufrimiento ha entrado a nuestro mundo como resultado del pecado, ¿es también cierto que el sufrimiento de una persona en particular deba ser el resultado del pecado original? ¿Por qué o por qué no? La Teología Deuteronomista y las enseñanzas de los profetas sostenían que muchos de los problemas de Israel se debían a que el gobierno, los negocios y la vida social de la nación se habían convertido ateos. ¿Se está convirtiendo nuestro país ateo en su gobierno, negocios y vida social? ¿Cuántos de nuestros actuales programas de televisión reflejan una creencia sincera y humilde de Dios? ¿Rezan las familias de la televisión o tienen en cuenta la decisión de Dios al tomar decisiones? ¿Tendrían que hacerlo? ¿Hasta qué punto el ateísmo en los medios de comunicación afecta el pensamiento de nuestra nación? ¿Qué puedes hacer al respecto en tu hogar, familia y círculo de amigos?

Actividades

Compara los primeros tiempos de Israel con los de nuestra propia nación. Por ejemplo, en los Estados Unidos hubo un período de división, cultivo de la tierra ya ocupada por otros, una unión de trece estados, la fundación de una nación, una guerra civil que involucró al norte y al sur, entre otros. Compara algunos de los héroes y heroínas de tu nación con aquellos del antiguo Israel. Establece paralelos que te ayudarán a entender la historia de Israel y nuestra propia historia.

LOS LIBROS HISTÓRICOS: EL PERÍODO POSTEXÍLICO

Poco después de la destrucción de Jerusalén, el imperio babilónico comenzó a desmoronarse. La muerte del rey Nabucodonosor en el año 562 A.C. lo llevó a una caída estrepitosa. En el 539 A.C., Ciro, el rey de Persia (actualmente Irán), venció al ejército babilónico en el río Tigris y entró a Babilonia casi sin resistencia. Para los judíos, Ciro parecía ser un mensajero enviado por Dios. Su método de relacionarse con las naciones conquistadas fue opuesto a las brutales políticas de Asiria y Babilonia; trataba bien a sus súbditos con el fin de ganar su confianza. En el año 538 A.C., emitió un edicto por el que permitía a los judíos regresar a Jerusalén. Les pidió a ellos que reconstruyeran el Templo, les proporcionó los fondos y restauró los barcos sagrados saqueados por Nebuzardán.

Rápidamente una pequeña banda de judíos conducidos por un príncipe de Judea, Sheshbazaar, partió en un viaje largo a Jerusalén. Los judíos habían estado exiliados por casi cuarenta años, entonces la mayoría de los que fueron a Jerusalén habían nacido en Babilonia. Sin dudas que estaban felices por ir a Israel, pero no se daban cuenta de la tarea enorme que recaería sobre ellos.

Encontraron a Jerusalén en ruinas, desolada y devastada después de cinco décadas de olvido. Se tuvieron que enfrentar con personas poco amigables que vivían en la región, incluidos los samaritanos. Rodeados de problemas por todos lados, lograron apenas establecer los cimientos para un nuevo Templo.

Aproximadamente dieciocho años más tarde, otro grupo de judíos, bajo el liderazgo de Zorobabel, un miembro de la familia de David, regresó a Judá. Alentados por los profetas Ageo y Zacarías, Zorobabel dirigió a los judíos en la reconstrucción del Templo, que fue terminado y dedicado en el año 515 A.C.

Después de la dedicación, la comunidad de judíos en Judá debió de haber vivido tiempos difíciles. En el año 445 A.C., algunos residentes informaron a los funcionarios de gobierno en la fortaleza persa de Susa: "Los sobrevivientes salvados de la cautividad que queda allí, en la provincia, se encuentran en grave estrechez y abyección; la muralla de Jerusalén está destrozada y sus puertas destruidas por el fuego" (Neh 1,3). Nehemías, quien recibe esta denuncia, era un alto funcionario en el gobierno de Artajerjes, más tarde rey de Persia. Solicitó permiso al rey para volver a levantar las murallas de Jerusalén y fue enviado allí como gobernador con una escolta militar y otro grupo de judíos babilonios.

Nehemías se dio cuenta de que la comunidad judía podía sobrevivir solamente si había seguridad. Tal es así que rápidamente organizó al pueblo en grupos, le asignó a cada uno una parte de la reconstrucción de la muralla. Cuando los samaritanos y otros grupos hostiles a los judíos amenazaban con la violencia, Nehemías hizo que los trabajadores se armaran, intercambiando los turnos de trabajo como albañiles y guardias. En cincuenta y dos días la muralla fue reconstruida y los habitantes de Jerusalén estuvieron a salvo de sus enemigos.

Nehemías luego se ocupó de organizar al pueblo en una verdadera comunidad. Tenía un diez por ciento de los habitantes del país que se había mudado a Jerusalén e insistió en que la riqueza cesase de oprimir a los pobres. Habiendo cumplido un plazo como gobernador de doce años, se dirigió a Susa y buscó su reelección. Al regresar a Jerusalén, hizo los arreglos para brindar apoyo al templo y a sus sacerdotes, restauró la observancia del Sábado y prohibió el matrimonio con paganos.

En el año 398 A.C., Esdras, un sacerdote y escriba diestro en la Ley de Moisés, fue llamado por el rey Artajerjes II para que de Babilonia volviera a Jerusalén. Esdras fue nombrado para administrar justicia en Judá, para cuidar el templo, e instruir al pueblo en la ley. A su arribo, Esdras reunió a la comunidad judía. Durante dos días, les leyó y explicó la ley, posiblemente partes del Pentateuco, y los judíos luego celebraron la Fiesta de los Tabernáculos. Luego, Esdras se ocupó del tema de los casamientos con paganos y convenció a los judíos para que desestimaran estos matrimonios.

Nehemías y Esdras fueron las dos figuras líderes en la restauración, conocido como el período de reconstrucción y renovación después del exilio babilónico. Nehemías hizo posible que los judíos se reorganizaran entre sí como una nación, y Esdras formó la comunidad judía en el pueblo de la ley. Sin ellos dos, no hubiera habido comunidad judía en el primer siglo A.C. a la espera de un salvador.

EL CRONISTA

Gran parte de la historia del postexilio del judaísmo es conocida a partir del escritor inspirado llamado el Cronista. (Las Crónicas posiblemente hayan sido un grupo de escritores, pero nos referiremos aquí en singular). Se cree que vivió en el siglo cuarto A.C. y que redactó sus escritos para la comunidad judía en el proceso de restauración. Utilizó gran cantidad de partes de la historia del Pentateuco y de la historia Deuteronomista, así como también muchas otras fuentes que cita. Su trabajo incluye el 1° y 2° Libro de las Crónicas, Esdras y Nehemías y están clasificados como una historia de salvación idealizada.

Los libros de la Crónicas abarcan la misma extensión de años que la historia del Pentateuco y la historia deuteronomista, pero las Crónicas tuvieron una finalidad especial: fortalecer a los judíos de Judá del siglo cuarto en el amor por la ley de Dios y enseñar que la obediencia a Dios era su única esperanza de supervivencia.

Las Crónicas enfatizan la grandeza de Dios y recalcan la intervención de Dios en la historia. Ponen de relieve los hechos heroicos de los anteriores líderes israelitas e ignoran sus debilidades. Incluso en términos más fuertes que los del Deuteronomio, enseñaron que la virtud es recompensada y el pecado castigado. Acentuaron la primacía del Templo de Jerusalén.

La intención de las Crónicas era decir a los que quedaban, o sea, la comunidad judía de la restauración: "No se olviden de lo que Dios ha hecho por ustedes. Vean a los grandes héroes de nuestro pasado.

Vean cómo el mal ha sido siempre castigado y el bien recompensado. Entiendan que el templo debe ser el punto de atención de nuestras vidas." El Cronista ilustró e idealizó las imágenes del pasado a fin de dar a los judíos un ideal para el futuro. Es por esta razón que su trabajo se ha dado en llamar historias de salvación idealizada.

1º Y 2º LIBROS DE LAS CRÓNICAS

El Primer Libro de las Crónicas resume la historia humana desde la creación hasta la época del exilio mediante el uso de cuadros genealógicos (1 Crón 1,1-9,34). El resto del libro contiene material seleccionado de la vida de David; pone especial atención a la relación de David con el culto del templo y enumera largas listas de funcionarios del templo y mobiliario, a fin de resaltar el templo de Jerusalén (1 Crón 9,35-29,30).

El Segundo Libro de Crónicas se inicia con una visión idealista del reinado de Salomón y la construcción del Templo durante su reinado (2 Crón 1-9). Menciona la rebelión de las tribus del norte, luego se centra en el reino del sur de Judá desde Jeroboam hasta la caída de Jerusalén (2 Crón 10-36). Gran parte del material es tomado del 1º y 2º Libros de los Reyes, adaptado a los fines especiales de las Crónicas.

Lee *1 Crón 12* para tener un ejemplo del estilo de las Crónicas. Observa las listas de nombres y números, la idealización del ejército, y una descripción de *toda* Israel apoyando a David como rey. Lee *2 Crón 14:* una leyenda acerca de una invasión de "un millón de hombres y trescientos carros" desde Etiopía; esta historia (que bien podría tener su origen en un asalto por parte de un grupo de nómades) tiene la finalidad de mostrar el poder de Dios y no debe ser tomada literalmente.

ESDRAS Y NEHEMÍAS

Los hechos históricos detrás de los libros de Esdras y Nehemías han sido mencionados anteriormente de acuerdo con una cronología concebida por los estudiosos de las Escrituras. Al escribir estos libros, el cronista utilizó las memorias de Esdras y Nehemías, pero modificó la secuencia de algunas partes del material, posiblemente por razones teológicas. Ambos libros comienzan con la reconstrucción de las estructuras materiales, y luego, abarcan la reforma de la comunidad.

Las historias contadas en Esdras y Nehemías, en especial las memorias del primero, son intensas y cautivadoras. Esdras y Nehemías ofrecen información histórica precisa, comprobable con otras fuentes escritas y estudios arqueológicos. Pero la finalidad primordial era teológica, y al igual que el 1° y 2° Libros de las Crónicas, se las describe mejor como la historia de salvación idealizada.

Esdras y Nehemías muestran a Dios como parte activa de la historia humana, enviando providencialmente a Ciro a liberar a los judíos del exilio. Estos libros señalan la importancia del culto del Templo y aluden a los antepasados davídicos de Sesbazar y Zorobabel. Por este motivo, mantienen viva en la comunidad judía la esperanza de que un mesías vendrá de la familia de David. Esdras y Nehemías piden que los judíos sean santos, libres de las influencias paganas (especialmente de los casamientos con paganos), y fieles a la ley.

El Libro de Esdras se inicia con la proclamación de Ciro que les permite a los exiliados regresar a Jerusalén, luego describe los esfuerzos en la reorganización bajo Sesbazar y Zorobabel (Esd 1-6). La segunda parte del libro describe la misión de Esdras en el año 398 A.C., en particular su denuncia por los casamientos mixtos (Esd 7-10).

El Libro de Nehemías relata la hazaña de Nehemías de reconstruir la muralla de Jerusalén y el censo del pueblo (Neh 1-7). Describe la promulgación de la ley de Esdras (Neh 8-10), luego presenta los registros del Templo, las listas de judíos y un relato de la dedicación de las murallas de la ciudad. Concluye con los esfuerzos de Nehemías por eliminar los abusos en la adoración, la observancia del Sábado y los casamientos mixtos (Neh 11-13).

Lee *Esd 1* donde se cita el decreto de Ciro y describe la preparación de los exiliados para regresar a Jerusalén. Lee *Esd 6,14-22* que relata la reconstrucción y dedicación del Templo así como también la celebración de la Pascua.

Lee *Neh 4* para una clara idea de las pruebas que tuvieron que pasar los judíos durante la reconstrucción de la muralla de Jerusalén. Lee

Neh 8,1-12 para saber cómo Esdras enseñó la ley de Dios al pueblo de Jerusalén. (El nombre de Nehemías ha sido incluido en el pasaje por razones de editorial, pero su misión fue completada antes de la de Esdras.) Los lectores contemporáneos pueden sacar mayor provecho del 1° y 2° Libros de las Crónicas, Esdras y Nehemías, si están atentos a los fines espirituales del Cronista. Podemos imitar la veneración del Cronista por Dios. La atención que estos libros ponen en la actividad de Dios en la historia nos puede hacer pensar más en la providencia de Dios. Podemos admirar al amor del Cronista por sus antepasados, incluso cuando admitimos sus debilidades. Si bien debemos modificar sus nociones primitivas de recompensa y castigo, podemos emular su entusiasmo para el deber y la obediencia. Su devoción al Templo puede inspirarnos a adorar a Dios con todo nuestro corazón.

DESDE ESDRAS HASTA LOS MACABEOS

Poco conocemos acerca de la comunidad judía desde la época de Esdras hasta la época de las persecuciones religiosas del año 167 A.C. Sí sabemos que en la providencia de Dios, la muralla de piedra, que fue levantada por Nehemías, y la ley, que fue promulgada por Esdras, dieron al judaísmo la estabilidad y fuerza necesarias para sobrevivir varios siglos de cambio y caos.

Los persas continuaban gobernando su vasto imperio durante gran parte del siglo cuarto. Pero en el año 336 A.C., un príncipe de veintiún años procedente de Macedonia (actual Grecia) nombró a Alejandro Magno, quien iniciaría uno de las más espectaculares campañas en la historia. Cuando su padre fue asesinado, Alejandro tomó el control del ejército macedonio y emprendió la conquista del mundo. Después de someter a los estados griegos, venció al ejército persa y luego llegó a Judá y Samaria y conquistó Egipto. Obvió entrar en Jerusalén y destruyó a Samaria y dejó toda la región bajo su control. Luego, arrasó hacia el este en una marcha que finalizó con la derrota de un poderoso ejército indio. Alejandro, en ese entonces, regresa a su hogar y muere a causa de una fiebre en Babilonia a los treinta y dos años.

Después de su muerte, los generales de Alejandro empezaron a pelearse por el imperio. Antígono de Asia menor tenía planes respecto de Judá y de otros países sobre el Mediterráneo Oriental, tal como los tenía Ptolomeo Lagi de Egipto. Judá (hoy conocida como Judea) fue disputada por uno y otro hasta que Antígono fue derrotado en la batalla de Ipso (Asia Menor) en el año 301 A.C. En el tratado de paz posterior a esta batalla, Judea fue asignada a otro de los generales de Alejandro, Seleuco Nicátor, que tuvo un control parcial sobre un área de Grecia e India. Sin embargo, Ptolomeo de Egipto reclamó Palestina (Judea, Samaria y Galilea), y por más de un siglo, el área fue disputada por los sucesores de Ptolomeo, llamados ptolomeos, y los de Seleuco, conocidos como seléucidas.

Alejandro Magno había dejado su marca tanto en los ptolomeos como en los seléucidas. La marca era el helenismo (de *Hellen*, que significa "griego"), la expansión de la cultura griega, el idioma, el arte, la filosofía y la religión en las tierras que había conquistado. Posteriormente, los líderes civiles trataron de *helenizar* a sus seguidores como un modo de lograr la unidad. Muchos judíos veían el Helenismo como una amenaza a su religión y nación, y pronto surgieron divisiones entre los judíos que rechazaban el helenismo y quienes lo aceptaban.

En el año 198 A.C., los seléucidas obtuvieron el dominio sobre los ptolomeos, pero pronto un nuevo poder mediterráneo, Roma, los obligó a abandonar gran parte de su territorio fuera de Siria y Palestina. Durante más de treinta años, los seléucidas, presionados por Roma, permitieron a los judíos una cuota de autogobernabilidad bajo la autoridad del sumo sacerdote.

Pero en el año 167 A.C., el soberano seléucida, Antíoco IV (también llamado Antíoco Epífanes), en un esfuerzo por unificar a su pueblo, lo forzó a aceptar el helenismo y proscribió el judaísmo. Las prácticas judías, tales como la circuncisión, la observancia del Sábado, y las restricciones alimenticias, fueron prohibidas. Una estatua del dios griego Zeus fue colocada en el templo de Jerusalén y todos los judíos estaban obligados a adorar a Zeus. Quienes lo rechazaban eran perseguidos sin piedad; hombres, mujeres y niños fueron torturados y ejecutados.

Cuando el representante de Antíoco fue a la aldea judía de Modín, aproximadamente a veinte millas de Jerusalén, un sacerdote llamado Matatías lo mató e inició una sublevación. Con cinco hijos, buscó refugio en las colinas cercanas y pronto muchos otros patriotas judíos se unieron a él, incluidos los asideos, los antepasados de los fariseos. Matatías designó a su hijo Judas Macabeo como líder militar de estos patriotas. Después de la muerte de su padre en el año 166 A.C., Judas emprendió una exitosa campaña de guerrilla contra los señores feudales seléucidos. De vez en cuando, Judas llevaba a cabo ataques sorpresivos a los ejércitos sirios, que causaban gran cantidad de víctimas. En diciembre del año 164 A.C., Judas se mudó a Jerusalén y volvió a celebrar la dedicación del templo, un suceso desde entonces celebrado por los judíos en la Fiesta de las Luces.

Poco tiempo después, Antíoco Epífanes muere, y la capital de Siria de Antíoco se convierte en un semillero de intrigas, ya que diferentes partidos compiten por el trono. Judas continuó su lucha por la independencia judía, incluso formó una alianza con Roma. En el año 161 A.C., logró una de sus más grandes victorias arrasando con un ejército liderado por el general sirio, Nicánor. Pero ese mismo año, Judas es asesinado y sus tropas guiadas por un ejército mucho más grande, dirigido por Bacchides, otro general sirio. Los caudillos se ocultaban y gradualmente fueron edificando su fortaleza bajo el mando del hermano de Judas, Jonatán.

En el año 156 A.C., Jonatán comandó a sus hombres en ataques contra Siria y después de peleas viciosas, Bacchides, decidió negociar. Jonatán se trasladó a Jerusalén como líder político y religioso de su pueblo. Mientras las conspiraciones continuaban en el alto mando sirio, Jonatán astutamente ganaba una concesión después de la otra. Pero en el año 143 A.C., fue asesinado por el general sirio Trifón, y fue reemplazado por el hermano de Jonatán, Simón.

Al año siguiente, Simón ganó la independencia política para Judea y fue reconocido por su pueblo como sumo sacerdote y gobernante civil. Por esta razón, se inicia una nueva dinastía, llamada Hasmonea según el nombre tribal del viejo sacerdote de Matatías. Simón presidió Judea hasta el año 134 A.C., año en que fue enviado a matar por su cuñado, Ptelemy, un agente de los sirios. El hijo de Simón, Juan Hircano, asumió el sumo sacerdocio y fue sitiado por los sirios en Jerusalén. El sitio finalizó en menos de un año cuando el gobierno sirio fue derrocado.

Juan Hircano rápidamente extiende las fronteras de los judíos, y toma el control de Samaria al norte e Idumea al sur. Su muerte en el año 104 A.C. estuvo seguida de años de confusión, ya que la clase aristocrática helenista, los saduceos, peleaba contra los fariseos, una secta religiosa devota de la estricta obediencia de las leyes judías. En el año 90 A.C., estalló una guerra civil y cientos de miles perdieron sus vidas en nueve años de conflicto, debido a que los fariseos trataron de derrocar a Alejandro Janeo, sumo sacerdote y rey. Finalmente, Janeo y los saduceos prevalecieron. Durante una celebración por la victoria, se dice que Janeo agasajó con un banquete a sus concubinas y presenció la crucifixión de ochocientos fariseos que miraban desde sus cruces mientras sus esposas e hijos eran asesinados. En los años siguientes, Janeo extendió las fronteras de Judea casi a los límites del reino de David. Murió en el año 76 A.C. y fue sucedido como soberano por su viuda, Salome Alexandra; su hijo Hircano II pasó a ser el sumo sacerdote.

Siguieron nueve años de prosperidad, pero cuando Salomón muere, su hijo más joven, Aristóbulo se rebela contra Hircano. El conflicto que se origina fue recién solucionado cuando el ejército romano, bajo Pompei, entró en combate y sitió a Jerusalén, que estaba bajo el mando de Aristóbulo. En el año 63 A.C., la muralla de Jerusalén fue atravesada y Judea se convirtió en el estado vasallo romano. Los conflictos civiles y las batallas esporádicas con Roma continuaron hasta que un idumeo, llamado Herodes, con el apoyo de las autoridades romanas, asumió el mando después de una sangrienta batalla con Judea y Jerusalén. En el año 37 A.C., Herodes fue reconocido por los romanos como el rey de Judea, Samaria, Galilea, Perea e Idumea.

Con el apoyo de los romanos y con los ingresos provenientes de los impuestos durante los tiempos de prosperidad, Herodes se embarca en un importante programa de construcción. Fortificó y restauró Jerusalén, construyó un palacio levita, y levantó un Templo que fue una de las maravillas arquitectónicas de la época. Reconstruyó Samaria y erigió nuevas fortaleza y ciudades a lo largo y ancho de su reino. Organizó su gobierno en un eficiente estado de policía, pero se vio resentido por muchos de sus súbditos judíos, que lo consideraban como un pretendiente extranjero al trono. Fue cruel y despiadado al ejercer oposición, tan paranoico con las amenazas a su poder que ejecutó, entre muchos otros, a su propia esposa, a su suegra y a tres de sus propios hijos. Muere alrededor del año 4 A.C., no mucho antes del nacimiento de Cristo Jesús. (Ver página 120 que explica esta fecha.)

NOVELAS HISTÓRICAS Y RELIGIOSAS

Los turbulentos siglos que le siguieron al exilio fueron el marco de los tres libros que se encuentran después de Nehemías en nuestra Biblia Católica actual: Tobías, Judit y Ester. Si bien estos libros se ubican entre los libros históricos, estos trabajos son mejor clasificados como novelas religiosas e históricas.

Las novelas históricas son libros que cuentan las historias acerca de los personajes ficticios que se ubican en el contexto de los verdaderos hechos históricos. Dichos trabajos nos pueden ayudar a comprender el pasado porque, al permitirnos experimentar los hechos históricos a través de los ojos y mentes de sus protagonistas, evocan el conocimiento de la vida largo tiempo antes y una empatía por la gente de tiempos pasados de una manera que los historiadores no podrían.

Las novelas históricas religiosas enfatizan las cuestiones sobrenaturales y los mensajes espirituales, y en esto reside el valor especial de Tobías, Judit y Ester. Estos libros también reflejan una eternidad que deriva de la práctica de los autores que une una época con la otra. Por ejemplo, en el Libro de Ester, se cree que el héroe Mordoqueo fue deportado a Babilonia en el año 597 A.C. Sin embargo, sigue aún con vida durante el reinado de Jerjes de Persia (485-464 A.C.). En el Libro de Judit, ¡se cree que Nabucodonosor (quien fue el rey de Babilonia durante la caída de Jerusalén) fue el rey de Asiria y quien emprendió la guerra en Judá después de su regreso del exilio! Esta eternidad y muchas otras características de estos escritos señalan que la intención de los autores era trascender la historia, no crear documentos ilustrados.

TOBÍAS

Tobías, de acuerdo con los estudiosos, fue escrito en el siglo segundo A.C.: para los judíos que luchaban con el tema de la adaptación a las costumbres griegas del mundo que los rodeaba. Es una historia fascinante acerca del exilio de un fiel cumplidor judío de la ley, Tobías, que adoraba a Dios y se preocupaba por el prójimo incluso cuando su vida estaba en riesgo. Agobiado por las pruebas y el peso de su ceguera, le ruega a Dios por su muerte, entonces Tobías envía a su hijo a Media a recaudar una gran suma de dinero. En Media, Sara, una joven mujer, reza también por su muerte porque había estado casada siete veces, y en cada oportunidad un demonio mataba a su marido en la noche de la boda. Dios envía el arcángel Rafael para que acompañe a Tobías en su viaje. Rafael guía a Tobías a su destino, y provoca el casamiento exitoso entre Tobías y Sara, consigue el dinero y luego cura a Tobías de su ceguera.

La finalidad de la historia es enseñar que los buenos judíos debían ser fieles a las leyes y tradiciones de sus antepasados. Por este motivo, Tobías ejemplifica las virtudes de reverencia a Dios, devoción a la adoración del templo, el amor a la familia, caridad, oración, limosna y ayuno. Tobías y Sara manifiestan fe, piedad y amor de esposos. Las instrucciones dadas por Tobías y por Rafael están verdaderamente dirigidas a todos aquellos que leen el libro. Al establecer el marco de la historia, los personajes adquieren un carisma e interés especiales. Incluso al día de hoy, podemos enriquecernos con los hermosos ideales ejemplificados en sus actores y en los diálogos de este libro.

Lee _Tob 4_, las instrucciones que Tobías le da a su hijo para prepararlo para el viaje a Media. Se las puede considerar también como instrucciones que preparan al lector para el viaje de su vida. Tal vez quieras leer la historia completa y también las historias que siguen de Judit y Ester. Son breves, atrapantes y entretenidas.

JUDIT

En esta colorida historia, Nabucodonosor, presentado como rey de Asiria, envía a su general, Holofernes, para que dirija a 132.000 soldados a que ataquen Judá. Estos enemigos representan todas las fuerzas hostiles al pueblo de Dios y sitian a los judíos en Betulia, una ciudad imaginaria ubicada al norte de Jerusalén. Cuando parece no haber más esperanzas, Judit (su nombre significa "judía") entra en campamento enemigo, seduce a Holofernes con su belleza, lo emborracha en un banquete privado en su carpa y finalmente le corta la cabeza. El ejército se aterra cuando descubre el cuerpo degollado de su líder. Los soldados huyen, simplemente para ser perseguidos y matados por los judíos.

Esta historia fue probablemente escrita antes o durante el período macabeo para dar esperanzas a los judíos que estaban siendo perseguidos por la dinastía seléucida. La lección de la historia es que Dios puede dar creyentes fieles en el peor de los tiempos, si depositan su confianza en el poder de Dios y si observan la ley. Quienes leemos el libro en diferentes circunstancias históricas podemos aún beneficiarnos con su insistencia en depositar nuestra fe en Dios.

Lee *Jud 8*, una introducción a la heroína de esta historia. Observa cómo alienta a la gente a ser fiel a la ley y a reconocer el poder de Dios que libera. Estas palabras están dirigidas directamente a los judíos perseguidos por los seléucidas para que observen la ley.

ESTER

Este libro, que lleva el nombre de su heroína, es mejor comprendido como un melodrama diseñado para dar al pueblo judío una oportunidad para celebrar su supervivencia a lo largo de los años. El autor, un judío desconocido que escribe después del siglo cuarto A.C., cuenta la historia como una explicación de la Fiesta de Purim.

La historia se ubica en el tiempo del rey Asuero (Jerjes I, 485-464 A.C.) de Persia. Asuero repudia a la reina Vasti y en su lugar elige a la bella judía Ester (ambas mujeres desconocidas para la historia). Mordoqueo, un judío devoto y tío de Ester, aborrece al perverso Amán, un alto funcionario de Asuero. Amán conspira para que Mordoqueo y todos los judíos en el imperio sean ejecutados en un solo día. El complot es desbaratado cuando Ester intercede por su pueblo. Amán es

colgado en las mismísimas horcas que había preparado para Mordoqueo. Éste es elevado a la posición original de Amán y se autoriza a
los judíos a que aniquilen a 75.000 de sus enemigos.

Parece espantoso, pero es tan sólo una historia. Esto ha sido motivo de fiesta para muchos en la primavera de la Fiesta de Purim, una
ocasión para la rebeldía y la dramatización de la historia de Ester, con
ovación para Mordoqueo y abucheo para Amán.

Los judíos celebran su supervivencia y el cuidado providencial de
Dios con la historia de Ester y la Fiesta de Purim. Quienes somos cristianos podemos leer Ester como un recordatorio de la protección que
hemos recibido de Dios. Podemos ver la historia como un presagio de
la victoria de Jesús sobre el mal. Nos regocijamos en un Cristo que revierte los mandamientos de Satán al vender al mal en la horca de la
cruz. Celebramos su victoria sobre los poderes del pecado y la muerte y la caída de los demonios aliados a Satán. ¡Desde ya que esta interpretación no fue la intención del autor, pero es una interpretación que
podemos sumar para tener motivo para festejar!

Lee _Est_ 7, el derrocamiento de Amán. Lee _Est_ 9,20-28, la conexión de la historia entre Ester y la Fiesta de Purim.

1° LIBRO DE LOS MACABEOS

El título para el 1° y 2° Libros de los Macabeos proviene del nombre dado al líder de los caudillos judíos anti-seléucidas, Juda Macabeo.
Macabeo significa "martillo" y también se aplica para la familia y seguidores de Macabeo.

El primer Libro de los Macabeos fue escrito en hebreo por un
judío palestino en el año 100 A.C. Brinda información histórica
confiable, incluidos los registros de las derrotas y victorias judías. El
autor cita una serie de documentos oficiales y es bastante exacto al dar
fechas y ubicaciones palestinas. El Primer Libro de Macabeos es, no
obstante, la historia de la salvación y se ocupa más de la vida religiosa
del pueblo judío y de la relación con Dios.

El primer Libro de los Macabeos comienza con un breve relato de
la vida de Alejandro Magno, luego abarca el reinado de Antíoco Epífa-

nes y su persecución a los judíos (1 Mac 1). A continuación, describe la revolución iniciada por los Matatías y las batallas desatadas por Judas Macabeo contra los opresores seléucidas. El punto clave de la carrera de Judas, la nueva dedicación del Templo, es seguido por su muerte en batalla (2-8). El libro luego relata la carrera del hermano y sucesor de Judas, Jonatán, junto con sus sorprendentes esfuerzos contra los seléucidas y sus aliados helenistas judíos. Desafortunadamente, Jonatán confió en un general sirio, Trifón, y fue asesinado por éste (9-12). En el final, el primer libro de los Macabeos cuenta cómo Simón, el último hijo de Matatías, logra la independencia para Judea y se convierte en sumo sacerdote y soberano civil. Después del asesinato de Simón, su hijo, Juan Hircano lo sucede. El libro termina con un resumen del reinado de Juan (13-16).

Lee *1 Mac 2*, el comienzo de la guerra de los Macabeos bajo el comando de Matatías. Lee *1 Mac 4*, un relato de varias victorias de Judas y su nueva dedicación al Templo de Jerusalén. Lee *1 Mac 16*, la muerte del último hermano Macabeo y el comienzo de una nueva era bajo Juan Hircano.

Los lectores contemporáneos del primer libro de los Macabeos pueden aprender mucho sobre el segundo siglo A.C. de Palestina. Aunque debemos también mirar las lecciones espirituales que aquí se nos ofrecen. No soportaríamos persecuciones como las de los judíos, pero al igual que ellos nos enfrentamos con una opción. Ellos tuvieron que decidir si aceptaban los principios del helenismo o los del Dios de Abraham. Nosotros debemos decidir si aceptamos los principios de una sociedad mundana o los principios de Cristo Jesús.

2º LIBRO DE LOS MACABEOS

El segundo Libro de los Macabeos no es una continuación del primero. Fue escrito alrededor del año 100 A.C. por un autor diferente, en otra lengua (griego), en un lugar distinto, posiblemente Alejandría, Egipto. Tiene un enfoque más limitado que abarca los hechos desde los últimos años de Onías el sumo sacerdote, alrededor del año 180 A.C., hasta la derrota de Judas por Nicanor en el año 161 A.C. En lugar de relatar los hechos históricos, ofrece, más bien, interpretaciones teológicas de los hechos históricos. Embellece estos hechos con detalles de leyenda, discursos edificantes y descripciones conmovedoras de las persecuciones y castigos divinos. Tiende a culpar a los judíos helenistas traidores por los sufrimientos que sufrieron quienes fueron fieles a la Torah. Su propósito es provocar compasión por las víctimas de la persecución, convencer a los lectores del cuidado providencial de Dios, incluso en tiempos difíciles, para designar al Templo de Jerusalén como el lugar apropiado para la adoración ortodoxa y presentar los conceptos de recompensa y castigo eternos.

El segundo Libro de los Macabeos empieza con varias cartas que se refieren al Templo de Jerusalén y a la Fiesta de los Tabernáculos, incluido el prefacio del autor que explica que está resumiendo otro trabajo, el de Jasón de Cirene (1-2). Sigue un relato de los ataques al templo durante la época de Onías, el sumo sacerdote (2 Mac 3). Luego, se describe la persecución de los judíos y la profanación del Templo por las apóstatas helenistas y los gobernantes seléucidos (4-7). El resto del libro versa sobre las campañas de Judas Macabeo contra los ejércitos seléucidos y sus aliados (8-15).

Lee _2 Mac 2,19-32_, el prefacio del autor. Observa cómo este libro se produjo con el costo del "sudor y pérdida del sueño" y cómo el autor de buena fe alude a la extensión de sus observaciones. Lee _2 Mac 7_, un ejemplo de cómo el autor refleja los espeluznantes detalles de un martirio bajo los seléucidos. Cualquiera que sea el contenido detrás de la historia, nos enseña cuidadosamente en las palabras de los mártires que la muerte es mejor que quebrantar la ley, pues Dios concede vida eterna a aquellos que son fieles hasta el fin. Lee _2 Mac 12,38-46_, que demuestra la práctica judía, al menos un siglo antes de Cristo, de rezar por los muertos. Este pasaje es la base bíblica para las doctrinas católicas del purgatorio y la oración por los difuntos.

Cuando leemos 2 Macabeos, nos vemos impulsados a amar la ley de Dios y el templo de la adoración. Reflejamos nuestra creencia en la vida eterna. Aprendemos que cuando rezamos por los difuntos, somos uno con los valientes antepasados históricos, como Judas Macabeo, y parte de una tradición que se remonta a más de doscientos años.

LOS LIBROS HISTÓRICOS: UNA REFLEXIÓN

Al estudiar los libros históricos del Antiguo Testamento, muchas personas se desalientan por lo que leen. En estos libros encuentran cada uno de los posibles pecados, cada una de las debilidades humanas, cada una de las tragedias, cada uno de los fracasos. Esperan más veracidad y belleza en la historia del encuentro de Dios con la humanidad.

Pero el Antiguo Testamento lo cuenta tal cual es. Presenta la verdad y la belleza que emanan del amor creativo y la fidelidad eterna a Dios. Presenta la verdad y la belleza en las respuestas de grandes creyentes como Abraham y Rut. Sin embargo, no presenta un retrato retocado. Muestra que la humanidad sin Dios es proclive al desastre y a la decadencia. Los libros históricos demuestran nuestra necesidad por la salvación. Nos enseñan que la salvación debe venir de Dios, que el Salvador debe ser divino.

Preguntas para analizar y reflexionar

De todos los hombres y mujeres que has encontrado en el estudio de los libros históricos del Antiguo Testamento, ¿cuáles son tus favoritos? ¿Por qué? Si pudieras elegir una época de la historia del Antiguo Testamento para vivir, ¿cuál sería? ¿Por qué? ¿Preferirías esa época a la actual? ¿Hubo "días buenos" en el Antiguo Testamento?

En los dos últimos capítulos, hemos estudiado los hechos de mil trescientos años. ¿Puedes enumerar al menos un hecho clave y una persona clave de la historia del judaísmo para cada uno de los trece siglos antes de Cristo?

¿Puedes enumerar de memoria los libros históricos? ¿Puedes dar una lección práctica de cada uno de los libros para los lectores contemporáneos? ¿Crees que el estudio de los libros históricos te ayudará a sacar mayor provecho de las lecturas en la Misa? ¿Te ayudará este estudio a crecer espiritualmente? ¿De qué manera?

Actividades

Construye tu árbol genealógico, enumera los mejores antepasados espirituales que has encontrado en los libros históricos del Antiguo Testamento. Para cada persona en tu árbol, enumera una cualidad o virtud de ella que te gustaría poseer. Luego, dedica unos minutos a la oración. Agradece a Dios por las buenas cualidades de nuestros antepasados espirituales y pídele que te ayude a imitar estas cualidades en tu vida de todos los días.

CAPÍTULO SIETE

LOS LIBROS DE LA SABIDURÍA

"Ir de prisa no ayuda." "Una palabra al sabio es suficiente." "Haz a los demás lo que quieres que ellos hagan contigo." Tales dichos son parte de la sabiduría que nos guía a través de la vida.

La sabiduría puede expresarse de muchas otras formas, las cuales nos ayudan a determinar los valores y a descubrir el significado. El drama "*A Man of all Seasons*" muestra el coraje e integridad. La canción "*Amazing Grace*" nos recuerda la piedad de Dios. Los proverbios nos aconsejan en las decisiones de todos los días. El ingenio agudo como "Siempre hacemos la cola más corta en la caja para pagar" hace que nos tomemos no tan seriamente las debilidades de la vida. La poesía como la de Isabel Barrett Browning: "*How Do I Love Thee?*" nos enseña que las relaciones humanas son más preciosas que el oro. Las reflexiones del pasado, como la serie de televisión de PBS "*The Civil War*" muestra el heroísmo de los antepasados. "*Poor Richard's Almanac*" y otras colecciones de refranes nos mantienen en contacto con la verdad de todos los tiempos.

Las personas del Antiguo Testamento veneran la sabiduría y conservan las intuiciones de los sabios en los siete trabajos conocidos como los Libros de la Sabiduría. En estos, encontramos drama, el Libro de Job, canciones, el Libro de los Salmos, un Libro de Proverbios, el ingenio agudo del Eclesiástico, la poesía de amor del el Cantar de los Cantares, las reflexiones sobre el pasado, la Sabiduría de Salomón, y un libro de dichos populares, el Libro de Isaías.

EL CONTENIDO DE LA LITERATURA SAPIENCIAL

Existen muchas tradiciones sapienciales en el mundo antiguo. Los sabios de Israel estudiaron estas tradiciones y aprendieron de ellas. Sin embargo, la sabiduría judía era única en el sentido de que reflejaba una creencia distintiva en Dios en un orden moral basado en su voluntad.

La literatura sapiencial del Antiguo Testamento se diferencia del Pentateuco y los Libros Históricos en que sus autores se ocupan más de las cuestiones personales que de las cuestiones religiosas como la alianza. Estos autores ven la vida desde el punto de vista de un individuo y no desde el punto de vista de la nación. Tratan temas tales como los buenos modales, la conducta moral, el comercio, el matrimonio, la familia, el hogar, la vida social y las relaciones humanas. Profundizan en asuntos que nos preocupan como individuos: el significado del dolor y el sufrimiento, lo bueno y lo malo, la riqueza y la pobreza, la vida y la muerte.

LA FORMA DE LA LITERATURA SAPIENCIAL

Los libros sapienciales suelen seguir las estructuras de la poesía judía que dependen del flujo de pensamientos en vez de la rima. Entre las estructuras más comunes están la repetición, el contraste y la construcción.

En la *repetición*, se expresan ideas similares con palabras diferentes:
Yavé, no me castigues en tu cólera,
en tu furor no me corrijas (Sal 6,2).

En el *contraste*, se comparan ideas diferentes:
El amor suscita querellas,
mas el amor cubre todas las faltas (Prov 10,12).

En la *construcción*, las ideas se construyen sobre la base de la otra:
Ponme como sello sobre tu corazón,
como sello sobre tu brazo,
porque es fuerte el amor
como la muerte,

tenaz como el infierno,
dardos de fuego son sus flechas,
sus llamas, llamas de Yavé.
Aguas inmensas no podrían apagar el amor,
ni los ríos ahogarlo (Cant 8,6-7).

Una vez familiarizados con estas estructuras, podemos disfrutar del flujo y balance de ideas que componen la poesía hebrea. Así, nos es posible entender más rápidamente y apreciar la literatura sapiencial.

EL ORIGEN Y DESARROLLO
DE LA LITERATURA SAPIENCIAL

Las tradiciones sapienciales existían en Egipto y la Mesopotamia antes del Éxodo. Los israelitas posiblemente las conocían y usaban proverbios para enseñar a la juventud acontecimientos tan lejanos en el tiempo como la época de los Jueces. Durante la época de los reyes, hubo escribas del tribunal que recolectaron los proverbios y establecieron escuelas. La tradición sapiencial continuó a lo largo de la historia del Antiguo Testamento y la Sabiduría de Salomón constituyó el último trabajo del Antiguo Testamento que se escribió.

Se cree que el rey David fue el compositor de muchos de los Salmos y el rey Salomón es considerado como el autor de los Proverbios, Eclesiástico, Cantar de los Cantares y partes de la Sabiduría de Salomón. David pudo haber escrito algunos de los Salmos que se le atribuyen y Salomón pudo haber escrito los proverbios e instrucciones, pero ninguno de los dos realmente firmó como autor los libros que se les atribuyen. Era común en el viejo mundo asignar la autoría de un trabajo a una persona famosa para dar especial prestigio a ese trabajo.

JOB

Una anciana en el sector de oncología de un hospital se quebró en llanto. El capellán le preguntó qué le pasaba. La mujer respondió que una amiga le había dicho que si rezaba con fe, se curaría. Su amiga, lejos de reconfortarla, puso una carga de culpa sobre sus espaldas. "No me curo −razonó−, entonces debo no tener fe."

La antigua noción de que Dios nos bendice solamente si somos buenos y que todo el sufrimiento es el castigo de Dios por *no* ser buenos todavía subsiste. Y, por cierto, lastima mucho, tal como lo hacía en los tiempos del Antiguo Testamento.

El Libro de Job fue escrito por un poeta inspirado que vio el error de comparar el sufrimiento con el castigo divino. Su fecha de composición es incierta, pero muchos de los estudiosos lo ubican alrededor de la época del Exilio.

La historia empieza con una prosa narrativa acerca de Job, un cacique extremadamente acaudalado que vivió de manera irreprochable ante Dios. Pero un día, Satán (no el diablo, sino una especie de defensor del diablo) lo desafió a Dios a probar a Job, diciéndole que si Dios lo privaba de su gran riqueza, él sí insultaría a Dios. En consecuencia, se le quita a Job su riqueza, familia y salud. No obstante, soporta todo esto con paciencia.

La escena luego cambia, y el libro pasa de la prosa a la poesía a medida que relata cómo tres de los amigos de Job, Elifaz, Bildad y Sofar, vienen a consolarlo. Cuando llegan, Job se pone muy *impaciente* y se lamenta de su destino. Entonces, sus amigos comienzan un diálogo poético con Job en tres series de discursos. Cada uno de ellos culpa a Job sobre el fundamento de que sus sufrimientos prueban que él es culpable del pecado, pero Job niega ser culpable y le pide a Dios que le explique por qué debe sufrir. Luego, un joven, Eliú, hace su aparición para defender a Dios. Sus palabras terminan con la observación de que Dios "no mira a quien se cree sabio" (37,24).

Luego las cortinas se abren y Dios se para al frente y en el centro del escenario. Hablando como de "un torbellino", Dios se enfrenta a Job: "¿Quién eres tú para cuestionarme? ¿Serías capaz de crear el universo? ¿Gobiernas tú las estrellas? ¿Eres tú el dueño de la vida? ¿Eres capaz de controlar el poder de los animales salvajes?"

Job está confundido: "Reconozco que lo puedes todo −dice en voz baja a Dios− ...he dicho lo que no entendía... de oídas ya te conocía, pero ahora te han visto mis ojos; por eso retracto mis palabras y en polvo y ceniza hago penitencia" (42,2-6).

Un retorno a la prosa marca el último acto. Dios reprueba a los tres amigos de Job, sin duda para sorpresa y desaliento de estos: "...porque no han hablado de mí como mi siervo Job" (Job 42,7). ¡Dios los manda a ofrecer sacrificios de reparación y a pedir por las oraciones de Job! Luego Dios bendice a Job mediante la restitución de sus posesiones por duplicado y le da una nueva familia.

Lee *Job 31,35-37*, Job suplica a Dios una respuesta. Lee *Job 38,1-42,6*: el largo discurso de Dios puede ser representativo de cómo el autor de Job reflejó la maravilla de la creación, y a través de ella, sintió al Creador.

Hay dos enseñanzas importantes de la historia. Primero, no debemos intentar rebajar a Dios a nuestro nivel, ofreciéndole respuestas simplistas a los problemas más grandes de la vida. Suponer, por una parte, tal como lo hicieron los amigos de Job, que el sufrimiento debe ser el castigo de Dios es un insulto al Señor. Suponer, por la otra parte, tal como lo hizo Job, que podemos entender todos los acertijos de la vida es inútil. Segundo, cuando sufrimos, no hay lógica en el mundo que nos ayude. Sólo un encuentro con el Señor y la conciencia de que Dios está cerca de nosotros en nuestro dolor puede traernos paz. Cuando podemos decir a Dios "ahora mis ojos te ven", podemos no entender todas las razones de nuestro dolor, pero lo podemos aceptar.

El Libro de Job es un drama. Pero, detrás de él, sin duda alguna, hay una historia real de angustia y sufrimiento. Su autor pudo haber sido afectado por una enfermedad mortal. Sus amigos podrían haber sugerido que si rezaba con fe, todo saldría bien. Entonces el autor sintió la presencia de Dios de un modo fuerte, quizás a través de una experiencia cercana a la muerte, y este encuentro lo regocijó con paz.

La gente que ha tenido una experiencia cercana a la muerte testimonia haber recibido de esta experiencia una paz que sobrepasaba sus expectativas. Los amigos preguntan "¿Cómo puedes decir que la vida es buena cuando sufres de una enfermedad terminal? ¿Cómo puedes decir que Dios está presente cuando hay tanto sufrimiento en el mundo?" Ellos simplemente responden: "No lo puedo explicar. Tan solo *sé* que

Dios está cerca y que todo saldrá bien." Tales experiencias de Dios trascienden las palabras. Incluso, la más grande poesía, como la del Libro de Job, puede dar solamente una pequeñísima pista de la Realidad Última. Pero al igual que un niño asustado encuentra paz en los brazos de su madre, así aquellos que vayan al encuentro de Dios encontrarán la paz.

El Libro de Job nos invita a buscar a Dios en la oración. Nos ayuda a darnos cuenta de que, si bien no hay respuestas fáciles al problema del sufrimiento, sí *hay* una respuesta. Es la realización de la fe de que Dios está cerca y de que podemos refugiarnos en los brazos amorosos de Dios. Cuando rezamos con Job, "dije lo que no comprendía, pero ahora mis ojos te ven", estamos en el viaje que nos conducirá a Jesús. "¡Dios mío, Dios mío!, ¿por qué me has abandonado?" (Mt 15,34). "Padre, en tus brazos encomiendo mi espíritu" (Lc 23,46). Estamos en el camino del dolor a la paz.

SALMOS

El Libro de Salmos es una colección de 150 plegarias en la forma de poesía hebrea. Compilado después del exilio a partir de colecciones anteriores, el Salmos está agrupado en cinco libros en imitación al Pentateuco.

Los salmos fueron escritos en tiempos diversos. Al menos, el más antiguo data desde el reinado de David y los más recientes pertenecen al cuarto siglo A.C. Más de la mitad de los Salmos se le atribuyen a David. Es poco probable que haya escrito todos los salmos, pero él es el fundador de la tradición de los salmos de los judíos y, sin dudas, escribió algunos de ellos. Otros salmos se atribuyen a individuos como Salomón, Moisés y otros autores, posiblemente líderes cantores en el Templo.

Muchos de los Salmos tienen notas introductorias que mencionan un autor, el tipo de acompañamiento, una melodía recomendada, referencias históricas y demás información.

Los Salmos hacen referencia a las emociones y situaciones humanas y varían en estilo, extensión y enfoque. Algunos de los salmos están dirigidos a los fieles de la comunidad, en especial en el Templo;

otros son para uso personal. Los estudiosos ofrecen muchas clasificaciones de los salmos. Entre ellas encontramos: de alabanza (104), lamento personal (51), lamento colectivo (90), confianza (23), acción de gracias (98), majestuosidad (20), liturgia (134), procesión (122), historia (78), mesiánico (2) y sabiduría (1).

Los Salmos fueron escritos para los judíos hace más de dos mil años. No obstante, han sido rezados por creyentes de todas las edades, nacionalidades y culturas y aún siguen siendo hoy populares. Nos brindan palabras para expresar las diversas emociones que llevamos a Dios. Los Salmos son, en su mayoría, generales en su tono y así nos permiten adecuar nuestras circunstancias particulares dentro del marco de los salmos. Nos unen a la comunidad de creyentes que los han rezado a lo largo de los siglos. Nos permiten estar ante Dios, no como individuos aislados, sino como miembros de una familia que reza con nosotros y por nosotros hoy.

Una buena forma de hacer propios los Salmos es leerlos todos primero y hacer una lista de los más atrayentes para rezar y reflexionar. Cuando rezamos los Salmos, a veces, es útil que los adaptemos a nuestra propia situación. Por ejemplo, el Salmo 23 tendría un significado si lo usamos antes de emprender un largo viaje, y otro si lo rezamos mientras esperamos los resultados de un examen médico.

Los Salmos pueden ser poderosas oraciones de intercesión, en especial, cuando los rezamos para otro como si fuéramos esa persona. Al rezar el Salmo 6, por ejemplo, podemos no sentir la aflicción y angustia verbalizada, pero tal vez tengamos un amigo que esté pasando por una situación de gran tristeza; entonces, podremos rezarlo en su nombre, quien, a través de nuestra oración, puede recibir la gracia de Dios.

Desde ya que los Salmos anteceden las enseñanzas de Jesús, y tienen limitaciones. Algunos reflejan un espíritu de venganza: "Oh, Dios, rompe sus dientes en su boca" (Sal 58,6) y un espíritu de crueldad: "¡Oh, hija de Babel, devastadora, feliz el que te devuelva el mal que nos hiciste..../ quien agarre y estrelle contra la roca a tus pequeños!" (Sal 137,8-9). Algunos de los más bellos Salmos, como el Salmo 139, tienen pasajes que no concuerdan con el perdón de la misericordia de Cristo (capítulos 19-22). Podemos saltear salmos y pasajes no apropiados en

119

nuestra oración, y concentrarnos, en cambio, en aquellos que reflejan los sentimientos de nuestro corazón e imitan mejor la oración de Jesús.

Lee *Sal 1*, que refleja temas comunes en los otros libros sapienciales. Lee *Sal 90*, una reflexión melancólica sobre la brevedad de la vida y un buen ejemplo del lamento de una comunidad. Lee *Sal 104*, una bella canción que alaba al Dios Creador. Lee *Sal 150*, un gran himno de alabanza con que termina el Libro de los Salmos.

PROVERBIOS

El Libro de los Proverbios toma su nombre de su primer versículo: "Los proverbios de Salomón, hijo de David". Salomón no fue el verdadero autor de los proverbios, sino que es una compilación de numerosas colecciones anteriores de sabios proverbios. Sin embargo, Salomón fue el "patrón" de la tradición sapiencial judía.

Algunas partes del Libro de los Proverbios se remontan a los antiguos proverbios de Egipto y Mesopotamia que fueron adaptados por los sabios judíos para instruir a los jóvenes. Otras partes provienen de colecciones hechas por maestros para educar a los estudiantes en la corte real o en sus propias escuelas. Alrededor del año 500 A.C., estos y otros refranes fueron editados en el Libro de los Proverbios por un sabio cuyo nombre se desconoce.

Gran parte del libro consiste en recitar refranes y proverbios, que apenas se conectan entre sí, si es que existe conexión alguna. Hay algunas secciones que desarrollan temas de una manera antigua, por ejemplo, el "Poema Acróstico de la Mujer Perfecta" (Prov 31,10-31). Muchos de los proverbios se refieren a la sabiduría secular y detalles mundanos de la vida cotidiana, pero se deja en claro que cada proverbio es la base de la creencia religiosa: "El temor a Yavé es el principio de la sabiduría" (Prov 1,7).

Lee *Prov 1,1-7*, la introducción. Lee *Prov 15* como un modelo. Tal vez, desees buscar las tres estructuras poéticas hebreas mencionadas anteriormente; por ejemplo, el verso 1 utiliza el contraste, el verso 3 usa la construcción, y el verso 10 usa la repetición. Hojea el libro; encontrarás muchos de los inteligentes y memorables proverbios.

ECLESIASTÉS

Una de las características más llamativas de la Biblia es su honestidad al enfrentar el lado no placentero de la vida. Hay momentos en la vida cuando nos sentimos confundidos, desalentados, incluso desesperanzados. El Libro del Eclesiastés se refiere a esos momentos. Muestra que nuestros temores, dudas, aprehensiones y sentimientos oscuros no nos desvinculan de Dios.

El Eclesiastés fue escrito alrededor de trescientos años antes de Cristo por un sabio judío llamado Cohélet, que significa "maestro". Cohélet era, aparentemente, un anciano que había pasado la mayor parte de sus años enseñando a otros. A medida que pasaban los años, empezó a ver la existencia humana como tonta y frívola. La vida parecía tener poco significado porque inevitablemente terminaba en la tumba. Incluso, la larga vida de un ser humano pasaba rápido, y en la sepultura, pensaba, todos eran lo mismo: muertos.

Cohélet rechazaba las respuestas fáciles de las generaciones más jóvenes. Los buenos no siempre encontraban la felicidad, y los malos no siempre eran castigados. La vida parecía dar vueltas sin rumbo fijo. Todas las cosas buenas —conocimiento, amor, riqueza, amistad— perecían. Cuanto más pensaba el anciano en esto, más se deprimía.

Las reflexiones de Cohélet son más parecidas a las nuestras, cuando nos volvemos pesimistas. Vemos algo de una forma, luego de otra. En un momento, una idea es buena, luego no lo es. La sabiduría tradicional parece ofrecer una solución, pero luego la rechazamos. Los pensamientos y sentimientos contradictorios nos arrastran como el mar arrastra las olas a la orilla. Los problemas parecen sobrepasar las soluciones.

Pero, pese a que el Eclesiastés es apenas una lectura entretenida, sí nos hace reflexionar. Nos enseña que nosotros, los seres humanos, no podemos lograr la felicidad eterna o no podemos encontrar el verdadero significado cuando somos autosuficientes. El mejor consejo que Cohélet puede dar a sus lectores es llevar una vida regida por la moral y el equilibrio, sin esperar demasiada felicidad. Finalmente, el Eclesiastés es un libro de preguntas que aguarda respuestas.

Por suerte, Cristo Jesús nos da esas respuestas. En esto descubrimos el verdadero valor del Eclesiastés: demuestra nuestra necesidad por alcanzar la sabiduría que solamente Cristo nos puede brindar.

Lee *Eclo 3*, que incluye la famosa reflexión a tiempo y que señala muchas de las preguntas que Jesús contesta. Por ejemplo, Cohélet observa que Dios "nos ha provisto del sentido del pasado y del futuro" en nuestros corazones, pero Cohélet no es capaz de explicar por qué. No obstante, Jesús sí puede. Jesús nos muestra que Dios nos ha provisto del sentido del pasado y del futuro en nuestros corazones, porque hemos sido creados para vivir por siempre.

Si realmente deseas deprimirte (!), lee *Eclo 12,1-8*, que finaliza las reflexiones de Cohélet con un memorable poema acerca de la ancianidad y con su refrán tantas veces repetido: "Vanidad de vanidades... ¡y todo es vanidad!" Los versículos 9-14 parecen ser un epílogo que agregó otro autor que aprendió de Cohélet a no dar respuestas simples a preguntas complejas. Sí agrega lo que para él es el mejor consejo para los problemas que Cohélet plantea: "Teme a Dios y guarda sus mandamientos, porque eso es el todo del hombre" (12,13).

CANTAR DE LOS CANTARES

El título de este libro proviene de su primer versículo, "El cantar, que pertenece a Salomón" (en algunas biblias, este libro es llamado "Cantar de Salomón"). El libro parece ser una colección de poemas de amor, que apenas están organizados entre sí, para representar el noviazgo y matrimonio de una joven pareja del país. A pesar de los obstáculos, se buscan el uno al otro. Incluso la fantasía de una propuesta del rey Salomón no puede destruir el amor que sienten, que es tan "fuerte como la muerte" y que "aguas inmensas no podrían apagar el amor" (Cant 8,6-7).

El lenguaje y estilo del libro se remontan a un tiempo posterior al Exilio. La referencia que se hace de Salomón simplemente significa que el trabajo está entre los libros que lo acreditan como el primer sabio de Israel.

El Cantar de los Cantares ha sido elogiado por muchos a través de los siglos por sus vívidas imágenes y por el lenguaje apasionado. Pero existen muchas opiniones acerca de cómo debe ser interpretado. Algunos consideran el trabajo como una parábola que retrata el amor de Dios por los seres humanos. Otros lo ven como un poema inspirado que muestra la belleza del amor marital.

Quizás, la mejor forma de leer el Cantar de los Cantares es verlo como un poema de amor que también nos recuerda el amor de Dios por nosotros. Sin embargo, la poesía de una persona es el veneno de otra. Hoy en día, a ningún joven se le ocurriría elogiar a su amada con las palabras: "Tu melena es un rebaño de cabras" (Cant 6,5). No usamos este lenguaje de amor, pero podemos aprender a apreciar la poesía y la pasión del Cantar de los Cantares. Podemos aprender que el amor conyugal es bueno, tan bueno que en la Biblia pasa a ser un símbolo del amor de Dios por nosotros.

Lee *Cant 2*, un ejemplo de su poesía. Presta atención a las notas al pie de página que explican el vocabulario y las imágenes. Lee *Cant 8, 6-7* que es un hermoso himno de alabanza al amor de los seres humanos. Estas líneas pueden ejemplificar dos formas de usar el Cantar de los Cantares: les habla al esposo y esposa para que se expresen amor mutuo; cualquiera de nosotros puede hacer de éstas una oración a Dios, que es Amor.

EL LIBRO DE LA SABIDURÍA

El título bien se ajusta a este libro, un tratado acerca de la divina sabiduría (en algunas biblias se lo llama simplemente el Libro de Salomón). La mayoría de los expertos católicos están de acuerdo, basados en su contenido y estilo, que fue escrito alrededor del año 50 A.C. por un judío que vivía en Alejandría, Egipto. El autor escribió en griego y citó la versión Septuaginta del Antiguo Testamento.

El último siglo antes de Cristo fue una época de agitación para los judíos en Palestina y otras partes. A principios de ese siglo, en ocasión de una triste guerra civil, los fariseos en Judea se oponían al sumo sacerdote helenista, Alejandro Janeo, y a sus aliados saduceos. Alejandro ganó la guerra, por consiguiente, él y sus sucesores intentaron mezclar las tradiciones hebreas con las filosofías y los ideales griegos.

Todo este tiempo los judíos en Egipto probablemente superaron en número a los que estaban en Palestina. En una ciudad cosmopolita como Alejandría, se confrontaban con toda clase de religiones paganas. Fueron tentados a abandonar sus viejas formas por las ideas modernas que surgían de la cultura griega y que parecían dominar al mundo, incluso su amada Jerusalén.

Con este entorno, un judío desconocido, familiarizado con la cultura griega y fluido para hablar griego, fue inspirado por Dios para escribir el Libro de la Sabiduría. Él quiso mostrar al pueblo judío que la verdadera sabiduría se encuentra en la revelación de Dios, no en las religiones o filosofías paganas.

A su libro se lo puede dividir en tres secciones. La primera trata sobre la sabiduría divina y su relación con el destino humano en la vida y después de la muerte. Este material ofrece la enseñanza más clara del Antiguo Testamento sobre la realidad de la vida eterna (Sab 1,1-6,21). La segunda sección pone a Salomón en el púlpito para alabar la sabiduría y orar por ella (6,22-9,18). La tercera parte muestra el lugar de la sabiduría de Dios al guiar al pueblo del Antiguo Testamento. Se centra fundamentalmente en el cuidado providencial de Dios a los judíos durante el Éxodo. Contrasta la preocupación de Dios por los israelitas con el castigo de Dios a los egipcios, por esta razón, advierte al pueblo de Alejandría que no deben abandonar las tradiciones judías por las ideas griegas en ese entonces de moda en Egipto y en otras partes (10,1-19,22).

El Libro de la Sabiduría no es citado de manera directa por los autores del Nuevo Testamento, no obstante, influyó claramente en el pensamiento de éstos. Observa, por ejemplo, cómo Sab 2,12-20 se refleja en Mt 27,39-43.

Lee *Sab 9*, una hermosa oración de sabiduría. Lee *Sab 10,15-21*, un prólogo que introduce el largo tratado acerca del Éxodo.

ECLESIÁSTICO

Este libro tiene como autor, a "Jesús, hijo de Sirac, de Eleazar" (Ecli 50,27). Él era un sabio que probablemente vivió y escribió en Jerusalén, y produjo su trabajo en hebreo alrededor del año 180 A.C. En el 132 A.C., su nieto, en ese entonces en Egipto, tradujo el libro al griego, y agregó un prólogo que no es parte del texto inspirado. El texto en griego era parte de la lista alejandrina y fue aceptado con tanto entusiasmo por la Iglesia Católica que se empezó a conocer como el "Eclesiástico", el "Libro de la Iglesia".

Eclesiástico es una colección extensa de dichos populares y proverbios arreglados de acuerdo con el contexto. Los temas tratados incluyen las obligaciones para con Dios y la familia, la amistad, el uso de la riqueza, la moderación en el discurso, la crianza de los niños, el comportamiento en la mesa, las enfermedades y la salud.

El estilo de Eclesiástico es conciso y alegre. Los proverbios son ingeniosos y sabios. El consejo que da está lleno de sentido común. Isaías aconseja respetar a Dios, amar a la familia y a los amigos y otras virtudes designadas para ayudar a la gente a llevar una vida útil y feliz. Isaías parece desconocer la realidad de la vida eterna, no obstante aconseja aceptar la voluntad de Dios en todas las cosas, incluida la muerte. Él abre nuestros corazones a esa revelación de la voluntad de Dios que hace conocer a través de Jesús: que debemos tener vida eterna.

Eclesiástico ofrece hermosas meditaciones sobre la majestad y misericordia de Dios (18,1-13) y el poder de creación de Dios (39,12-35). Quizás, sus capítulos más magníficos sean los que alaban las obras de Dios en la naturaleza (42,15-43,33). Finalmente, nos muestra que la sabiduría no es un ideal sin vida y abstracto. Encuentra expresión en las acciones de los grandes personajes del Antiguo Testamento. Isaías los aplaude y los recomienda como modelos a imitar (44,1-50,24).

Lee *Ecli 42,15-43,33*, alabanza de las obras de Dios en la naturaleza. Tal vez, quieras hojear este libro y elegir las partes que sean de especial interés para ti.

LA LITERATURA SAPIENCIAL: EPÍLOGO

Una de las principales ideas del Libro de la Sabiduría es que "el principio de la sabiduría es el temor a Dios" (Ecli 1,14). Este temor no es miedo, sino admiración y reverencia. Cuando los seres humanos construyen sus vidas sobre la base de la reverencia a Dios y obediencia a la voluntad de Dios, sacarán el mayor provecho de sus días en la tierra.

Los Libros Sapienciales nos enseñan cómo construir nuestras vidas, según los principios que prevalecen en todos los tiempos que emanan de la inspiración de Dios. Conmueven nuestras esperanzas y miedos personales, nuestra existencia cotidiana, nuestras relaciones con los demás y con Dios. Nos invitan a obviar las respuestas simples. Nos ofrecen modelos para una vida de oración. Señalan la belleza del amor humano. Nos preparan para la revelación de Cristo de la vida eterna. Son como los consejos de los abuelos que nos aman, que han vivido mucho y que quieren compartir sus experiencias con nosotros. No es de extrañar que Isaías proclame:

Toda sabiduría viene del Señor
y con él está permanentemente...
El temor del Señor es gloria y honor
alegría y corona de gozo...
El principio de la sabiduría es el temor a Dios (1,1.11.14).

Preguntas para analizar y reflexionar

¿Qué refrán de Proverbios te gusta más?, ¿de Isaías? ¿Cuál es el Salmo que más te gusta? Si pudieras retroceder el tiempo y visitar a alguno de los autores de los Libros de la Sabiduría, ¿preferirías hablar con el autor del Eclesiastés o con el autor de Isaías? ¿Por qué?

Actividades

Has estudiado *Ecli 42,15-43,33*. Ahora usa este mismo pasaje para rezar. "Ahora hablaré de las obras del Señor." Haz de la lectura de este pasaje un poema de alabanza a Dios.

Lee *Sal 6*, una plegaria para los momentos de angustia. Piensa en alguien que conozcas que esté atravesando momentos de angustia (quizás una enfermedad grave, la muerte de un ser querido o la pérdida del trabajo). Reza este Salmo como si fueras esa persona que ofrece sus oraciones para esa otra persona.

Reza el *Sal 117*. Cuando lo haces, piensa de qué manera tú eres uno junto con todos los creyentes de todas las generaciones, judías y cristianas, que han rezado estas palabras por más de dos mil quinientos años. Piensa de qué modo eres uno con los creyentes de todo el mundo hoy en día, y reza en nombre de ellos cuando agradezcas a Dios las bendiciones derramadas sobre nosotros.

CAPÍTULO OCHO

LOS LIBROS PROFÉTICOS

Muchas personas consideran a los profetas del Antiguo Testamento como quienes adivinaban el futuro. Imaginan a los profetas como adivinos que dedicaron la mayor parte de su tiempo prediciendo los detalles de la vida de Cristo para beneficio de las futuras generaciones.

Pero la palabra *profeta* significa "alguien que habla por otro". Los profetas del Antiguo Testamento fueron quienes hablaron por Dios a sus contemporáneos. Estaban preocupados fundamentalmente por los hechos de aquellos momentos y sus propias situaciones.

Los reyes y sacerdotes a menudo no eran exitosos en su papel de líderes espirituales. Cuando desempeñaban este rol, Dios inspiraba a los profetas a hablar claramente, a recordar al pueblo la alianza y llamarlos al arrepentimiento. Los profetas amenazaban a los líderes perversos, advertían a los pecadores, consolaban a lo que sufrían, aconsejaban a los gobernantes y enseñaban los preceptos morales.

No obstante, los profetas no ignoraban completamente el futuro. Tenían una visión de lo que debía ser, y algunos de ellos anunciaron que Dios enviaría a un Mesías (que significa "el elegido") que sería un salvador para el pueblo de Dios. Más comúnmente, parecía ser que los profetas depositaban la esperanza en dicho salvador que vendría en un futuro inmediato.

Pero en el plan de Dios, sus mensajes acerca del futuro inmediato podían presagiar el futuro lejano. La profecía de Isaías 40,3-5, "preparen en el desierto para Yavé un camino", anticipaba que Dios conduciría a los israelitas de regreso a su tierra después del exilio en Babilonia. En el Nuevo Testamento, Lucas vio esta profecía como prefigurando la venida de Cristo, y Juan el Bautista como quien preparó el camino del Señor (Lc 3,4).

Algunas profecías se cumplieron de formas que el profeta nunca hubiera imaginado. Por ejemplo, muchos israelitas sostenían que en la profecía de Natán, en la que la casa y el reino de David subsistirían por siempre (2 Sam 7,16), mostraba que Dios restituiría a Israel el poder en este mundo. Sin embargo, Dios tenía algo mucho más grandioso en mente. Lc 1,32-33 tiene la visión de que el reino subsistirá por siempre como el reino espiritual de Cristo Jesús. Los autores del Nuevo Testamento, al mirar hacia atrás, podían ver cosas en la palabra inspirada de Dios que no hubieran visto los lectores del Antiguo Testamento.

LECTURA DE LOS PROFETAS

Una guía para leer a los profetas es recordar que ellos eran predicadores, no eran científicos, abogados o teólogos. Su objetivo era convencer al pueblo para que actúe. Usaban todos los medios que los predicadores utilizaban. Se concentraban en la imaginación. Usaban recursos del idioma: similitudes, metáforas, parábolas, paradojas, exageraciones y juegos de palabras. A veces, representaban los mensajes de Dios.

En la mayoría de los casos, los libros proféticos son compilaciones de sermones, poemas, conversaciones y notas históricas. En la antigüedad, la gente no tenía la tecnología para grabar dicho material de manera exacta. Por ello, encontramos partes y pedazos de una elocución profética unida a otras de otros tiempos y lugares. Un sermón que reprende a la gente por sus pecados se ubica junto a las palabras de consuelo. Tales cambios abruptos en el hilado del pensamiento pueden ser desconcertantes para los lectores. Los comentarios de una buena biblia pueden ayudarnos, porque ofrecen explicaciones de las situaciones históricas detrás de cada profecía, así como también las interpretaciones de las palabras y frases difíciles.

ISAÍAS

El Libro de Isaías fue compuesto por una serie de autores. Los primeros treinta y nueve capítulos provienen del profeta Isaías, cuyo ministerio se centró en Jerusalén durante los años 742-701 A.C. Is 1,1 dice que él profetizaba "en los días de Ozías, Joatam, Ajaz y Ezequías, reyes de Judá". Esos "días" eran tiempos problemáticos, marcados por la constante amenaza del ataque sirio. Cuando Siria se opone a Samaria en el año 734 A.C., Ajaz selló una alianza con Asiria. Pero el siguiente rey de Judá, Ezequías, se rebeló contra Siria. En el año 701 A.C. el ejército asirio sitió Jerusalén, para que "el ángel de Yavé" (Is 37,36) lo haga retroceder, quizás a causa de la peste bubónica.

Muchos de los sermones y escritos de Isaías pueden remontarse a estos hechos históricos. Sin embargo, su predicación se basó en su visión de Dios: "Santo, santo, santo, Yavé de los ejércitos, toda la tierra está llena de tu gloria" (Is 6,3). En cada situación, Isaías cree que debemos ser obedientes al Dios todo santo. "Si no creen, no pueden subsistir" (Is 7,9). Isaías vio poca esperanza en los pactos con Asiria, Egipto o cualquier otra nación. A cambio, parecía defender una forma de vida simple, alejada de los asuntos de la política y bienestar internacionales. Desde este punto de vista, él tenía razón. Cuanto más intentaba Judá jugar el juego de la política, más se confrontaba con Babilonia en el año 587 A.C., mucho tiempo después de la muerte de Isaías.

Los capítulos 24-27 parecen ser una colección de oráculos (refranes proféticos) de varios autores desde los tiempos postexílicos. Los capítulos 36-39 son un apéndice histórico tomados en gran parte del 2 Rey 18-20. Se cree que otros fragmentos de Is 1-39 fueron escritos por diferentes autores.

Lee *Is 6,1-8*, el llamado del profeta. Observa el énfasis puesto en la santidad y poder magnífico de Dios. Lee *Is 7,10-16*. Esta profecía expresa la confianza de Isaías de que Judá, bajo el reinado del rey Ajaz, no necesita temer a la alianza de Israel y Damasco. Sin embargo, es una profecía con un significado más profundo, interpretado en el Evangelio de Mateo como el nacimiento de la virgen de Cristo Jesús (Mt 1,22-23). Lee *Is 11,1-11*, una visión de paz y justicia a partir de la venida de un Mesías, un hijo que desciende de Jesé (el padre del rey David).

Los capítulos 40-55 del Libro de Isaías fueron escritos por un gran poeta próximo al final del cautiverio babilónica (587-539 A.C.). El autor vio a Ciro, rey de Persia, como aquel ungido por Dios para liberar a los judíos de Babilonia. Él creía que el verdadero Dios controlaba la historia humana y que regresaría a los judíos a su tierra: "¡Preparen en el desierto para Yavé un camino!" (Is 40,3). Él imaginaba a Israel como un siervo cuyo sufrimiento traería la redención a todas las naciones. En estos cantos del "Siervo de Yavé", el poeta presagia una realidad más profunda, la salvación dada al mundo a través del sufrimiento y muerte de Cristo Jesús.

Lee Is 53, el último de los cuatro cantos del Siervo de Yavé. Tal vez quieras estudiar estos capítulos relacionándolos con la pasión y muerte de Cristo. Esta profecía se concreta solamente en Jesús.

Los capítulos 56-66 contienen poemas y escritos de profetas desconocidos que escribieron en el espíritu de Isaías a fines del siglo sexto A.C. Estos capítulos son una nota de esperanza donde todos podemos encontrar la salvación y la paz en el Dios de Israel.

Lee Is 65,17-25, una visión del "nuevo cielo y la nueva tierra", una visión de paz y confianza que puede ser concretada plenamente en la nueva vida del paraíso.

Los lectores contemporáneos pueden aprender mucho del Libro de Isaías. Nos enseña a inclinarnos ante la santidad de Dios. Somos llevados a entender a Cristo Jesús como nuestro Mesías, el Siervo de Yavé, que nos redime del pecado. Nos alienta a ver a Dios como la fuente de paz y esperanza para el mundo.

JEREMÍAS

Jeremías nació en una familia sacerdotal de Anatot, un pequeño pueblo al norte de Jerusalén, alrededor del año 650 A.C. Fue llamado a la vocación profética en el año trece de Josías, en el año 626 A.C. (Jer 1,2). Jeremías apoyaba las reformas religiosas bajo el reinado de Josías y vivió los años de prosperidad en el reinado de aquel gran rey. Pero Judá se vio envuelta en el conflicto entre Egipto y Babilonia, y Josías fue asesinado durante un combate en el año 609 A.C. Jeremías vio que no tenía sentido tomar partido por uno u otro y que era inútil combatir con Babilonia. Habló en contra de los malos sucesores de Josías, en especial de Joaquim (609-598 A.C.).

Esto provocó que Jeremías fuera perseguido de todos lados. Los parientes complotaron en su contra (Jer 11,18-12,6). Jeremías fue flagelado y llevado a prisión. (Jer 20,1-2). Él sobrevivió el primer sitio de Jerusalén por parte de Babilonia en el año 597 A.C. Durante el segundo sitio, fue arrestado por traidor y arrojado a un pozo de agua para que muriera. Fue rescatado y, después de la destrucción de Jerusalén en el año 587 A.C., los babilonios le permitieron quedarse en la ciudad. Pero más tarde, fue llevado a Egipto por los judíos, quienes habían asesinado al gobernador que habían nombrado los babilonios. La leyenda cuenta que Jeremías fue asesinado en Egipto por su propio pueblo.

Jeremías sufrió mucho, y él expresa su dolor en los pasajes llamados las confesiones de Jeremías (11,18-12,6; 15,10-21; 17,14-18; 18,18-23; 20,7-18). Se quejaba tristemente a Dios por su destino pero se sentía obligado a seguir su misión a pesar de la oposición que enfrentaba. Hay mucha información bibliográfica acerca de Jeremías a lo largo de su libro, y conocemos más acerca de él que de cualquier otro profeta.

Jeremías es uno de los libros más extensos de la Biblia. El profeta dictó gran parte de éste a su secretario, Baruc (36,32). Pero ésta y otras partes del libro fueron de alguna forma separadas y vueltas a unir por los editores mucho tiempo después del Exilio. Los oráculos y sermones de varios períodos fueron también mezclados y ubicados fuera de secuencia. Como resultado, estudiar el libro puede ser tarea difícil, y se recomienda a los lectores que lean los comentarios en el pie de página de la Biblia para poder ubicar los sermones en el contexto histórico adecuado.

Jeremías proclamó la fidelidad de Dios al pueblo de Judá. Atacó su infidelidad y los advirtió de un castigo terrible por sus pecados. Pero cuando ese castigo llegó y Jerusalén resultó destruida, Jeremías ofreció la esperanza de una Nueva Alianza con Dios, que decía al pueblo: "Con amor eterno te he amado" (31,3).

Lee _Jer 20,1-18_, que incluye la última de las confesiones de Jeremías. El profeta proclama su angustia y dolor, y vacila entre la esperanza y la desesperación, queriendo permanecer callado, pero impulsado a hablar. Lee _Jer 32,26-35_, una advertencia acerca de la inminente destrucción de Jerusalén. Lee _Jer 31,31-34_, la maravillosa promesa de una Nueva Alianza.

Jeremías nos enseña las virtudes de la fidelidad y perseverancia. Muestra que las grandes personas pueden experimentar momentos de desesperación y compartir sus sentimientos honestamente con Dios. La vida de Jeremías, con su dolor y persecución, anuncia la vida de Cristo y nos enseña a soportar el sufrimiento de manera valiente. Jeremías nos recuerda que incluso en tiempos difíciles, existe la esperanza, porque Dios es siempre fiel.

LAMENTACIONES

Este libro es una colección de cinco poemas que lamentan la destrucción de Jerusalén. Fue escrito durante el Exilio babilónico por uno o más autores, cuyos nombres se desconocen, quienes han sido testigos de la destrucción de Jerusalén. Los cinco poemas son tristes efusiones de lamentación pero fueron cuidadosamente compuestos. Los primeros cuatro poemas son acrósticos: cada versículo comienza con las sucesivas letras del alfabeto hebreo.

El Libro de las Lamentaciones refleja la teología que prevalecía en ese tiempo, principalmente, que Dios causó la destrucción de Jerusalén como castigo por el pecado. En la actualidad, diríamos que los pecados de las personas provocaron inevitablemente la ruina de Jerusalén y que Dios permitió que esto sucediera. Pero Lamentaciones reconoce que la derrota de los judíos no era una derrota de Dios. Esto dio esperanza a los sobrevivientes que por arrepentimiento y por la esperanza en Dios, Israel pudo sobrevivir.

Lee *Lam 2,8-13*, para sentir el horror de la destrucción de Jerusalén. Lee *Lam 3,17-33* para escuchar una nota de esperanza en medio de la aflicción.

Quienes hoy leen Lamentaciones obtienen una dramática imagen del sufrimiento causado por la guerra. Aprendemos, con estos poemas, la importancia de expresar nuestra lamentación. Encontramos un motivo para esperar que Dios nos pueda aliviar de nuestra aflicción.

BARUC

Las primeras palabras de este libro se las atribuyen a Baruc, secretario del profeta Jeremías. No obstante, parece haber sido escrito por más de un autor. Dirigido a los judíos que vivían afuera de Palestina, este libro adquirió su forma actual no antes del año 200 A.C. Fue originalmente escrito en hebreo, traducido al griego, y aceptado como parte de la lista alejandrina.

Después de una breve introducción, Baruc contiene una oración de arrepentimiento, un poema de alabanza a la sabiduría de la Ley de Moisés, un lamento para Jerusalén, una canción de esperanza para su restauración y una afrenta extensa contra los ídolos en la forma de una carta que se atribuye a Jeremías.

Lee _Bar 5_ para conocer los sentimientos de aquellos tantos judíos que vivían lejos de Jerusalén pero permanecían fieles a la ley, fieles al ideal del culto del templo, y con la esperanza de que Jerusalén algún día volvería a tener la grandeza de sus comienzos.

En la actualidad, leemos Baruc para conocer los sentimientos y pensamientos de los judíos del postexilio. Podemos hacer propias las plegarias de Baruc (por ejemplo, Bar 3,1-8). Con Baruc, aprendemos a desdeñar el materialismo y otros falsos ídolos de nuestros tiempos.

EZEQUIEL

El libro de Ezequiel es así llamado por su autor, un sacerdote que fue deportado de Jerusalén a Babilonia en el año 597 A.C. Allí, en una dramática visión, recibe de Dios el llamado para ser profeta. En un principio, Ezequiel advirtió a sus oyentes acerca de la destrucción de Jerusalén. Luego, después de la caída de Jerusalén, alentó a los judíos en Babilonia a que pidieran misericordia a Dios y a que confiaran en que Jerusalén finalmente sería restituida.

Ezequiel fue un personaje pintoresco. Actuó muchos de sus mensajes de maneras dramáticas. Dio a conocer visiones extrañas. Sus metáforas, Israel y Judá, las prostitutas; Tiro, el barco; y Egipto, el cocodrilo, fueron vívidas y a veces agudas. Sus esperanzas para el futuro fueron expresadas en planos, listas y medidas. Pero detrás de todo estaba el énfasis que Ezequiel ponía en la grandeza de Dios y en la importancia de la liturgia y la alabanza.

El Libro de Ezequiel empieza con el llamado del profeta (1-3), seguido por una descripción de los esfuerzos para preparar a los judíos en Babilonia para la destrucción de Jerusalén (4-24). Después de una serie de profecías en contra de las naciones extranjeras (25-33), el libro ofrece un mensaje de esperanza a los judíos que habían oído las noticias de la caída de Jerusalén, (33-48). El profeta Ezequiel es la fuente de gran parte del material, pero éste fue arreglado y adaptado por editores tiempo más tarde.

Lee *Ez 1* para conocer la visión del profeta de la santidad de Dios. Esto pudo habérsele representado en un sueño, y Ezequiel intenta expresar en un lenguaje vívido lo que yace más allá del entendimiento humano. Lee *Ez 37,1-14* para conocer la famosa visión de los huesos secos, un símbolo de la resurrección de Jerusalén.

Podemos aprender aún más de Ezequiel si nos concentramos en su mensaje principal, en especial, el esplendor de Dios y la importancia de la adoración respetuosa.

DANIEL

El Libro de Daniel se ubica entre los trabajos proféticos, aunque en realidad es una colección de historias y mensajes proféticos. Su nombre se debe a su héroe, que se supone vivió entre los exiliados en Babilonia. El libro fue escrito en tres idiomas: hebreo, arameo y griego, por diferentes autores. Su forma actual data del año 165 A.C. y su finalidad fue dar esperanzas a los judíos durante la terrible persecución de Antíoco Epífanes.

Las historias acerca de Daniel tenían por objetivo mostrar cómo Dios protege a aquellos que son fieles. Estas historias colocan a su héroe en situaciones semihistóricas, descriptas con grandes cualidades artísticas. En estas historias, Daniel está representado como una víctima de la persecución, así como los judíos del año 165 A.C. eran víctimas de la persecución. Así como Dios liberó a Daniel, también Dios lo haría con los judíos del año 165 A.C. (Y Dios sí los liberó, cuando los macabeos se deshicieron del yugo de la opresión siria.)

Hubo otros mensajes que estuvieron dirigidos a alentar a los judíos del año 165 A.C. también. Eran apocalípticos en su composición, una forma literaria que fue común desde el año 200 A.C. hasta el 200 D.C. Se caracterizaban por el lenguaje figurativo, visiones, símbolos, números, mensajeros celestiales y batallas entre el bien y el mal, promete la victoria final de Dios.

Las historias en Daniel están entre las más conocidas de la Biblia. Los tres jóvenes en el horno, Daniel en el foso de los leones y la escritura en la pared son historias entretenidas e instructivas. No obstante, el material apocalíptico es más difícil y es mejor estudiado con la ayuda de un buen comentario.

Lee _Dn 6_, una alegre historia de Daniel en el foso de los leones. Lee _Dn 12,1-3_, una muestra del escrito apocalíptico. Este pasaje brinda una clara enseñanza de la resurrección y vida después de la muerte.

Los lectores contemporáneos pueden disfrutar las historias de Daniel y aprender fácilmente las lecciones que sus autores han querido transmitir: confianza en Dios y fidelidad a sus mandamientos.

OSEAS

El Libro de Oseas es una profecía que surge de la experiencia personal de Oseas Ben Beeri, un nativo de Israel que vivió durante los últimos años del reino del norte. Oseas se casó con Gomer, una mujer que le fue infiel. A pesar de su infidelidad, Oseas nunca dejó de amarla, y finalmente recupera su amor. Él vio en esta situación un modelo para su relación entre Dios e Israel.

Dios fue un esposo fiel a Israel, pero Israel fue como Gomer, una mujer prostituta que siguió los falsos dioses y promesas veleidosas de las naciones extranjeras. Dios siempre estuvo listo para recuperar a Israel, e Israel, al igual que Gomer, pudo regresar al matrimonio fiel de la Alianza. Desafortunadamente, Israel, que imitaba a Gomer en su infidelidad, no imitó su arrepentimiento.

Oseas creció durante el reino de Jerobaom II (786-746 A.C.), una época de prosperidad estropeada por la idolatría, inmoralidad, injusticia y opresión a los pobres. Después de Jeroboam II, le sucedieron una serie de reyes ineficientes que iban y venían con alianzas con Asiria y Egipto. Los errores absurdos terminaron en una guerra con Asiria, la destrucción de Samaria y la eliminación del reino del norte. Oseas aparentemente escapó de este holocausto, huyendo a Jerusalén, donde sus escritos fueron más tarde reunidos y editados.

Lee *Os 2,16-23* (algunas biblias enumeran estos versículos de manera diferente). Dios llama nuevamente a Israel como Oseas llama de nuevo a Gomer. Lee *Os 11*, otra imagen del amor de Dios, como el amor de un padre a su hijo amado.

El Libro de Oseas nos habla aun hoy del amor compasivo de Dios por nosotros y su buena predisposición para perdonar nuestros pecados.

JOEL

Joel, el hijo de Petuel, es llamado como el autor de este libro profético, pero la Biblia no lo menciona en ninguna parte. Según muchos estudiosos católicos, Joel probablemente vivió en Jerusalén y escribió esta profecía alrededor del año 400 A.C.

La profecía de Joel fue el resultado de una terrible plaga de langostas, que devastó los cultivos de Judá y sumió a la nación en la pobreza (ver, por ejemplo, *Jl 1,4,16-18*). Joel suplicó al pueblo de Judá ayuno y oración para pedir alivio. Prometió que Dios sería misericordioso con Judá y que restituiría sus fortunas.

Joel vio la plaga de langostas como un símbolo del Día de Yavé, un día en el que Dios juzgaría a todas las naciones. En el lenguaje apocalíptico, Joel prometió que Dios traería la salvación a los fieles.

Lee *Jl 2,23-32* (en algunas biblias, *Jl 2,23-3,5*) donde el profeta promete una efusión del espíritu de Dios. San Pedro, en su sermón de

Pentecostés, vio esto como una profecía de la venida del Espíritu Santo sobre los apóstoles (*Hech 2,17-21*).

Joel contemplaba los hechos naturales y sacaba lecciones espirituales de éstos. Podemos, a través de él, aprender a ver a Dios en acción en el mundo. Su profecía de la efusión del espíritu de Dios nos recuerda que tenemos que rezar para que el Espíritu Santo conmueva los corazones de todas las personas.

AMÓS

Amós era un pastor y podador de árboles de Tecua, un pueblo ubicado a diez millas al sur de Jerusalén. Fue llamado por Dios al oficio de profeta en Israel durante el reinado de Jeroboam II (786-746 A.C.). Ésta era una época de prosperidad, tanto para Israel como para Judá, pero también era una época en que los ricos oprimían a los pobres.

Miembro de la clase obrera, Amós naturalmente mostró compasión por los pobres. Su libro muestra que poseía un buen dominio del idioma, imágenes poéticas y conocía la actualidad. Como pastor y trabajador agrícola, usaba símbolos que había visto en la granja y en el campo: carros cargados, el rugido de leones, ganados saqueados por bestias salvajes. Debió haber sido un personaje raro, un granjero y pastor del sur que proclamaba la palabra del Señor ante santuarios en el reino del norte.

Amós empezó su profecía invocando el juicio de Dios sobre las naciones que rodeaban a Israel. Sin duda que esto ganó el aplauso de sus oyentes. Pero él, en realidad, mostraba el círculo de perdición del reino del norte. Continuó atacando sus lujos y delitos en un lenguaje colorido y sincero. Las mujeres de Israel eran como "vacas de Basán" (4,1); sus hombres eran complacientes y caprichosos, comían y bebían en exceso y se ungían a sí mismos con caros aceites (6,4-8). Amós quería que el juicio de Dios se hiciera sentir sobre estos hombres y mujeres de forma que les permitiera huir, "como el hombre que huye del león y le acosa un oso" (5,19). Israel sería completamente destruida y la casa de Jeroboam derribada.

Dicho lenguaje enfurecía a los líderes de Israel y Amasías, el sumo sacerdote en el santuario de Betel, le ordenó a Amós que regresara a su tierra de Judá. Aparentemente, Amós así lo hizo, pero no sin antes dirigir un insulto final a Amasías e Israel (Am 7).

Lee *Am 5,7-6,8*, que enumera los castigos profetizados por Amós para Israel. Observa el lenguaje vehemente e imágenes vívidas.

Los lectores contemporáneos encontrarán en Amós un predicador fenomenal contra la complacencia, la injusticia, y la negligencia de los pobres. Este libro nos recuerda que el Juicio Final dependerá de la manera en que tratemos a los demás. (Ver Mt 25,31-46).

ABDÍAS

La profecía de Abdías es la más breve composición del Antiguo Testamento. Es una declaración de que Dios castigará a Edom por su hostilidad a Judá. Edom era el territorio al sur de Judá, y se cree que sus habitantes eran descendientes de Esaú. Los judíos padecieron la hostilidad que existía entre Edom y Judá hasta la difícil relación entre Esaú y su hermano Jacob.

Después de la destrucción de Jerusalén por los babilonios, los habitantes de Edom se desplazaron hacia el norte y constituyeron una amenaza constante para los judíos que regresaban después del Exilio. La profecía de Abdías data, según la mayoría de los estudiosos, de los años siguientes a la destrucción de Jerusalén. Nada se conoce de Abdías.

La profecía condena a Edom por su traición contra Judá y presagia su caída. (Después del año 450 A.C. Edom es devastada por guerreros de tribus provenientes de Arabia.)

Lee Abdías. Una mirada a esta breve profecía puede ser una lección de que Dios es el soberano de todas las naciones.

JONÁS

Quienes están familiarizados con el Antiguo Testamento han escuchado acerca de Jonás, el profeta tragado por un gran pez. Muchos intérpretes fundamentalistas toman el Libro de Jonás literalmente, no obstante muchos críticos contemporáneos de la Biblia lo consideran como una parábola escrita con mucha inteligencia.

El libro no es una colección de sermones como la mayoría de los otros trabajos proféticos. Por el contrario, cuenta la historia de "Jonás hijo de Amitai", nombres tomados del 2° Rey 14,25. La acción comienza cuando Dios llama a Jonás a predicar en Nínive, la capital del imperio hostil, Asiria. Jonás no quiere nada de Asiria y toma una nave que lo lleva en la dirección opuesta, pero Dios desencadena una fuerte tormenta que amenaza con la destrucción. Los marineros paganos invocan a sus dioses mientras Jonás duerme. Finalmente, los marineros echaron suertes para saber quién es la causa de ese infortunio. La suerte cayó en Jonás, y éste se asume a sí mismo culpable por haberse alejado del Señor. Les pide a los marineros que lo tiren al mar. Contra su voluntad, los marineros así lo hacen, y la tormenta cesa de inmediato.

En el "corazón de los mares" (Jon 2,3), Jonás es tragado por un gran pez que lo lleva en un viaje de tres días a Asiria, donde lo escupe a la orilla. Esta vez Jonás decide obedecer a Dios y advierte a Nínive de su destrucción. Increíblemente, el rey y toda la ciudad (incluidos los animales) hacen ayuno y penitencia. Sin embargo, Jonás se enfada e implora a Dios para que perdone al pueblo de Nínive. Dios simplemente le pregunta a Jonás: "¿Crees tener razón al enojarte?"

Jonás continúa afligido y decide observar a Nínive, quizás con la esperanza de que Dios le de una oportunidad a su corazón y lo haga morir. Por el contrario, Dios hace crecer un ricino para que Jonás tenga sombra para protegerse del sol pero más tarde envía un gusano para que seque la planta. Cuando Jonás molesto por el calor, exclama a Dios diciéndole que sería mejor "morir que vivir." Dios nuevamente le pregunta si tenía razón al enojarse. Jonás respondió que sí tenía razón para enfadarse, "hasta para querer la muerte". Dios entonces le hace una última e irónica pregunta (aquí reformulada): "Jonás, ¿cómo puedes enojarte por una planta y pensar que no me preocupo por el pueblo de Nínive, o incluso por los animales?" (4,1-11).

¿Por qué los críticos consideran este libro como una parábola y no como un libro histórico? La conversión de Nínive no es conocida para la historia y no se la menciona en ninguna otra parte de la Biblia. Desde ya que Asiria arrasó con Israel en el año 721 A.C. y nunca manifestó haber alabado al verdadero Dios. La historia está llena de elementos de fantasía, tales como la tormenta, el pez, el ricino, el gusano y el tamaño exagerado de Nínive ("tres días de caminata"). El estilo literario está marcado por la ironía, la sátira y el humor.

Jesús hace referencia a Jonás en su prédica (Mt 12,39-41; Lc 11,29-32). Sin embargo, esto no quiere decir que Jonás debió haber sido un personaje histórico. Después de todo, los predicadores de hoy en día se refieren a la parábola del hijo pródigo y al buen samaritano sin dar a entender que estos son personajes reales de la historia.

Los judíos que regresaron del exilio en Babilonia fueron perseguidos por naciones extranjeras vecinas. Ellos, en su momento, respondieron con odio y aislamiento. Se prohibieron los matrimonios con extranjeros. Los samaritanos fueron ignorados. Muchos judíos sintieron que únicamente ellos eran el pueblo de Dios. Después de todo lo que habían soportado, dicha actitud era comprensible. Pero no por eso dejó de ser desafiada.

Es aquí donde encaja el Libro de Jonás. Describe a Jonás como un niño caprichoso, irritable, que quiere que las cosas sean a su manera. Jonás desobedece a Dios. Se echa a dormir en el bote mientras los paganos rezan. Se queja ante el arrepentimiento de los pecadores, porque quiere que sean castigados. Quiere que Dios lo consienta con la sombra, pero arroja los fuegos del infierno sobre sus enemigos.

La persona que por primera vez contó la historia de Jonás lo pudo haber hecho desde las escalinatas del Templo de Jerusalén reconstruido. Podemos imaginar la gente escuchando esta divertida historia, riéndose del profeta malhumorado y luego, de repente enfrentarse con la pregunta: "Mi amado Dios, ¿soy como Jonás?"

Y ahí está la cuestión para nosotros hoy. Al leer este libro inspirado, debemos preguntarnos, ¿Soy como Jonás? ¿Quiero el castigo para mis enemigos? ¿Soy racista o nacionalista de un modo egoísta?

Lee *Jon 1-4*. "El Salmo del Día de Gracias" en el segundo capítulo es un agregado posterior del editor. Evita leer este Salmo para disfrutar la historia tal cual fue contada originariamente.

MIQUEAS

"Palabra de Yavé que fue dirigida a Miqueas, de Morasti en tiempos de Jotam, Ajaz y Ezequías, reyes de Judá. Sus visiones sobre Samaria y Jerusalén."

Estas palabras que introducen el Libro de Miqueas indican la época de composición, resumen su contenido y nos cuentan todo lo que realmente sabemos acera del profeta Miqueas. Empezó su oficio como profeta en el reinado de Jotam de Judá (742-735 A.C.), cuando se aproximaba el fin de la era de gran prosperidad en Judá e Israel. Miqueas vio que la injusticia y la explotación de los pobres estaba conduciendo a Jerusalén y a Samaria a la destrucción.

Morasti era una aldea ubicada a unas veinte millas al sudoeste de Jerusalén, y, sin duda, Miqueas conocía muchas personas humildes que habían sufrido el duro trato en las manos de los poderosos (Miq 2). Miqueas, al igual que su contemporáneo Isaías, estaba indignado por la corrupción ejercida por líderes civiles y religiosos (Miq 3). Sabía que dichos delitos darían como resultado la destrucción de Samaria (1,6-8). Pudo incluso predecir tal destino para Jerusalén (1,9).

El Libro de Miqueas está dividido en dos partes de amenazas (1-3; 6,1-7) y dos partes de promesas (4-5; 7,8-20). Muchos críticos creen que esta división proviene de editores posteriores, que también agregaron material después de la muerte de Miqueas.

Lee _Miq 5,1-4_, la promesa de un pastor soberano de la familia de David. En Mt 2,6, se sostiene que esta promesa se cumple con la venida de Cristo. Lee _Miq 6,1-8_, un ejemplo de un estilo dramático de profecía: Dios pone a prueba a Israel y le recuerda a ésta las bendiciones del Éxodo. Una Israel abatida se da cuenta finalmente de que Dios no quiere sacrificios, en especial el sacrificio humano de las religiones paganas. A cambio, Dios pide justicia, bondad y un caminar junto a él.

Miqueas nos recuerda que Dios se preocupa por los pobres. Nos enseña a honrarlo con vidas rectas y con el culto adecuado.

NAHÚM

Asiria fue el terror de Medio Oriente durante trescientos años. Esta nación de guerreros despiadados saqueaba las tierras que se extienden desde Egipto hasta la India. Su especialidad era el terrorismo. Las ciudades eran arrasadas y quemadas; los soldados enemigos eran colgados en postes y atravesados con espadas, los cuerpos sin cabeza de los hombres, mujeres y niños se apilaban, montones de carabelas quedaban alrededor de los escombros de la ciudad. Los sobrevivientes eran arrastrados desnudos de un lugar a otro para ser vendidos como esclavos o peor que eso aun.

No es de sorprender que cuando Nínive, la capital de este horrendo imperio, empezó a caer bajo el flagelo de los ejércitos sitiadores de Babilonia y Persia, se oyeron gritos de alegría en todo el mundo. "El libro de la visión de Nahúm de Elcos" es uno de tales gritos. Puede parecer un cántico de venganza para nosotros, pero hace eco de la creencia de los judíos de que el salvajismo debe ser castigado por Dios. Nahúm vio el castigo de Dios en la destrucción final de Nínive en el año 612 A.C. Vio esperanza para Jerusalén en el cuidado de Dios. Desgraciadamente, la destrucción de Jerusalén por parte de Babilonia no estaba lejos. Debían mantener la esperanza durante los difíciles momentos del Exilio babilónico.

Nahúm es considerado por los estudiosos como uno de los poetas más talentosos del Antiguo Testamento. Incluso en la traducción, sus palabras tienen un poder dramático y una fascinante presencia:

Chasquidos de látigos, estrépitos de ruedas,
galopar de caballos, saltar de carros
humor de caballería que avanza
espadas que flamean, lanzas fulgurantes,
multitud de heridos, montones de muertos (Nah 3,2-3).

Lee *Nah 2*: una descripción poética de la caída de Nínive. Este pasaje enseña que las más grandiosas glorias de la tierra, si no están construidas sobre la base de la palabra de Dios, seguramente perecerán.

HABACUC

El Libro de Habacuc plantea preguntas tan viejas como la humanidad. ¿Por qué Dios permite el mal? ¿Por qué los inocentes sufren en manos de los perversos? Habacuc era un profeta en Judá. Su misión tuvo lugar en algún tiempo después de la caída de Asiria en el año 612 A.C. y antes de la destrucción de Jerusalén en el año 587 A.C. Fue capaz de ver que Babilonia (Caldea), que había destruido a Nínive, pronto iría por Judá. Le temía al mal y a la agonía de la guerra, y es así que puso a Dios a prueba.

Primero, Habacuc invoca a Dios por la miseria y violencia que existían en todas partes. ¿Por qué? (1,2-5). Dios contesta que Babilonia ha sido levantada para castigar al mal (1,5-11). Habacuc parece no estar satisfecho y cuestiona a Dios por la continua opresión de los inocentes por ese pueblo cruel (1,12-2,1). Dios contesta: "No vive el justo de su fe", y continúa con una condenación de la injusticia e idolatría (2,2-20). El libro finaliza con un cántico de alabanza, posiblemente agregado por un editor.

Lee _Hab 1,1-2,4_, la queja de Habacuc a Dios por el mal que parece conquistar lo bueno, y la respuesta de Dios.

Es posible que Habacuc no se haya dado cuenta de las implicancias de esta declaración de que los justos viven por su fe. No obstante, nosotros, que hemos sido iluminados por Jesús, sabemos que mientras los justos sufren el mal trato, tal como le sucedió a Jesús, ellos vivirán... ¡por siempre!

SOFONÍAS

Sofonías vivió durante el reinado del rey Josías de Judá (640-609 A.C.). El padre de Josías, Ammón, y abuelo, Manasés, habían adorado a dioses paganos y se habían aliado con Asiria a quien pagaban tributo y proveían de tropas. Ammón fue asesinado en el año 640 cuando Josías apenas tenía ocho años. Los reformistas entonces guiaron al joven rey, con el apoyo de Sofonías y otros líderes espirituales.

Sofonías se enfurecía por la idolatría de reyes malos, y les advirtió del día de Yavé. Ese día sería un día de juicio y castigo (Sof 1). Condenó a las naciones que oprimían a los judíos y trataban de frustrar los propósitos de Dios (Sof 2). Reprochó a Jerusalén por sus crímenes, pero prometió que una parte sería fiel y encontraría la restitución y la paz (Sof 3).

Lee *Sof 3,14-20*, una hermosa profecía del día en el que Dios se acercará a los fieles. Las frases de este oráculo se repiten en Lc 1. Cuando leemos estos versículos, pensamos en Jesús como el Señor Dios entre nosotros.

Sofonías enseña la imperiosa necesidad de justicia y fidelidad. Predice la venida de Jesús, el supremo maestro de la justicia.

AGEO

Los profetas que anunciaron que Jerusalén sería destruida por su infidelidad fueron tristemente perseguidos. Jerusalén fue desbastada por los babilonios en el año 587 A.C., y miles de sobrevivientes debieron exiliarse en Babilonia. Entonces Ciro el Persa conquistó Babilonia en el año 539 A.C. e invitó a los judíos a regresar a Jerusalén. Cuando muchos volvieron, empezaron las dificultades para los judíos. Comenzaron con la reconstrucción del Templo, pero sólo lograron establecer los cimientos.

Alrededor del año 520 A.C., un segundo grupo de judíos, bajo el liderazgo de Zorobabel, un príncipe davídico, deja Babilonia para dirigirse a Jerusalén. Poco después del arribo de este grupo, la palabra de Dios llega a Ageo, el profeta. Como resultado, Ageo alienta a Zorobabel, el gobernador, y a Josué, el sumo sacerdote, a reconstruir el Templo. Ageo engaña y exhorta (1,1-2,9) y excluye a aquellos cuyas ofrendas no son claras (2,10-14). Ageo promete las más ricas bendiciones de Dios (2,15-23). El trabajo vuelve a comenzar y en el año 515 A.C. el nuevo Templo es terminado.

Lee *Ageo 2,1-9* para oír al profeta alentando a Zorobabel, Josué y al pueblo judío.

Encontramos en el Libro de Ageo la motivación y el entusiasmo que necesitamos para enfrentar las tareas difíciles.

ZACARÍAS

El Libro de Zacarías consta de dos partes. La primera parte (1-8) se origina a partir del profeta Zacarías quien, junto con Ageo, alienta a los judíos del año 520 A.C. a reconstruir el Templo. La segunda parte (9-14) fue escrita por autores, cuyas identidades se desconocen, al menos, doscientos años más tarde.

Mientras que Ageo hablaba en una lengua simple, Zacarías se comunicaba fundamentalmente a través de las visiones proféticas. Enseñó la necesidad del amor, la compasión y la justicia social. Predijo días mejores de pacífica prosperidad para Jerusalén.

La segunda parte de Zacarías consiste en las profecías, alegorías y visiones, muchas de los cuales son difíciles de comprender. La principal motivación de esta parte es la esperanza de que Dios salvará al pueblo judío al enviar un salvador. Hay un fuerte sabor apocalíptico en estos capítulos, que pueden reflejar las persecuciones bajo los señores feudales egipcios y seléucidas.

Lee _Zac 8,1-8_, un oráculo del amor de Dios para Jerusalén y una visión de paz. Lee _Zac 9,9-10_, una profecía mesiánica. Los cuatro evangelios consideran esta profecía cumplida con la entrada de Cristo a Jerusalén el Domingo de Ramos.

Los lectores contemporáneos encontrarán este libro tan complejo como cualquier otro del Antiguo Testamento. Sin embargo, sus pasajes mesiánicos son elocuentes, porque han surgido con Cristo Jesús.

MALAQUÍAS

Malaquías significa "mi mensajero", y muchos estudiosos creen que Malaquías es un título y no un nombre propio. El autor compuso su trabajo en algún momento después de la reconstrucción del Templo en el año 515 A.C. y antes de la misión de Nehemías en el 445 A.C.

En esta época, la comunidad judía en la zona de Jerusalén se había estancado. Las esperanzas de los profetas Ageo y Zacarías no se habían hecho realidad aún. Los sacerdotes de la restauración del Templo eran líderes de la comunidad, pero eran laxos en sus deberes. La vida de familia estaba en decadencia porque los hombres judíos se divorciaban de sus esposas y se casaban con mujeres extranjeras.

El autor de Malaquías da cuenta de que tales abusos conducirían al desmembramiento de la comunidad. Inspirado por Dios, creó esta profecía para llamar al pueblo a la alianza de la fidelidad.

El autor confía fuertemente en el recurso literario del diálogo. Dios y el profeta inician una conversación con el pueblo de Judá y sus sacerdotes. Dios los reprocha por la negligencia del culto divino, por la infidelidad a sus esposas y por la injusticia. Dios promete enviar "mi mensajero a preparar el camino ante mí" (3,1). El día de Yavé, Dios castigará a los culpables y recompensará a los fieles.

Aparentemente, el Libro de Malaquías ayudó a Nehemías y Esdras en su trabajo de reformar a la comunidad judía. Hubo un esfuerzo sincero de estos líderes por fortalecer los vínculos de familia que garantizarían la fidelidad de la alianza con Dios. Si es que la hubo, la tendencia después del año 450 A.C. se dirigió hacia un exacerbado nacionalismo que tuvo que ser equilibrado por la comprensión de que Dios ama a todos. Vemos esta comprensión en el Libro de Jonás e incluso en Malaquías, donde Dios dice, "mi nombre es grande entre los pueblos" (1,11).

Lee *Mal 2,10-3,1*, un poderoso diálogo contra la ruptura de la familia y la promesa de Dios de que un mensajero preparará el camino para la venida del Señor. Lee los dos últimos versículos de *Mal* (*4,4-5* en algunas biblias, *3,23-24* en otras). Éstos constituyen las palabras de cierre del Antiguo Testamento. El "mensajero" de Malaquías (3,1) y el "Elías" de estos versículos fueron interpretados por los escritores del Nuevo Testamento como referidos a Juan el Bautista.

Sabemos que Juan preparó el camino para Cristo Jesús. La ofrenda por parte de todos los pueblos, que se menciona en Mal 1,11 ha sido interpretada como referencia a la Eucaristía y podemos participar de esta ofrenda hoy. Malaquías no fue el último libro del Antiguo Testamento que se escribió, pero se lo ubica al final de los cuarenta y seis libros. Y ha sido bien ubicado allí. Este libro vuelve su mirada a la "alianza de nuestros antepasados" (2,10). Mira hacia delante el cumplimiento de la alianza. Por cierto que prepara el camino para Cristo.

LOS PROFETAS: UNA MIRADA HACIA EL FUTURO

Los profetas se dirigían principalmente a sus contemporáneos. No obstante, tenían visión de futuro, la visión de esperanza en Dios. Amós rezaba para que Dios levantara el tugurio caído de David (9,11). Oseas presagió una nueva relación marital entre Dios y los israelitas (3,16-25). Isaías esperaba ansioso la llegada de Emmanuel (7-9). Miqueas decía que Belén Efratá sería el nuevo David (5,1-4). Jeremías proclamó una nueva alianza (31). Malaquías prometió que el elegido prepararía el camino delante de Dios (3).

A largo plazo, los profetas tuvieron éxito en sus misiones como aquellos que hablaban en nombre de Dios. Israel nunca abandonó completamente a Dios. Israel nunca abandonó la esperanza de que llegaría el Mesías. Siempre estuvieron aquellos que se mantuvieron fieles a Dios, un remanente fiel. Cuando el Mesías, Cristo Jesús, llegó, se dieron cuenta de que los israelitas estaban listos para aceptarlo y creer en él.

Preguntas para analizar y reflexionar

Si pudieras entrevistar a uno de los profetas, ¿quién sería? ¿Por qué? ¿Qué preguntas le harías?

Antiguamente, los cristianos solían creer que los profetas tenían una clara visión profética de los detalles de la vida de Cristo (como si lo pudieran ver en una bola de cristal). En la actualidad, los estudiosos prefieren hablar de mesianismo, una esperanza de la intervención de Dios en la historia a través de un salvador. Los cristianos creen que tal esperanza podía ser cumplida sólo por Cristo Jesús y que, por cierto, fue cumplida por él. ¿Has cambiado tus ideas acerca de las profecías del Antiguo Testamento con la lectura de este estudio y el de los profetas? Si así fuera, ¿de qué manera?

¿Hay profetas actualmente? ¿En qué sentido? ¿Eres _tú_ un profeta? ¿Deberías serlo?

Actividades

Escribe todos los pecados denunciados por los profetas que recuerdes. Luego escribe estos pecados del modo en que los encuentras en nuestra actual sociedad (por ejemplo, el culto de los dioses falsos se lo puede hallar en nuestro mundo bajo la forma del materialismo excesivo). Al orar, pide perdón a Dios por nuestro mundo; pide para que todos puedan abrirse a la justicia y rectitud de Dios.

Luego escribe los motivos para tener esperanza que has visto al leer a los profetas. Escribe cómo estas razones de esperanza aún existen en nuestro mundo de hoy (por ejemplo, la inminente intervención de Dios en la historia a través de Cristo Jesús). Reza a Dios, pídele que nosotros y nuestro mundo puedan ser conducidos a la esperanza en las promesas y gracia de Dios.

Parte III

EL NUEVO TESTAMENTO

CAPÍTULO NUEVE

LOS EVANGELIOS

"Mira hacia atrás", dijo José. "El sol brilla en el Monte Hermón." María y Jesús se dieron vuelta para observar el pico nevado, unas sesenta millas al norte. Estaban partiendo de Nazaret, una aldea en el distrito de Galilea, para unirse a la caravana con destino a Jerusalén y la celebración de Pascuas.

"Estamos a mitad de camino entre Hermón y Jerusalén", continuó José. "¡Pasado mañana estaremos en el Templo!" La caravana de 150 hombres, mujeres y niños, bestias de carga varias, y uno o dos perros callejeros se desplazaban hacia el sur por el costado del camino. Galilea era gloriosa en primavera. Los campos de cebada y trigo, que pronto serían cosechados, brillaban con el sol de la mañana. Las huertas de cebollas, puerros, ajíes y otras verduras se extendían por todos lados. Los prados relucían con las coloridas flores salvajes. Las colinas parecían salpicadas por higueras, los viñedos y los huertos de olivos. Los primeros higos estarían maduros en un mes o dos. El verano daría uvas y más higos. El otoño era sinónimo de la cosecha de los olivos y el día de gracias de la Fiesta de los Tabernáculos. Luego, vendría el tiempo para preparar la tierra para un nuevo cultivo.

Para el mediodía, estarían en territorio samaritano. "¿Estamos en peligro?", preguntó María. "No lo creo", respondió José. "Somos un grupo grande y hasta ahora hemos tenido pocos inconvenientes." Por momentos los samaritanos, que adoraban a Dios en el Monte Gerizim, solían hostigar a los viajeros que se dirigían al Templo de Jerusalén. Pero mayormente los galileos lograban atravesar el territorio sin problemas. Después de todo, los judíos de Jerusalén que mostraban estricta observancia despreciaban a los galileos también, debido a que mantenían pueblos y templos paganos en el territorio del norte

"Cuando la situación es tensa entre nosotros y los samaritanos —explicaba José— nuestro pueblo toma el camino que pasa por el costado del Jordán y pasa por Jericó en su camino a Jerusalén. Pero es mucho más caluroso allí en el sur y los bandidos, a menudo, están al acecho en los bosques y entre las piedras." Luego señaló hacia el oeste: "Allí yace la Llanura de Sharón y del otro lado, a lo largo del Mar, está la ruta hacia Egipto. Las caravanas del lejano oriente toman esa ruta con frecuencia y así lo hicieron muchos ejércitos a lo largo de los siglos..."

La noche los trajo a la ciudad de Sebaste. "Solía llamarse Samaria, como el territorio —José explicó a Jesús—, pero cuando el rey Herodes la reconstruyó, la bautizó en honor al emperador romano: Sebaste viene del griego de Augustus. Hizo concesiones de tierra a seis mil soldados romanos en la región. Cuando David era rey, todo esto pertenecía a él. Pero después de la muerte de Salomón, las tribus del norte se separaron de Judá. Más tarde los asirios conquistaron Samaria y trajeron extranjeros para que habitasen estas tierras. Los judíos y samaritanos se pelean desde ese entonces."

Jesús contemplaba pensativo la espléndida nueva ciudad, pero no decía nada. Los peregrinos traían su propia comida y agua, y después de una cena sencilla, se establecieron en las afueras de la ciudad para pasar la noche.

La puesta del sol los encontró sobre el camino rocoso que bordeaba el Monte Gerizim. Treinta millas hacia la derecha de éstos se encontraba el mar, el Mediterráneo. Veinte millas hacia la izquierda estaba el río Jordán. Desde sus orígenes en el Monte Hermón, el río Jordán fluía casi veinticinco millas hacia el Mar de Galilea. A veinte mil metros bajo el nivel del mar, descendía otros dieciocho mil metros al atravesar seis millas hacia el Mar Muerto. José le contó a Jesús acerca del hijo de David, Absalón, que había buscado a David por el desierto de Jordán y finalmente es derrotado y hallado muerto en los brazos de Jaob. La zona se la conocía en ese entonces como Perea y estaba bajo el control de Herodes Antipas.

La tierra a su alrededor parecía más seca y menos fértil que la tierra de Galilea, pero los cultivos se movían al compás del viento cálido y había muchos rebaños de cabras y ovejas. Al atardecer del segundo día, acamparon en un lugar llamado el Ascenso de Lebonah. Hombres, mujeres y niños conversaban entre sí animadamente. Al día siguiente estarían en Jerusalén.

Al amanecer los viajeros tomaron rápidamente el desayuno de pan y fruta seca, y luego emprendieron el camino. José, María y Jesús rezaban el salmo de los peregrinos que se dirigían a Jerusalén.: "¡Qué alegría cuando me dijeron: Iremos a la casa del Yavé!" (Sal 122,1). "Estoy ansiosa por ver el Templo otra vez", dijo María a Jesús. "Dicen que el Templo de Salomón era magnífico, pero que fue destruido por los babilonios. Cuando nuestro pueblo regresó a Jerusalén desde Babilonia, construyeron otro. Después, Herodes demolió el Templo para construir uno más grandioso que el de Salomón. El trabajo no ha terminado aún."

A medida que entraban a Judea, notaron que las colinas eran más escarpadas que las de Samaria. No obstante, los árboles de oliva, los viñedos y los jardines en terraza colgaban firmes de las laderas. A la izquierda, el calor abrigaba la rosa del desierto de Judea y los barrancos se deslizaban hacia el Mar Muerto.

Los peregrinos avanzaban por el costado del camino junto a un pequeño grupo de caballeros romanos que galopaban hacia Samaria. "¿Cuándo conquistaron los romanos nuestra tierra?", preguntó Jesús. "Mi padre Jacobo era muy pequeño –respondió José–, así que hace casi setenta años. Herodes fue nombrado Rey de Judea antes de que yo naciera, pero él tuvo que recuperar a Jerusalén bajo el mando de Antígono, el último de los Hasmoneas. Tuvo lugar una guerra terrible, y gran parte de Jerusalén fue destruida. Herodes ejecutó a muchos de sus enemigos y confiscó sus tierras. Subió los impuestos y construyó palacios, fortalezas y ciudades. Algunas personas lo llamaban 'Herodes el Grande' por todas las construcciones hechas durante su reinado, pero era un hombre cruel que mató a su esposa y a muchos de sus hijos. Murió poco después de tu nacimiento mientras estábamos en Egipto. Los romanos designaron a sus hijos como sus sucesores: Herodes Antipas de Galilea, Felipe para el territorio del nordeste de Galilea y Arquelao para Judea, Samaria e Idumea. Pero Arquelao fue tan cruel como su padre, y se sucedieron sublevaciones hasta incluso una guerra civil. Miles de personas murieron y los romanos crucificaron a dos mil rebeldes. El año pasado los romanos depusieron a Arquelao y designaron a un gobernante romano."

"Mis primos, Zacarías e Isabel, dijeron que la vida fue terrible durante esos años –agregó María–. Gracias a Dios, las cosas están más tranquilas ahora."

"Pero aún hay problemas –previno José–, los zelotes, quienes luchan por la libertad, siguen con los ataques a las líneas de suministros romanos. Muchos judíos los apoyan y creen que Dios nunca permitirá que nuestro pueblo sea destruido por los romanos."

"Temo dónde puede llevarnos todo esto", dijo María. "Nuestro pueblo está dividido. Los saduceos son ricos. A ellos les gustan las costumbres griegas y colaboran con los romanos. Los fariseos no confían en nadie que no interprete su ley del modo que ellos lo hacen. Los romanos están dispuestos para la guerra. Es una situación muy peligrosa", agregó José. "Y sin duda alguna –continuó– que los esenios han dejado el mundo para vivir en el desierto junto al Mar Muerto."

Caminaron en silencio por un rato. Luego María dijo: "Al menos nuestros sacerdotes y levitas aún presiden el Templo." José admitió: "Tal vez sea así, pero muchos de ellos actúan más como griegos que como judíos. Dependemos del Sanedrín para pronunciar juicios en temas religiosos. Desgraciadamente, la mayoría de los setenta jueces son saduceos, como el sumo sacerdote y al igual que él, todos viven en el lujo y colaboran con Roma. ¡Hasta Anás, el sumo sacerdote, fue nombrado por los romanos!"

"Bueno –dijo María– pero también hay muchos sacerdotes buenos, como mi primo Zacarías. ¡Ojalá fuera el sumo sacerdote!"

"Miren –gritó Jesús quien se avanzó corriendo–, se puede ver el Templo desde aquí." Los peregrinos se apresuraron hacia la cima de una pequeña colina y desde allí a la distancia, brillando bajo el sol de la tarde, estaban los muros de la ciudad. El Templo dominaba la escena, su decoración con oro reflejaba el brillo del sol. Se ubicaba en el medio de un inmenso patio, la Plaza de los Gentiles. En una destacable obra de ingeniería, este patio había sido construido en el valle al este de Jerusalén. Más de ochocientos pies de ancho y mil cuatrocientos de largo, estaba rodeado de imponentes pórticos y habitáculos de piedra, bellamente decorados con columnas de mármol blanco. Al sur, al oeste y al norte del Templo se extendía la ciudad de Jerusalén.

"¿Cuánta gente vive en Jerusalén?", preguntó Jesús, a medida que los peregrinos se abrían camino por las concurridas calles del Templo.

"Al menos cincuenta mil dentro de los muros, quizás cien mil en la zona —respondió José—, pero tres o cuatro veces esa cantidad de personas concurre aquí para Pascuas."

Cuando llegaron a la inmensa escalinata que conducía a la Plaza de los Gentiles, Jesús, María y José rezaron: "¡Ya se posan nuestros pies en tus puertas, oh Jerusalén!" (Sal 122,2). Se apresuraron a subir las escalinatas de la Plaza. Allí estaba el Templo, una vista impresionante, todo de mármol blanco y oro, el techo del santuario se elevaba 150 pies sobre la calle. "La casa de mi Padre —susurró Jesús—, la casa de mi Padre."

EL NACIMIENTO DE JESÚS

Cristo Jesús, quien llamaba a Dios su Padre, llegó a este mundo con un nacimiento teñido de misterio. Los evangelios de Lucas y Mateo relatan la historia en las narraciones de su infancia. Estas narrativas, ricas en simbolismo y que aluden al Antiguo Testamento, tienen por finalidad transmitir una verdad que trasciende la historia: que Dios se hace hombre en Cristo Jesús.

No mucho antes de la muerte de Herodes el Grande, según los evangelios, Dios envió al ángel Gabriel a María, una joven mujer de Nazaret, en Galilea. Gabriel anunció que María, comprometida con un carpintero llamado José, tendría un hijo, el Hijo de Dios, por el poder del Espíritu Santo. María consiente "y el Verbo se hizo carne y habitó con nosotros" (Jn 1,14).

El ángel le dijo a María que sus primos Isabel y Zacarías estaban esperando un hijo, a pesar de la edad avanzada de Isabel para tener hijos. María fue a visitarlos a su casa (se cree que estaba en Ain Karim, a cinco millas al oeste de Jerusalén). María se quedó alrededor de tres meses hasta que nació el hijo de éstos, llamado Juan. Cuando María regresó a Nazaret y José se enteró de su embarazo, decidió terminar el compromiso de manera pacífica. Pero un ángel le explicó a José en un sueño que María había concebido a su hijo por obra del Espíritu Santo y José tomó a María como su esposa.

Poco tiempo después, debieron ir a Belén a registrarse en un censo que había ordenado el emperador romano. Mientras se encontraban allí, María dio a luz a su hijo, bautizado Jesús en su circuncisión. Cuando fue presentado en el Templo de Jerusalén, Jesús fue reconocido como el Mesías por dos ancianos judíos, Simeón y Ana.

Más tarde, Jesús fue honrado con regalos de los reyes magos que venían de Oriente, siguiendo una estrella que los condujo hasta el lugar de nacimiento. Herodes se enteró del nacimiento de Jesús por medio de los reyes magos y trató de obtener información de quiénes lo rodeaban. Pero los reyes magos, advertidos en un sueño de que Herodes quería realmente matar al niño, regresaron a su tierra en secreto. Herodes, en un estado de ira, ordenó la ejecución de todos los niños varones de hasta dos años de edad y que vivieran en las zonas aledañas a Belén. Jesús escapó porque María y José huyeron con él a Egipto, donde permanecieron hasta la muerte de Herodes.

La fecha exacta del nacimiento de Jesús es un tema de gran especulación. De acuerdo con los evangelios, ocurrió bajo el reinado de César Augusto (año 37 A.C. hasta el año 14 D.C.), "en tiempo de Herodes, rey de Judea" (Lc 1,5), "mientras Quirino era gobernador de Siria" (Lc 2,2). El Evangelio de Lucas menciona un censo que exigía a José ir a su pueblo ancestral de Belén para registrarse. Mientras José y María estaban allí para comparecer personalmente, nació Jesús.

Herodes muere en el año 4 A.C., así que Jesús debió de haber nacido antes. Quirino empezó su mandato de gobernador de Siria en el año 6 D.C., pero se cree que Quirino se desempeñó como líder militar en Siria desde el año 10 A.C. hasta el año 6 A.C. Por este motivo, existe una buena razón para datar el nacimiento de Cristo alrededor del año 6 A.C. Algunos estudiosos concordaron con el mismo año, a raíz de un análisis hecho de una historia en el evangelio de Mateo sobre los reyes magos que eran guiados por una estrella (Mt 2,1-11). Estos estudiosos sostienen que la estrella fue la conjunción de Saturno y Júpiter, que ocurrió en tres oportunidades alrededor del año 6

A.C. y que puede servir para los movimientos de la estrella mencionada en el Evangelio.

Nosotros celebramos el nacimiento de Cristo el 25 de diciembre. Esta fecha fue elegida en el siglo cuarto para que la celebración del nacimiento de Cristo pudiera reemplazar una festividad pagana observada ese día. Pero los evangelios no dan un día o mes exacto del nacimiento de Jesús. El Evangelio de Lucas dice que había pastores "acampados al raso y velando sobre sus rebaños" (Lc 2,8). Comúnmente, los pastores en Judea conservaban sus rebaños en el campo solamente durante los meses estivales, de marzo a octubre. Por esta razón, parece certero que el nacimiento de Jesús haya ocurrido durante uno de estos meses, alrededor del año 6 A.C.

Los lectores tal vez se pregunten cómo pudo nacer Cristo en el año 6 A.C. En el siglo sexto, un monje llamado Dionisio el pequeño trató de cambiar el método romano de cálculo de fechas a uno que se basara en el nacimiento de Cristo. Pero le faltó información histórica precisa y aparentemente erró por seis años cuando calculó el año de nacimiento de Jesús.

Cualquiera que haya sido la fecha exacta del nacimiento de Cristo, las narraciones de su infancia en los evangelios de Mateo y Lucas describen algo más allá del entendimiento, el misterio de la Reencarnación, Dios se hace hombre. Ellos dan a entender que en la persona de Jesús, la Antigua Alianza se transforma en la Nueva.

LOS AÑOS OCULTOS

Conforme al Evangelio de Mateo, José, María y Jesús se establecieron en Nazaret después de regresar de Egipto (Mt 2,19-23). Lo siguiente que se reporta es el viaje a Jerusalén para las Pascuas cuando Jesús tenía doce años. Se proporcionan pocos detalles, pero pudo haberse parecido mucho a la peregrinación descripta anteriormente.

El Evangelio de Lucas indica que Jesús fue olvidado accidentalmente por María y José cuando partieron desde Jerusalén. Después de buscarlo por todas partes, lo encontraron en el Templo tres días más tarde. María preguntó: "Hijo, ¿por qué has hecho esto? Sabes que tu padre y yo te buscábamos angustiados." Jesús respondió con preguntas: "¿Por qué me buscaban? ¿No sabías que yo debo ocuparme de los asuntos de mi Padre?" (Lc 2,48-49).

María "guardaba todas estas cosas en su corazón" (Lc 2,51), pues sabía que el Padre de Jesús era su Dios, el Dios de su pueblo, el Dios de los profetas y los Salmos, el Dios que había prometido enviar al Mesías, y ahora, el Dios que había enviado al Mesías en la persona de su Hijo, Jesús.

JESÚS COMIENZA SU MINISTERIO PÚBLICO

Transcurrieron los años. María, José y Jesús vivían en la aldea de Nazaret entre parientes, vecinos y amigos. Sin duda, Jesús practicaba el oficio de carpintero, que había aprendido de José. Todo a su alrededor, parecía una familia común.

Cuando Jesús tenía cerca de treinta años (Lc 3,23), su primo Juan, el hijo de Zacarías y Isabel, empezó a predicar en el desierto de Judea. Había un poder en sus palabras que atraía a grandes multitudes. Incitaba al pueblo a arrepentirse de sus pecados y a vivir honesta y correctamente. En el río Jordán, bautizaba a quienes querían cambiar, sumergiéndolos en el agua como señal de que sus pecados habían sido borrados.

Muchos se preguntaban si Juan, llamado el Bautista, podía ser el Mesías, pero él les contestaba diciendo: "Yo los bautizo en agua, pero viene ya el que es más fuerte que yo... Él los bautizará en el Espíritu Santo y en el fuego" (Lc 3,16).

Jesús vio la evangelización de Juan como una señal de que era hora de empezar su propia misión. Él se dirigió a Juan para que lo bautizara. Juan replicó que él debía ser quien fuera bautizado por Jesús. Finalmente, accedió a la insistencia de Jesús. Al salir Jesús del agua, el Espíritu Santo descendió sobre él en la forma de una paloma, y sonó una voz de los cielos, "Tú eres mi Hijo, el Amado, en ti me complazco" (Mc 1,11).

Luego, Jesús se apartó en el desierto de Judea durante cuarenta días de ayuno y oración. Como ser humano, Jesús necesitó buscar el camino de su Padre para llevar a cabo la obra de Dios. Los evangelios nos cuentan que fue tentado por Satanás que lo exhortó a elegir otros caminos. Por ejemplo, el diablo instó a Jesús a usar sus poderes milagrosos para su propio placer, convirtiendo las piedras en pan. Luego Satanás tentó a Jesús para que se hiciera famoso desde el Templo. Finalmente, le ofreció a Jesús poder terrenal, dominio material sobre las naciones. Jesús resistió a todas estas tentaciones, regresó a Galilea y empezó su prédica.

Alrededor del año 26 D.C. (en lo sucesivo todas las fechas son D.C., a menos que se indique lo contrario), Herodes Antipas y Felipe aún gobernaban los territorios a ellos asignados después de la muerte de Herodes el Grande. Judea, Samaria e Idumea habían quedado bajo el control de los gobernadores romanos. En el año 26, un nuevo gobernador se hizo cargo, su nombre era Poncio Pilato.

Anás, el sumo sacerdote cuando Jesús tenía doce años, fue sucedido por cinco de sus hijos. Su yerno, Caifás, en ese entonces tenía el cargo de sumo sacerdote, pero Anás todavía ejercía gran influencia. No simpatizaban mucho con Pilato, pero cooperaban con él en la esperanza de que podrían evitar la catástrofe de una guerra civil.

No obstante, tal cooperación fue difícil, pues Pilato no fue siempre prudente. En una ocasión, por ejemplo, colocó escudos con la imagen del emperador en la zona del Templo. De este modo, violaba la ley judía que prohibía las imágenes talladas. Los judíos levantaron quejas pidiendo que Pilato sacara los escudos. Pilato también era cruel. Reprimía con gran ferocidad las manifestaciones, a fin de mantener a los judíos bajo control. Mientras tanto, los zelotes estaban por todas partes, listos para lanzarse contra los soldados romanos desprevenidos o para agitar a las masas. Jerusalén parecía estar siempre a punto de la sublevación o la guerra civil.

LAS ENSEÑANZAS DE JESÚS: SUS PARÁBOLAS

Jesús empezó a predicar con las palabras: "Se ha cumplido el tiempo y el reino de Dios es inminente. Arrepiéntanse y crean en el evangelio" (Mc 1,15). El reino es el corazón del mensaje de Jesús, y se lo puede entender mejor como la relación de Dios con los seres humanos. En muchas formas se asemeja con la idea de una alianza en el Antiguo Testamento. Cuando Jesús proclamó que el reino de Dios estaba presente en él, estaba proclamando una Nueva Alianza.

Jesús habló en concreto, con lenguaje práctico proveniente de sus experiencias en Nazaret y Galilea. No enseñó a través de conversaciones abstractas, sino en parábolas, entretenidas historias que ilustraban las verdades importantes acerca del reino de Dios y que describían el reino de Dios a los oyentes.

El contenido de las parábolas de Jesús se lo puede resumir en las siguientes premisas. En primer lugar, el reino de Dios, la alianza de Dios con nosotros, se hace presente en Jesús. Es un tesoro de valor supremo (Mt 13,44-46). En segundo lugar, el reino es la Buena Nueva, el Evangelio, porque es perdón amoroso de Dios y la nueva vida ofrecida a todos a través de Jesús. Al igual que un padre comprensivo que trae de regreso a casa a un hijo desobediente, Dios invita a los pecadores a una nueva vida (Lc 15,11-32). En tercer lugar, podemos recibir los dones de Dios únicamente si deseamos compartirlos con los demás. No debemos imitar al siervo que buscó piedad en su amo y luego se la negó a un compañero (Mt 18,23-35). En cuarto lugar, Dios es todopoderoso, y el reino que Dios establece a través de Jesús no puede ser destruido. Así como un campo seguramente dará su cosecha, el reino de Dios prevalecerá, pues las hierbas del pecado y la muerte no pueden frustrar los designios de Dios. (Mt 13,24-30). En quinto lugar, la invitación de Dios a una nueva vida en la tierra y al banquete eterno a los llamados divinos que buscan respuesta. Somos como los invitados a una gran fiesta de boda y seríamos tontos si no aceptáramos la invitación (Mt 22,1-14).

No debemos pasar por alto las implicancias de este mensaje. Jesús nos está diciendo que las esperanzas de Israel, y por cierto de la humanidad, pueden concretarse solamente a través de él. Jesús contesta las preguntas más elementales sobre la vida. ¿Existe Dios? ¡Por supuesto! ¿Dios nos cuida? ¡Más de lo que podemos imaginar! Con tanta maldad en nuestro mundo, ¿puede el bien triunfar? ¡Claro que sí! ¿Por qué esta vida no nos da la felicidad completa? ¡Porque hemos sido hechos para Dios! ¿Y la muerte? ¡Es el nacimiento a una nueva vida!

LA ENSEÑANZA DE JESÚS: ABBA Y AMÉN

En sus parábolas, Jesús nos dice que las esperanzas de la humanidad encuentran su concreción en él. Jesús se presenta a sí mismo como algo más que un simple profeta judío, más que un maestro, más que un reformista social. Nos trae "una doctrina nueva, con autoridad" (Mc 1,27). Encontramos evidencia de esto a lo largo de los evangelios, pero los estudiosos de las Escrituras observan dos palabras en especial usadas por Jesús para expresar la conciencia de su papel único en la historia.

La primera palabra es *Abba*. Ésta es una palabra en arameo para "padre", que incluye la intimidad y relación especial que implica en nuestro idioma dicha palabra. Jesús conoce a Dios como su Padre en una forma que era absolutamente única (Ver Mc 14,36).

La segunda palabra es *Amén*, que se la encuentra a menudo en los evangelios. En algunas biblias, como la *New Revised Standard Version*, es traducida como "que así sea". La frase "Amén (que así sea), les digo a ustedes" indica que Jesús sabía que tenía una especial posición de poder. En Mt 18,18 por ejemplo, Jesús usa la palabra para hacer una declaración que ningún hombre común podría hacer. "En verdad les digo, que todo los que aten en la tierra quedará atado en el cielo y todo lo que desaten en la tierra quedará desatado en el cielo."

El significado de las palabras de Jesús encontraba receptividad en aquellos que lo escuchaban. Grandes multitudes se reunían para escucharlo. Muchos resultaban conmovidos por sus enseñanzas y empezaban a verlo como el Mesías prometido por los profetas.

LA ENSEÑANZA DE JESÚS: PADRE, HIJO Y ESPÍRITU SANTO

Los cristianos de hoy están acostumbrados a hablar de Dios como el Padre, Hijo y Espíritu Santo, pero no debemos olvidar que se desconocía la Trinidad antes de Cristo. Habían temas en el Antiguo Testamento que anunciaban el Espíritu Santo y el Hijo (lee Núm 11,29 y Sab 9,9, por ejemplo), pero los judíos no tenían el concepto de la Trinidad.

Jesús habló de Dios como Padre, Hijo y Espíritu Santo. Sus oyentes probablemente tenían poca idea de lo quería decir hasta después de su Resurrección. Luego, empezaron a recordar las enseñanzas de Jesús y las plasmaron en el Nuevo Testamento. Varios siglos más tarde, la Iglesia Católica definió la Trinidad como las tres Personas divinas en una Naturaleza divina.

La revelación de Cristo por parte de Dios como una comunión de Padre, Hijo y Espíritu Santo es fundamental para nuestra fe. Dios no es ese poder distante, abstracto, sino una amada Familia de tres Personas, unidas entre sí en sabiduría y amor, "Dios es amor" (1 Jn 4,16).

Somos hechos a imagen y semejanza de Dios (Gn 1,27), y por esa razón, ser verdaderamente humanos significa ser aquel que ama. Jesús nos enseñó que el primer mandamiento es amar a Dios con todo nuestro corazón, y el segundo, amar a nuestro prójimo como a nosotros mismos. Porque Dios es Amor, todo depende del amor (Mt 22,37-40).

LOS MILAGROS DE JESÚS

Quienes se conmovieron con las palabras de Jesús, se impresionaron aun más con lo que hizo, en especial con sus milagros, signos sorprendentes que no tenían una explicación natural. Jesús sanó: le dio la vista al ciego y audición al sordo, curó al paralítico y al rengo. Jesús ejerció el poder sobre la naturaleza: multiplicó el pan y el pescado para alimentar a las multitudes hambrientas y calmó el mar agitado. Jesús venció la muerte: resucitó a la hija de un funcionario judío, al hijo de una viuda y a su amigo Lázaro.

Los milagros de curación, que no pueden explicarse por medios naturales, todavía pueden ocurrir hoy. En Lourdes, por ejemplo, grupos de médicos y científicos han estudiado exhaustivamente y documentado gran cantidad de datos. Tales milagros dan testimonio del continuo poder de Cristo, y atraen a multitudes inmensas a Lourdes, así como los milagros de Jesús atraían a grandes cantidades de personas hacia él.

La mayoría de la gente que va a Lourdes no recibe la curación física milagrosamente, pero casi todos los peregrinos parecen partir del lugar conmovidos en alguna forma por la gracia de Dios. Jesús no sanó a la mayoría de los enfermos de su época y ciertamente no resucitó a la mayoría de quienes habían muerto. Pero sus milagros conmovían al pueblo de manera maravillosa y dieron fe de que el poder de Dios está presente en él.

EL PODER DE JESÚS SOBRE SATANÁS

En tiempos del Nuevo Testamento, la gente daba por segura la existencia de buenos espíritus y malos espíritus. La Iglesia Católica enseña que Dios creó a los seres espirituales, llamados ángeles. Algunos de ellos se rebelaron y se los conoce como diablos o demonios. Son personificados en las Escrituras como Satanás, Lucifer o Belzebú. Así como la gente mala convence a otra para que la siga, así los diablos tientan a la gente para sumarla a su rebelión contra Dios.

Satanás, cuando tienta a Jesús en el comienzo de su misión, trata de alistar a Jesús a sus filas. Cristo rechazó a Satanás y continuó ejerciendo su autoridad sobre los demonios. Los evangelios nos cuentan que Jesús sacó a los espíritus malos de la gente en muchas ocasiones.

El poder de Jesús, manifiesto al alejar los demonios, fue otra señal de su autoridad única. Esto hizo creer a mucha gente que Jesús era el Mesías prometido.

APÓSTOLES Y DISCÍPULOS

A principios del ministerio público, Jesús invitó a los creyentes a seguirlo de una manera especial. A estos los llamó discípulos (aquellos que aceptan la enseñanza de un líder). De este grupo, "eligió a doce de entre ellos, a los que llamó también apóstoles. Simón a quien llamaba Pedro, su hermano Andrés, Santiago, Juan, Felipe, Bartolomé, Mateo, Tomás, Santiago, el hijo de Alfeo. Simón, el llamado Zelote, Judas hijo de Santiago y Judas Iscariote, que fue el traidor" (Lc 6,13-16).

165

Los apóstoles eran hombres comunes que dejaron todo para seguir a Cristo. Viajaron con él, fueron testigos de los milagros y recibieron especiales instrucciones de Jesús. *Apóstol* significa "aquel que es enviado", y los evangelios registran que, en un momento de su ministerio, Cristo envió a los Doce a una misión para proclamar el reino de Dios y curar a los enfermos.

En los evangelios, *discípulos* se puede referir a los doce apóstoles, o se puede referir al grupo más grande de seguidores de Jesús. El Evangelio de Lucas establece que Jesús envió a setenta y dos de sus discípulos antes que él a las ciudades y pueblos que tenía intención de visitar (Lc 10,1). Es posible que esto se refiera a un grupo intermedio, no tan íntimamente conectado a Jesús como los Doce, pero más comprometido que quienes simplemente lo escuchaban. De todos modos, Jesús no eligió a sus seguidores de la aristocracia (saduceos) o entre quienes eran considerados como particularmente devotos a la ley (fariseos). En realidad, eligió a aquellos que eran despreciados por estos grupos, que sentían que dichas personas comunes no tenían un lugar especial en los planes de Dios.

EL MINISTERIO DE JESÚS: UBICACIÓN Y DURACIÓN

Los evangelios muestran que Jesús predicó en Galilea. Fue rechazado por la gente de su pueblo natal de Nazaret, que parecía enfadada porque Jesús se consideraba alguien especial. Dejando a Nazaret de lado, Jesús centró su ministerio en Galilea alrededor del mar de Galilea, un hermoso lago de casi doce millas de largo y ocho de ancho. Jesús pasó gran parte de su tiempo en Cafarnaún, una importante ciudad sobre la costa noroeste. Visitó Corazin y Bethsaida, probablemente sobre la costa norte y el territorio de Gadarenes en la costa del sudeste.

El Evangelio de Juan dice que Jesús trabajó en su primer milagro, convirtiendo el agua en vino, en Caná, a casi diez millas al norte de Nazaret. También curó allí al hijo de un funcionario de la corona. Jesús resucitó al hijo de una viuda en Nain, a cinco millas al sudeste de

Nazaret. Se cree que Jesús también viajó a la región de Tiro y Sidón, al norte de Nazaret en la costa del Mediterráneo y a Cesarea de Filipo, veinticinco millas al norte del Mar de Galilea.

El Evangelio de Juan señala que Jesús fue a Jerusalén tres veces para las celebraciones de Pascuas durante su ministerio público. Esto significa que el ministerio de Jesús duró más de dos años. El impacto destacable que Jesús tuvo sobre tantas personas también sugiere un ministerio de, al menos, dos años.

LA RESPUESTA DE JESÚS

Jesús predicó la Buena Nueva de que Dios es adorable y misericordioso y nos ofrece una felicidad eterna. Hizo milagros que revelaron la presencia, misericordia y poder de Dios. Demostró su dominio sobre el mal. Parecería inevitable que todos lo aceptaran como el Mesías y Salvador. Pero éste no fue el caso.

Es verdad que grandes multitudes se agolpaban para oír a Jesús, pero estaban buscando un Salvador que los liberara del yugo de los odiados romanos. Querían un reino terrenal y Jesús tuvo que resistirse a los intentos de quienes querían proclamarlo rey. A veces, pedía al pueblo que guardara la calma con respecto a los milagros que había hecho para éste, para evitar que las noticias agitaran aún más a las multitudes. Incluso tuvo que corregir a los apóstoles quienes buscaban un reino de todo el mundo.

La popularidad de Jesús alarmó a los saduceos, quienes temían que las multitudes pudieran sublevarse o iniciar una guerra civil, que sería el resultado de la destrucción de Israel. Los zelotes, por cierto, observaban lo que estaba sucediendo y, sin duda, tenían esperanzas de reclutar a Jesús y a sus seguidores a su causa, más aun porque uno de los Doce había sido un zelote.

Parte de la aristocracia aliada al rey Herodes Antipas le temía a Jesús. Herodes había arrestado a Juan el Bautista poco después de que Jesús empezó su ministerio público, porque Juan criticaba el casamiento de Herodes con su cuñada, Herodías. Finalmente, Herodías logró que le cortaran la cabeza a Juan. Herodes temía que Jesús resucitara a Juan. Por cierto que vio a Jesús como alguien que podía incitar a las multitudes en contra suyo y de los romanos.

Los fariseos se enfadaban con el contenido de la prédica de Jesús. Jesús se negó a aceptar la práctica de éstos por mantener cientos de minuciosas leyes, como una manera de ganar el favor de Dios. Los fariseos y escribas (expertos en la ley judía) acusaban a Jesús y a sus apóstoles de quebrantar la ley. Criticaban a Jesús por asociarse con los pecadores y por atreverse a decir que él perdonaría a los pecadores. Ellos quitaban importancia a sus milagros y a su poder sobre los demonios, diciendo que actuaba como un representante de Satanás. En su momento, se aliaron con los saduceos y los herodianos (quienes apoyaban al rey Herodes Antipas) y empezaron a complotar contra Jesús.

No obstante, Jesús también se enfrentó a grandes multitudes que comprendían mal su mensaje, a ricos y poderosos que le temían, a subversivos que esperaban usarlo en ventaja propia y a quienes eran influenciables religiosamente y se oponían a sus enseñanzas. A medida que su ministerio continuaba se dio cuenta de que sus enemigos se hacían más fuertes en su decisión de destruirlo. Empezó a advertir a sus apóstoles que sus enemigos planeaban arrestarlo y matarlo. Él dijo que vencería la muerte, pero los apóstoles parecían no comprender la idea de su muerte o del significado de su Resurrección.

Jesús podía haber hecho uso de sus poderes milagrosos para vencer a cualquier tipo de oposición, sin embargo, vino a traer la misericordia de Dios a todos, incluso a sus enemigos. Se negó a usar la fuerza en contra de ellos y sólo confió en el amor para llamarlos al arrepentimiento. Reflejado en las profecías de la pasión del siervo de Isaías, debió de haberse visto como "cordero llevado al matadero", "herido de muerte por los pecados de mi pueblo" (Is 53,7,8). Él aceptó la terrible verdad de que si continuaba amando a sus enemigos, tendría incluso que soportar la muerte en la cruz.

Finalmente, Jesús decidió ir a Jerusalén, fortaleza de sus enemigos. Eran tiempos de Pascuas cuando la ciudad se llenaba de peregrinos. Acompañado por la multitud de seguidores, Jesús ingresó a la ciudad en burro, no en un carruaje, para demostrar que él no estaba interesado en un reino terrenal. Allí se enfrentó a sus enemigos.

Jesús echó del Templo a quienes intercambiaban dinero y comercializaban animales para los sacrificios, ya que era el dinero de los pobres el que les proporcionaba importantes ganancias. Esto era un desafío para los sacerdotes, levitas y saduceos que se beneficiaban con esas ganancias. Denunció a los fariseos, aparentemente en un último intento para hacer que reconocieran la dureza de su corazón. Pero ellos, al igual que los saduceos y herodianos, simplemente se esforzaron cada más por hacer matar a Jesús.

LA CRUCIFIXIÓN Y LA MUERTE DE JESÚS

Debido a la popularidad de Jesús con las multitudes de peregrinos, sus enemigos no podían arriesgarse a arrestarlo en público. Entonces, Judas Iscariote, uno de los apóstoles de Jesús, se dirigió al sumo sacerdote y le ofreció traicionar a Jesús por treinta piezas de plata.

Un jueves por la tarde, después de su llegada a Jerusalén, Jesús compartió una comida de Pascuas con los Doce Apóstoles. Les habló de su amor por ellos y por todos. Tomando el pan y el vino, transformó el pan en su cuerpo, que pronto sería partido, y el vino, en su sangre, que pronto sería derramada.

Luego Jesús fue con los apóstoles a rezar al huerto del Monte de los Olivos, al este de la ciudad. Poco después, los soldados guiados por Judas, arrestaron a Jesús, quien fue abandonado por sus apóstoles. Lo llevaron ante Caifás y Anás. Fue interrogado, víctima de un juicio injusto ante el Sanedrín, y fue sentenciado a muerte.

Pero los líderes judíos no querían ser culpados por la muerte de Jesús, querían que sufriera la humillación de una crucifixión romana. Entonces, lo llevaron hasta donde se encontraba Poncio Pilato. Es probable que estuviera viviendo en la Fortaleza Antonia, junto a la zona del Templo. Allí, Jesús fue acusado de traición. Pilato cuestionó a Jesús y decidió que era inocente. Después de enterarse de que Jesús era oriundo de Galilea, Pilato lo envío a Herodes Antipas, en Jerusalén, para las Pascuas. Pese a que Herodes hacía tiempo que quería ver a Jesús, se rió de Jesús y lo envió nuevamente a Pilato puesto que se negaba a contestar sus preguntas. Pilato entonces hizo flagelar a Jesús a fin de apaciguar a los líderes judíos. Por último, negoció la libertad de Jesús y ofreció liberar a Jesús o a un importante delincuente, Barrabás. Una muchedumbre, reunida por los enemigos de Jesús, eligió a Barrabás y le exigió a Pilato que ejecutara a Jesús. Pilato aún seguía sin saber qué hacer, lo amenazaron con que lo denunciarían al emperador romano. Finalmente, temeroso de dicha denuncia y viendo el peligro de una sublevación, Pilato cedió y condenó a Jesús a morir crucificado.

Jesús fue obligado a cargar en sus hombres con su cruz varios metros hasta un lugar en las afueras de los muros de la ciudad, llamado Gólgota, donde fue crucificado junto con dos delincuentes. Le clavaron las muñecas y pies, y colgado de la cruz sufrió los horrores de la crucifixión. El peso de su cuerpo hizo que fuera cayendo al punto que la constricción de los músculos del pecho empezaba a ahogarlo. Para poder volver a respirar, tenía que estirarse hacia arriba, lo que lastimaba aun más la carne y huesos de su cuerpo. Cuando ya estaba muy débil para soportar el dolor de estar colgado, empezó a caerse nuevamente. Y así, durante al menos tres horas, en medio de un tormento inexplicable, Jesús soportó su crucifixión.

A pesar de su agonía, Jesús amó y fue compasivo hasta el último minuto. Sintió la desolación y el abandono, pero mostró preocupación por su madre, quien estaba parada al pie de la cruz con unos pocos fieles seguidores. Prometió el cielo a uno de los delincuentes quien se dirigió a él como su Señor. Perdonó a quienes lo habían crucificado. Luego, encomendó su espíritu a su Padre del Cielo, y murió. Un soldado romano clavó una lanza en uno de sus costados para asegurarse de que estaba muerto.

EL ENTIERRO DE JESÚS

José de Arimatea, un miembro del Sanedrín, pero también un admirador de Jesús, le preguntó a Pilato por su cuerpo. Ayudado por el fariseo Nicodemo, un seguidor secreto de Jesús, José de Arimatea colocó el cuerpo de Jesús en un sepulcro y cubrió la entrada con una piedra enorme. Los enemigos de Jesús, recordando su promesa de que resucitaría, se dirigieron a Pilato y pidieron que los soldados custodiaran el sepulcro. Así lo hicieron y se colocó un precinto sobre la piedra que bloqueaba la entrada. Los enemigos de Jesús estaban seguros de que se deshacían de él para siempre.

LA RESURRECCIÓN

Jesús fue crucificado un viernes. Por eso el entierro fue organizado por sus amigos de inmediato, antes del descanso del sábado. Al tercer día después de su muerte, algunas mujeres que lo seguían fueron al sepulcro para ungir su cuerpo con especias. Asombradas de ver que la piedra había sido corrida y el sepulcro estaba vacío, corrieron a contarles a los apóstoles, que estaban escondidos.

Nadie sabía qué pensar acerca del sepulcro vacío hasta que Jesús se apareció a sus seguidores. Resucitado en la gloria, ahora Cristo el Señor, ¡ya no estaba más limitado por el tiempo y el espacio!

De acuerdo con los evangelios, Jesús se les apareció a sus apóstoles y a otras personas después de su Resurrección. Estas apariciones fueron milagrosas y, por este motivo, trascendieron la historia. Cada uno de los evangelios adopta un enfoque distintivo sobre las apariciones, y cada uno ubica en tiempo y espacio lo que está más allá del tiempo o el espacio. Ninguno de los evangelios relata por cuánto tiempo continuaron las apariciones. Los Hechos de los Apóstoles cuentan que Jesús se apareció a sus seguidores durante cuarenta días (Hech 1,3).

En un sentido muy verdadero, Cristo se levantó de la muerte y ascendió a su Padre en el momento de su muerte. Como ser humano, pasó por la muerte a la plenitud de la vida en un instante. Su Resurrección y Ascensión eran expresiones físicas de las realidades espirituales. Sus apariciones después de su Resurrección fueron milagrosas en el sentido de que volvió de la eternidad a nuestro tiempo y espacio y dejó que sus seguidores lo vieran, lo escucharan y lo tocaran.

Las narraciones del evangelio muestran que los seguidores de Jesús, en un principio, fueron reticentes a creer que había resucitado. Sin embargo, pronto se convencieron de la realidad de la Resurrección. La fe de éstos, y la fe del principio de la Iglesia, quedó expresada por el apóstol Tomás, quien primero dudó, luego se arrodilló ante Cristo y dijo: "Señor mío y Dios mío" (Jn 20,28).

Lo que los enemigos de Jesús habían considerado como el fin resultó ser el comienzo de la providencia de Dios. Los mismos apóstoles, que habían abandonado a Jesús en su arresto, pronto lo proclamaron valientemente como el Mesías anunciado en el Antiguo Testamento. Pese a que se confrontaron con las mismas autoridades que los habían intimidado, los apóstoles predicaron que Jesús había resucitado y que era verdaderamente el Hijo de Dios, enviado para traer la salvación al mundo.

EL DESARROLLO DE LOS EVANGELIOS

La historia de Jesús se resume en los documentos del Nuevo Testamento, conocidos como los cuatro evangelios. Ningún libro ha conmovido los corazones y la vida de las personas tan dramáticamente como lo han hecho los evangelios. A través de estos, nos ponemos en contacto con Jesús, con la prédica del inicio de la Iglesia, y con los evangelistas y las comunidades que dieron forma a los evangelios de hoy.

Los evangelios no fueron escritos inmediatamente después de la Resurrección de Jesús. Los estudiosos de las Escrituras Católicas y el ministerio de la enseñanza de la Iglesia reconocen tres etapas en el desarrollo de los evangelios. La primera etapa fue la vida y las enseñanzas de Jesús. La segunda fue la prédica oral de los primeros seguidores de Jesús y la creación de las colecciones escritas de los dichos de Jesús y sus milagros expresados en los himnos, testimonios, bendiciones, oraciones y profesiones de fe. La tercera etapa fue el trabajo de los escritores del evangelio, los evangelistas, que consistió en recolectar material acerca de Jesús y adaptarlo para satisfacer las necesidades de un público específico.

Puede ser difícil para nosotros darnos cuenta, casi veinte siglos después de Cristo, cómo tuvo lugar dicho proceso. La vida de Jesús, la primera etapa en el desarrollo de los evangelios, no fue como una campaña presidencial de nuestros días, documentada desde el principio hasta el fin. Nadie pensó que Jesús era alguien especial a medida que iba creciendo. Cuando empezó a predicar, atrajo la atención de muchos. Pero al principio, la gente pensaba que simplemente se trataba de un maestro carismático. Pronto sus palabras y milagros despertaron una mayor especulación sobre su identidad. Algunos sostenían que era un profeta del Antiguo Testamento o Juan el Bautista que había resucitado de la muerte. Algunos creían que era el Mesías, pero incluso estas personas no podían imaginar que se lo identificaría con el Hijo del Todopoderoso, el Dios del Antiguo Testamento.

Cuando Jesús fue crucificado, todos aquellos que lo conocían pudieron haberlo considerado un fracaso. Sus discípulos se sentían desilusionados y derrotados. Luego vino la noticia de su Resurrección y sus seguidores inmediatamente tuvieron que enfrentarse a la realidad de un milagro que apenas podían creer. Tuvieron que confrontarse con la identidad de alguien que, de repente, había vuelto de la muerte a la vida, de la derrota a la victoria.

Inspirados por el Espíritu Santo, los discípulos de Jesús empezaron a ver que su muerte había sido el más grande acto de amor en la historia de la humanidad, que era amor divino capaz de perdonar los pecados del mundo. Vieron la Resurrección como una prueba de que Cristo era el Hijo de Dios, el Salvador que traía a los creyentes de la muerte a la vida eterna. Se dieron cuenta de que sus enseñanzas constituían los principios rectores de Dios que conducían a ellos, y a nosotros, hacia la felicidad y paz eternas. Empezaron la segunda etapa en la creación del los evangelios, la prédica oral y la recolección de material sobre la vida de Jesús.

Al principio, los discípulos de Jesús simplemente proclamaron los hechos de su muerte y Resurrección como el plan de Dios para la salvación. Pero pronto, empezaron a recordar más de lo que les había dicho y lo que había hecho. Compartieron las narraciones de sus milagros y prédica. Lentamente, estas narrativas, contadas una y otra vez, empezaron a tomar forma y color.

Parece que muchos de los primeros creyentes pensaban que Jesús, que había ascendido a los cielos, pronto regresaría para llevar a este mundo a su fin. Pero a medida que pasaban los años, la comunidad de los seguidores de Cristo comenzó a darse cuenta de que el mundo, tal como lo conocemos nosotros, podía continuar existiendo por largo tiempo. Vieron la necesidad de preservar las memorias de Jesús por escrito. Las colecciones de las historias de los milagros y dichos de Jesús empezaron a aparecer. Se escribieron y compilaron las oraciones, narraciones, testimonios, himnos y profesiones de fe. Luego, treinta años aproximadamente después de la muerte de Cristo y su Resurrección, los evangelistas empezaron la tercera etapa en el desarrollo de los evangelios, escritos tal como los conocemos hoy.

Últimamente, los estudiosos en las Escrituras han llevado adelante una exhaustiva investigación con el fin de determinar cuándo, dónde y por qué se escribieron los cuatro evangelios y de investigar las comunidades en donde tuvieron su origen. Tales hechos son significativos porque, tal como estableció la Comisión Bíblica Pontificia de la Iglesia Católica en 1964, los evangelios fueron escritos para satisfacer las necesidades de estas comunidades.

En base al material que había llegado a sus manos, los evangelistas proporcionaron los escritos que se adecuaron a la situación y circunstancias de sus propias comunidades. Un evangelista, por ejemplo, se dirigía a una comunidad de cristianos que había sido judía. Para tales creyentes, se harían alusiones y referencias al Antiguo Testamento para que fueran comprendidas fácilmente. Otro evangelista escribía para los creyentes que poco conocían el Antiguo Testamento. El enfoque para estos lectores era diferente al de aquel dirigido a cristianos y judíos.

La más reciente investigación realizada por los estudiosos muestra que los trabajos que fueron escritos por los evangelistas deben ser considerados como biografías de Jesús, similares en su forma literaria a otras biografías de la época. Los evangelistas no se preocuparon tanto por la exactitud de las fechas y los detalles, tal como lo haría un biógrafo moderno. Pero la intención de ellos era dar una descripción exacta de Cristo Jesús, cuya vida está llena de significado para toda la humanidad. Los evangelios, por lo tanto, son biografías... y más. Son proclamaciones de fe de la realidad de la vida, muerte, y Resurrección de Cristo, del significado de su prédica y de la salvación que ofrece al mundo.

El verdadero sentido del trabajo de los evangelistas puede ser encontrado en el Prólogo del Evangelio de Lucas: "Puesto que muchos han intentado componer las cosas realizadas entre nosotros, según nos lo han enseñado los mismos que desde el principio fueron testigos oculares y ministros de la palabra, me ha parecido también a mí que he investigado cuidadosamente todo desde los orígenes, hacerte una narración ordenada, noble Teófilo, para que conozcas el fundamento de las enseñanzas que has recibido de palabra" (1,1-4).

Podemos reconocer en estas palabras las tres etapas del desarrollo de los evangelios. Primero, hacen referencia a la vida y enseñanzas de Jesús, vistas a través de "testigos oculares". Segundo, mencionan la transmisión de la Buena Nueva a través de "los siervos de la palabra". Tercero, muestran al evangelista en sí mismo escribiendo el evangelio para una audiencia particular, para "Teófilo" ("amigo de Dios"), quizás el líder de la comunidad de la Iglesia a quien Lucas dirigió su trabajo.

Del análisis de cómo se originaron los evangelios, podemos ver que no son solamente trabajos de escritores aislados. Los evangelistas pudieron haber escrito los evangelios en su forma actual, pero en verdad, transmitieron información que había sido seleccionada, adaptada y atesorada por la Iglesia. Los evangelios adquieren una autoridad especial, porque ellos son los testigos de, no sólo cuatro personas, sino de la comunidad cristiana.

COMPRENSIÓN DE LOS EVANGELIOS

Conocer el proceso por medio del cual se formaron los evangelios nos ayuda a comprender los evangelios en sí mismos. Quien lea Marcos, Mateo o Lucas, se dará cuenta de que hay muchas similitudes, así como también algunas diferencias. Asimismo, los lectores notarán que el Evangelio de Juan es único en su enfoque sobre Jesús.

La mayoría de los estudiosos de las Escrituras en la actualidad, sostienen que Mateo y Lucas usaron a Marcos como fuente. Este hecho relata las similitudes de los tres evangelios y el motivo por el cual son llamados Evangelios Sinópticos ("que presentan una visión similar"). Lucas y Mateo también usaron otra fuente, comúnmente referida como "Q" (de la palabra alemana para fuente, *Quelle*), es una colección de dichos de Jesús. Con "Q" presentan la información que falta en Marcos. Lucas pudo también haber usado fuentes que eran únicas para él, y Mateo aparentemente usó fuentes que le eran extrañas.

Muchos estudiosos de las Escrituras consideran que el evangelio de Juan pudo haber sido desarrollado independientemente de los otros tres. La explicación más frecuente es que Juan fue escrito después de los otros y refleja un período más largo de meditación sobre el significado de la vida y muerte de Cristo. El cuarto evangelio muestra a Jesús como el Cristo glorificado que vive entre su gente, enfrenta los conflictos de los no creyentes y les habla como su representante.

Sin embargo, los estudiosos no son, de ningún modo, unánimes en su enfoque acerca de Juan. Algunos incluso dicen que Juan es diferente de los Evangelios Sinópticos, porque fue escrito *antes* que estos. En esto, y en muchas otras áreas de estudio del Nuevo Testamento, somos aconsejados a buena hora a abrir nuestras mentes. No hace mucho tiempo atrás se creía que Juan reflejaba un enfoque no judío de Jesús. Pero los recientes hallazgos arqueológicos han demostrado lo contrario. Por ejemplo, algunos creían que la piscina con "cinco pórticos" mencionada en Juan 5,2 era un escenario que Juan había inventado... hasta que dicha piscina fue realmente excavada por los arqueólogos. Actualmente, los estudiosos enseñan, por lo general, que el Evangelio de Juan demuestra un conocimiento más profundo de Jerusalén y de la vida y prácticas judías.

En resumen, cuando leemos los evangelios, necesitamos saber las etapas de desarrollo detrás de estos documentos. No son trabajos escritos por un solo individuo sino que son declaraciones de fe de la comunidad cristiana. Debemos comprender las diversas maneras en que se interrelacionan los evangelios. Estas relaciones narran muchas de las similitudes y diferencias que encontramos en ellos. Sobre todo, debemos darnos cuenta de que los evangelios no fueron escritos simplemente para preservar la información referida a una persona interesante.

Fueron escritos para invitarnos a depositar nuestra fe en Cristo Jesús como Señor y Salvador.

EL EVANGELIO DE MATEO

El Evangelio de Mateo fue escrito en griego, tal como lo fueron los demás libros del Nuevo Testamento. Su título, "El Evangelio Según Mateo", no viene del autor, sino que fue agregado posteriormente. (Los títulos de los otros evangelios también se agregaron más tarde.) Algunos de los primeros escritores aseguraron que el apóstol Mateo escribió este evangelio, pero existen razones para no creer dicha declaración. Es difícil explicar, por ejemplo, que Mateo fue un apóstol y Marcos no lo fue. No obstante, es posible que Mateo haya sido nombrado como autor, porque un trabajo anterior que escribió en arameo constituyó una fuente para este evangelio, o porque Mateo era parte de la tradición que creaba el evangelio.

El Evangelio de Mateo presenta a Jesús como la realización de las esperanzas y profecías del Antiguo Testamento. Su estructura parece tomar como modelo los cinco libros del Pentateuco. El cuerpo principal está dividido en cinco partes, cada una consistente en una narración y un discurso. Estas cinco partes están precedidas por un prólogo, la narración del nacimiento y la infancia de Jesús. Les sigue un relato de la pasión, muerte y resurrección de Jesús.

El Prólogo o Relato de la Infancia determina el tono para el resto del Evangelio ya que pone en relieve a Cristo como aquel que fue anunciado por los profetas, aun no aceptado por su propio pueblo. Empieza con una genealogía que une a Jesús con Abraham, David y los judíos. El nacimiento de Jesús, la visita de los reyes magos, la pelea con Egipto, la masacre de los inocentes, el regreso de Egipto y la ida a Nazaret todo sucede, "lo dicho por medio de los profetas, sería cumplido" (Mt 2,23). Jesús es presentado como el nuevo Moisés (al igual que Moisés, escapó de la muerte cuando era niño). Él es el nuevo Israel (al igual que Israel, fue llamado a dejar el desierto), pero al mismo tiempo que es perseguido por Herodes, el Rey de Judea, es alabado por los gentiles, los reyes magos.

Los cinco libros que componen el cuerpo principal del Evangelio de Mateo se inician con el comienzo del ministerio de Jesús (3-4) y el Sermón de la Montaña, un resumen de su mensaje (5-7). El segundo libro resalta los milagros de Jesús y los nombres de los apóstoles (8,1-10,4), luego da las directivas de Jesús para predicar el Evangelio y soportar la persecución (10,5-11,1). El tercer libro trata la oposición que Jesús enfrenta, de los fariseos y de otros que lo rechazaban (11,2-12,50); finalmente presenta un discurso en la forma de parábolas (13,1-53). El cuarto libro contiene una serie de hechos y milagros que amplían la brecha entre quienes rechazan a Jesús y quienes creían en Jesús, en especial Pedro, quien proclama a Jesús como el Mesías y es reconocido por él como la "roca" sobre la cual edificaría su Iglesia (13,54-17,27). El discurso que sigue contiene instrucciones para la Iglesia, especialmente los lineamientos para las relaciones entre sus miembros (Mt 18). El quinto libro cuenta el viaje de Jesús a Jerusalén. Las controversias aumentan hasta que alcanzan su punto máximo con la denuncia que hacen los fariseos de Jesús (19-23). El discurso contiene las enseñanzas de Jesús sobre la destrucción de Jerusalén, el fin de los tiempos, el Juicio Final (24-25).

El Evangelio de Mateo alcanza su punto de mayor tensión en la pasión, muerte, y Resurrección de Jesús (26-28). Mateo declara que los hechos de la pasión y muerte de Jesús suceden con el propósito de dar cumplimiento a la profecía del Antiguo Testamento. Él indica que la Antigua Alianza habrá llegado a su fin cuando la cortina del Templo se rasgue en dos en el momento de la muerte de Jesús. La Resurrección de Jesús convierte la muerte en vida, y el Evangelio termina cuando Jesús ordena a los apóstoles que prediquen a todo el mundo y promete estar con ellos hasta el fin de los días.

Por su énfasis en el Antiguo Testamento, el Evangelio de Mateo parece haber sido escrito para los cristianos que se habían convertido del judaísmo. Quizás, estas personas creían que todos lo judíos finalmente depositarían su fe en Jesús. Por el contrario, Jerusalén, había sido destruida y la mayoría de los judíos, que había sobrevivido, rechazó a Jesús y a sus seguidores.

Mateo refleja esta situación en el relato de la infancia, en las controversias con los fariseos y en la interpretación de la cortina del Templo. Mateo enseña que los judíos cristianos hacían bien en poner su fe en Jesús, porque el Antiguo Testamento lo señala como el Mesías. Él da a entender que desde que Jesús fue rechazado por tantos líderes judíos en su vida, los cristianos no debían sorprenderse de que la mayoría de sus contemporáneos judíos no aceptasen a Jesús. Lo que interesa es que Cristo cumplió la Antigua Ley; por esta razón, tanto los judíos como los gentiles pueden encontrar la salvación en Cristo, no en las prácticas del judaísmo.

Los estudiosos de las Escrituras dicen que una posible comunidad para el desarrollo del Evangelio de Mateo habría sido Antioquía, la capital de Siria (al norte de Palestina). Allí, se cree que hubo cristianos judíos y gentiles convertidos. Se establece el tiempo de composición, por lo general, alrededor de los años 80-85, después de la destrucción de Jerusalén. El último autor es desconocido, pero pudo haber sido alguien muy conocedor del Antiguo Testamento y un maestro capaz.

Lee _Mt_ 5-7, el Sermón del Montaña. Empieza con las Beatitudes, en las que Jesús revierte los valores del mundo pagano y nos ofrece la verdadera felicidad si ponemos el reino de Dios ante todo. Jesús enseña fidelidad a la ley de Dios, victoria sobre la ira y la lujuria, el amor a los enemigos y la generosidad que adquiere su forma en la generosidad de Dios para con nosotros. Jesús enseña su oración, el Padre Nuestro. Nos propone poner a Dios sobre todas las cosas. Nos asegura que Dios nos ama y que nosotros somos valiosos, porque le importamos al Creador del universo. En el Sermón de la Montaña, encontramos un modelo de vida que es psicológica y espiritualmente coherente: sana autoestima, amor generoso por los demás, creencia en Dios como origen y finalidad de la vida.

Quienes leemos el Evangelio de Mateo somos conducidos a ver a Jesús como el Mesías que tanto esperaba Israel. Somos llamados a aceptar a Cristo y a ser miembros de la Iglesia, la Nueva Israel, pues de esta manera, heredamos el reino de Dios.

EL EVANGELIO DE MARCOS

El Evangelio de Marcos fue el primer evangelio que se escribió. Es el más corto de los evangelios y se concentra más en el ministerio activo de Jesús que en sus enseñanzas. El Evangelio de Marcos es una descripción tras otra de los milagros y el servicio, las relaciones y confrontaciones humanas.

Marcos introduce su trabajo con las palabras: "Principio del evange lio de Jesucristo, Hijo de Dios" (1,1). Él invita a sus lectores a depositar su fe en Jesús como aquel que dio su vida en servicio amoroso por los demás. Jesús se entregó a sí mismo por amor a los demás: curó a los enfermos, despojó a los demonios, alimentó a los hambrientos (1,1-8,26). Se entregó a sí mismo cuando perseveró pese a su entendimiento y a la persecución que enfrentó a lo largo de su ministerio, incluso cuando sabía que esto lo llevaría a morir en la cruz (8,27-10,52). Se entregó a sí mismo cuando entró a Jerusalén con audacia y dijo la verdad, independientemente del costo (11-13). Por último, se entregó a sí mismo cuando sufrió, murió y resucitó a la nueva vida (14-16).

Marcos enfatiza que Jesús no fue verdaderamente reconocido como el Hijo de Dios por las multitudes, por sus apóstoles, o por las autoridades judías. Jesús incluso tuvo que pedir a la gente que no se inquiete por sus milagros, aparentemente porque las multitudes lo veían nada más como un hacedor de milagros y un potencial rey terrenal. Fue sólo en el momento de su muerte en la cruz que Jesús fue reconocido como era debido. "El centurión situado frente a él, al verlo expirar eso, exclamó: 'Verdaderamente era Hijo de Dios'" (15,39).

Algunos estudiosos dicen que Marcos originariamente terminó su evangelio describiendo la confusión de las mujeres, que fueron las primeras testigos del sepulcro vacío. Un ángel las dirigió para que dijeran "a sus discípulos," pero "ellas salieron huyendo del sepulcro, porque se había apoderado de ellas el temor y el espanto y a nadie le dijeron nada, porque tenían miedo" (16,7,8). En dicha conclusión, Marcos está sugiriendo que los creyentes un tanto reticentes deben proclamar la resurrección del Señor, como finalmente lo hicieron las mujeres. También es posible que el final original del Evangelio de Marcos se haya perdido.

En el texto tal como lo tenemos hoy, los finales que se agregaron más tarde al Evangelio por escritores desconocidos muestran que los seguidores de Cristo sabían que había resucitado y que les había ordenado que predicasen el Evangelio.

Tradicionalmente, se ha considerado que el autor de este Evangelio era Juan Marcos, cuya madre tenía una casa donde se reunían los cristianos (Hech 12,12). Marcos viajó con Pablo y finalmente terminó en Roma, donde se encontró con Pedro. No obstante, algunos estudiosos sostienen que el autor no estaba familiarizado con las costumbres palestinas y se trataba de un cristiano de antecedentes helenistas no conocido. La mayoría de los estudiosos ubican al Evangelio de Marcos alrededor de los años 65-70. El público original de Marcos es incierto, pero pudieron haber sido los cristianos gentiles que se enfrentaban a la persecución por sus creencias. Marcos escribió para incentivarlos a que fueran fuertes en cada circunstancia, tal como lo había sido Jesús.

Lee *Mc 1*, el comienzo del ministerio público de Jesús. Aquí también podrás disfrutar el estilo de escritura de Marcos. Lee *Mc 14-15*, el relato de la pasión y muerte de Cristo.

A medida que leemos el Evangelio de Marcos, se nos presenta el desafío de creer en Cristo, todavía no comprendido y rechazado por la sabiduría terrenal. Podemos enfrentar la persecución, tal como le pasó a Jesús, pero Marcos nos incita a depositar la fe en el Hijo de Dios y a compartir nuestra fe con los demás.

EL EVANGELIO DE LUCAS

Este evangelio fue escrito como la primera mitad de un trabajo de dos partes que incluyó los Hechos de los Apóstoles. Tradicionalmente, el autor ha sido identificado como Lucas, un sirio de Antioquía que es mencionado varias veces en el Nuevo Testamento y que pudo haber sido el compañero de viaje de Pablo.

El Evangelio de Lucas y los Hechos de los Apóstoles tiene el mismo propósito: mostrar que Cristo vino a salvar al mundo entero. Estos trabajos fueron escritos en un excelente griego y son obras maestras de la literatura. Parecen haber sido compuestos después de la destrucción de Jerusalén, quizás entre los años 80 y 90.

Para este entonces el Evangelio de Cristo había sido predicado por todo el mundo mediterráneo por Pablo u otros misioneros. Muchos de los que aceptaron a Cristo eran gentiles acaudalados. Sabían que su religión tenía sus orígenes en el judaísmo. Pero hacia la década del 80, era obvio que la mayoría de los judíos había rechazado a Cristo y que el judaísmo había sufrido una gran desgracia con la destrucción del Templo. Si el cristianismo era el cumplimiento de la profecía del Antiguo Testamento, ¿por qué había sido rechazado por tantos judíos? ¿Por qué los cristianos gentiles eran ahora muchos más que los cristianos judíos? ¿Era realmente el cristianismo la verdadera religión y había venido realmente de Dios?

Para contestar estas preguntas de los cristianos gentiles, Lucas adoptó un enfoque positivo. En su Evangelio y en los Hechos de los Apóstoles, vemos el Antiguo Testamento como la profecía que anuncia a Cristo, y mostró que los judíos fieles habían, por cierto, aceptado a Cristo. Los judíos, desde Simón y Aná en las narrativas de la infancia, pasando por Juan el Bautista y muchos otros en el ministerio público de Cristo, hasta la gran multitud de tres mil creyentes en Pentecostés, que verdaderamente creían en el Antiguo Testamento, habían depositado su fe en Jesús. El cristianismo es la verdadera religión. Lucas lo confirmó a sus creyentes, y Dios envió a Jesús para la salvación de todo el mundo. Ésta fue la razón por la que tantos gentiles se convirtieron al cristianismo. Todo cuanto había sucedido, estaba en concordancia con el designio de Dios, y por esta razón, los lectores de Lucas debían "conocer el fundamento de las enseñanzas en las que" han sido instruidos (1,4).

El Jesús que encontramos en el Evangelio de Lucas es entonces el Salvador de todo el pueblo. Les trae alegría y paz a todos aquellos que lo aceptan. Muestra especial preocupación por los pobres y los humildes. Reconoce la dignidad de las mujeres, que eran a menudo tratadas como ciudadanas de segunda clase en el mundo antiguo. Él enseña que Dios es misericordioso y que perdona más allá de lo esperado, un Padre que perdona al hijo pródigo. Jesús ofrece el perdón, la paz y la salvación para todos. Incluso reza para que el perdón llegue a quienes lo habían crucificado, y promete el paraíso al delincuente arrepentido crucificado a su lado.

La narrativa sencilla tan bellamente escrita de Lucas presenta muchos de los temas que se encuentran en el resto del Evangelio. El público de Lucas de cristianos gentiles tuvo que liderar con el escepticismo de sus vecinos paganos. Lucas les garantiza que Jesucristo vino de Dios y que su nacimiento fue anunciado en el Antiguo Testamento y presagiado por el nacimiento de Juan el Bautista. Coincidía con el plan de Dios para todos, ya que sucedió cuando María y José estaban en Belén para un censo de "todo el mundo". El nacimiento de Cristo fue anunciado por los ángeles a los humildes pastores que le rendían homenaje. Jesús fue reconocido por los judíos fieles, Simeón y Aná, que dieron testimonio de que Jesús venía de Dios. El lugar especial de Jesús en el plan de Dios quedó mostrado cuando, a la edad de doce años, hablaba en el Templo y lo reconocía como "la casa de su Padre" (1-2).

El cuerpo principal del Evangelio de Lucas empieza con el ministerio público de Cristo en Galilea. Lucas describe los milagros de Jesús, sus enseñanzas y su relación con los discípulos en una descripción ingeniosamente elaborada de Jesús como el Salvador que es bueno, compasivo, sabio y poderoso (3,1-9,50).

No obstante, Lucas quiere mostrar que el Evangelio está destinado a todo el mundo. Tal es así que relata cuando Jesús parte de Galilea y empieza su viaje en dirección a Jerusalén. (En Los Hechos, el Cristo resucitado guiará a sus seguidores desde Jerusalén hasta Roma, la capital del mundo.) En este viaje a Jerusalén, Lucas enseña cómo Jesús acepta voluntariamente su misión de salvar al mundo. Relata los milagros y enseñanzas de Jesús en una bella narración que invita a los creyentes a seguir a Jesús hasta Jerusalén, a depositar la fe en él sin lugar a arrepentimientos. Una vez en Jerusalén, Jesús se enfrenta con sus enemigos. No obstante, él continúa mostrando compasión, incluso reconoce la contribución de una pobre viuda al Templo. Enseña la importancia del servicio bondadoso, incluso mientras va llegando a su pasión y muerte (9,51-21,38).

El relato de Lucas de la pasión de Cristo pone énfasis en la misericordia y la bondad de Jesús. Cura al siervo del sumo sacerdote, uno de los que lo mandaron a arrestar. Su presencia incluso produce una reconciliación entre Pilato y Herodes Antipas. En su camino al Calvario, Jesús muestra compasión por las mujeres de Jerusalén. Perdona a sus enemigos y promete el paraíso al delincuente crucificado junto a él. Cuando resucita de su sepulcro, plácidamente alivia a sus seguidores. Los compromete a ser testigos de él y asciende a los cielos. Como Señor resucitado y glorioso enviará al Espíritu Santo sobre sus seguidores, y hará, de este modo, que el evangelio desde Jerusalén se expanda por todo el mundo (22-24).

Lee *Lc 1-2*: la narración sobre la infancia. Lee *Lc 15*, que contiene tres hermosas parábolas del perdón de Dios. Lee *Lc 24*: el relato de la Resurrección y las apariciones de Cristo.

El Evangelio de Lucas nos invita a depositar la fe en Jesús, nuestro Salvador bueno y compasivo; a encontrarlo en las Escrituras y en la partición del pan (ver Lc 24,30-32).

EL EVANGELIO DE JUAN

El autor del Evangelio de Juan ha sido tema de gran discusión desde tiempos antiguos. Partes del Evangelio muestran una familiaridad con Palestina y aparentemente tiene su origen en un testigo ocular de los hechos descriptos. Sin embargo, hay pruebas de que el Evangelio no proviene de un solo autor. Por ejemplo, existen duplicaciones en unos de los discursos de Jesús. (Ver Jn 14,31 y 18,1). Hay dos finales (Jn 20,30-31 y 21,24-25), y el capítulo 21 parece haber sido agregado más tarde. De esta manera, los estudiosos creen que el actual trabajo muestra signos de edición y autoría múltiples.

Muchos estudiosos enseñan que el apóstol Juan fue el testigo ocular detrás de este Evangelio. Ellos lo identifican con el amado discípulo, tantas veces mencionado en el Evangelio, y especulan con que el Evangelio surgió de una comunidad en Éfeso en Asia Menor.

Mientras otros cuestionan estas opiniones, es posible que Juan el apóstol haya sido la fuente original del material encontrado en este Evangelio. Esa fuente fue ciertamente alguien cercano a Jesús y que conocía Jerusalén. Muchos estudiosos ubican el Evangelio alrededor del año 90, dado el desarrollo de su pensamiento y organización.

El Evangelio de Juan es una obra de arte, compleja en su pensamiento, significados simbólicos y estructura dramática. Ha sido dividido por los estudiosos en un Prólogo (1,1-18), el Libro de los Símbolos (1,19-12,50), el Libro de la Gloria (13-20) y un Epílogo (21).

El Prólogo presenta a Jesús como el Verbo hecho carne. Su poderoso lenguaje es una profesión de fe en la divinidad de Cristo.

El Libro de los Símbolos es una rica colección acerca de Jesús. Hay conversaciones, tales como las mantenidas entre Jesús y Nicodemo, y Jesús y la samaritana. Hay dramatizaciones de los hechos, tales como la curación del hombre con ceguera de nacimiento y la resurrección de Lázaro. Hay instrucciones, tales como la enseñanza de Jesús como pan de vida. Estas conversaciones, hechos e instrucciones nos llevan a la conclusión de que Cristo es el Hijo de Dios y señor de la vida y la muerte. Presentan los milagros y enseñanzas de Jesús de igual modo que se menciona la vida sacramental de la Iglesia, destacando el Bautismo y la Eucaristía.

El Libro de la Gloria toma un enfoque diferente frente a la pasión y muerte de Jesús, con respecto a los Evangelios Sinópticos. Muestra a Jesús, poderoso y majestuoso, en pleno control de su destino. Les habla a sus apóstoles en la Última Cena como el Cristo eterno, como el Jesús que está por ser crucificado. Por Jesús, están unidos al Padre y al Espíritu Santo. Sus enemigos lo arrestan solamente porque él se deja. Jesús, a diferencia de Pilato, demuestra dignidad y autoridad. Él "entrega su espíritu" (muere y envía el Espíritu Santo) sólo cuando se cumple la profecía y todo está "terminado". Como el Dios resucitado, "derrama" el Espíritu y el sacramento del perdón a sus apóstoles. Es reconocido como el Dios y Señor y asiste el futuro de la Iglesia.

El Epílogo es uno de los primeros agregados al Evangelio que siempre ha sido considerado como inspirado. Rico en simbolismo, muestra a Cristo resucitado que alimenta a su Iglesia y restaura a Pedro en su posición como pastor. Finalmente, demuestra que los informes son inexactos respecto al hecho de que el Amado Discípulo no moriría hasta que Jesús volviera.

El Evangelio de Juan es el resultado de la reflexión de la Iglesia sobre el significado de las palabras y hechos de Jesús. En éste, oímos a Cristo que habla a través de la comunidad cristiana que ha sido guiada y dirigida por el Espíritu Santo. Hay muchos niveles de significado, y para apreciar la complejidad de pensamiento, el desarrollo artístico, y el diálogo cuidadosamente compuesto del Evangelio de Juan, los lectores deben estudiarlo detalladamente y tal vez deban recurrir a un buen comentario.

Lee *Jn 6*, que presenta la creencia de la Iglesia en la realidad de la presencia de Cristo en la Eucaristía. Lee *Jn 17* para conocer la bella oración de Cristo para sus seguidores. Lee *Jn 20*, las apariciones de la Resurrección, según son relatadas por la comunidad de Juan. Observa cómo la profesión de fe de Tomás en Jesús, como Dios y Señor, es realmente la profesión de fe de la comunidad cristiana.

Quienes estudiamos el Evangelio de Juan hoy, recibimos un sentido profundo de la humanidad y la divinidad de Cristo, la doctrina de la Trinidad, y el significado de los sacramentos. Podemos reflexionar toda una vida sobre éstas y muchas otras verdades enseñadas en el Evangelio de Juan.

LECTURA DE LOS EVANGELIOS

Cada uno de los cristianos debe leer los cuatro evangelios. Son cuatro retratos inspirados de Jesucristo, realizados por la Iglesia de los primeros años. En ellos, encontramos a Jesús, uno de nosotros. En ellos, encontramos a Cristo, nuestro Salvador, nuestro Señor y nuestro Dios.

Preguntas para analizar y reflexionar

Los evangelios fueron escritos para poner en tiempo y espacio específicos la vida y enseñanzas de Cristo. Se ha dicho que todos los cristianos son llamados a los "evangelios", y así traen a Jesús a nuestros hogares, comunidades y lugares de trabajo. ¿Te has imaginado alguna vez a ti mismo como un evangelio? ¿Qué clase de evangelio eres para tu familia?, ¿tus amigos?, ¿tus vecinos?, ¿tus compañeros de trabajo?, ¿tus enemigos?

Alguien alguna vez dijo: "¿Podrías convertirte en el único evangelio que algunas personas alguna vez lean?" ¿Cuál crees que es el significado de esta frase?

Actividades

La meditación sobre los evangelios es un método tradicional de rezar. La que sigue es un ejemplo de meditación sobre la pasión de Cristo.

Busca un lugar tranquilo. Toma unos segundos para relajarte y concentrarte en la presencia de Dios. Luego, imagínate que estás en el momento de la crucifixión de Jesús. Mira a Jesús colgando de la cruz. Mira a la multitud, algunos lloran, algunos se burlan, algunos son indiferentes. Oye a Jesús mientras habla desde la cruz. Oye el llanto de los amigos de Jesús, la burla de sus enemigos. Toca la madera de la cruz de Cristo. Siente cómo desciende la temperatura a medida que el cielo se cubre de nubes y empieza a soplar el viento. Siente el olor de la lluvia, y el sabor de las gotas de lluvia en tu boca. Mira a los ojos de Cristo, y agradécele su gran amor. Muestra arrepentimiento por tus pecados y los pecados del mundo. Manifiesta a Cristo el amor que le tienes y tu deseo de traer su amor al mundo. Luego conversa con él acerca de aquello que creas es importante.

CAPÍTULO DIEZ

DE LOS HECHOS
A LOS TESALONICENSES

Los apóstoles se escondieron en una habitación de un segundo piso. Las ventanas estaban cerradas herméticamente y la puerta trabada. Por un largo tiempo permanecieron sentados en silencio. Luego, Pedro dijo a los otros apóstoles, "Tengo una gran idea; digámosle a todos que Jesús resucitó de su sepulcro." "Pedro —gritó Andrés—, ¡está bien que seas mi hermano, pero esa es la idea más tonta que escuché alguna vez!" "Andrés, conserva la calma —susurró Juan—, alguien te puede escuchar. Pedro, ¿por qué tendríamos que contarle a la gente que Jesús está vivo? Las autoridades lo han crucificado. Harán lo mismo con nosotros. ¿Qué podríamos ganar al proclamar que Jesús ha resucitado?" "Analízalo —respondió entusiasmado Pedro—, nos arrestarán. Seremos negados por nuestros amigos y nuestra familia. Nuestra propiedad será confiscada. Luego, seremos torturados y ejecutados. ¿No es eso fascinante?"

Los otros apóstoles miraron asombrados a Pedro. La muerte de Jesús lo debió haber llevado al borde de la locura. Un hombre tiene que estar fuera de sus cabales para hacer una sugerencia como ésa. Todo lo que ellos querían hacer era pasar desapercibidos hasta que las cosas se calmaran, luego volver a Galilea y continuar con sus vidas.

LA REALIDAD DE LA RESURRECCIÓN

Desde ya que hubiera sido una locura que los apóstoles proclamaran que Jesús había resucitado, si en verdad no hubiera sucedido así. No hubieran conseguido nada al inventar tal historia más que persecución y muerte.

Pero los apóstoles sí le dijeron al mundo que Jesús había resucitado, y la respuesta de parte de sus enemigos fue rápida y violenta. Los apóstoles *fueron* perseguidos, arrestados, torturados y ejecutados. No obstante, ellos nunca dudaron de su testimonio de la realidad de la Resurrección de Cristo. Ninguno de ellos confesó alguna vez un argumento fabricado de la Resurrección de Jesús. Todos sostuvieron hasta la muerte que Cristo había resucitado. Y, ¿por qué? Porque *había* resucitado.

Entonces el hecho de la Resurrección, según el testimonio de los apóstoles, es verdadero. Cómo sucedió realmente está más allá del alcance de la historia y la ciencia. De tal manera que el cuerpo mortal de Jesús fue transformado en cuerpo glorificado. El Jesús de la historia se convirtió en el Cristo que trasciende el tiempo y el espacio.

Cristo se le aparece a sus seguidores después de la Resurrección. Como Dios y Señor, Cristo tuvo el poder de volver de una manera que le permitió ser visto, escuchado y tocado. Pero no volvió en su cuerpo *mortal*. Era su cuerpo, ahora inmortal. Si un enemigo hubiera visto a Cristo después de la Resurrección e intentado clavarle una espada, no le hubiera causado ninguna herida.

Pero el cuerpo glorificado del Cristo resucitado no es menos real que nuestros cuerpos físicos, que regresarán algún día al polvo. El cuerpo glorificado de Cristo es verdadero y perfeccionado, pues no puede ser destruido. La vida que ahora lleva Cristo, es la vida más real que se pueda imaginar. Como seres humanos, el Cristo resucitado está unido a la Vida en sí, la Vida de Dios.

Los apóstoles de algún modo se dieron cuenta de esto, incluso en los primeros y extraordinarios días después de la Resurrección. Se dieron cuenta también de que el Cristo resucitado quería compartir la vida de Dios con ellos y con los demás. Esto era la Buena Nueva más allá de todo lo que podamos imaginar y Cristo les había pedido que la llevasen por el mundo.

LAS APARICIONES DESPUÉS DE LA RESURRECCIÓN Y LA ASCENSIÓN DE CRISTO

En los días que le siguieron a la Resurrección, Jesús se aparecía a menudo a sus seguidores. Los cuatro evangelios mencionan estas apariciones, tal como lo hace San Pablo (ver 1 Cor 15,3-8). Los Hechos de los Apóstoles cuentan que las apariciones continuaron por un período de cuarenta días, después de los cuales Cristo ascendió a los cielos. La realidad histórica detrás de esta declaración es que sólo cesaron las apariciones frecuentes. El Nuevo Testamento dice que Cristo se le apareció a San Pablo en varias ocasiones. Pudo habérseles aparecido a otros creyentes también, y hay relatos fehacientes que narran que los santos tuvieron visiones de Cristo en varias ocasiones.

En cada uno de los casos, los Hechos de los Apóstoles ven la Ascensión como una señal de que Cristo se hará presente en el mundo y continuará su ministerio con y por medio de sus discípulos. Cristo, quien podía haberse aparecido a diario de manera milagrosa hasta el final de los tiempos, prefirió, a cambio, hacer su real y espiritual presencia visible a través de sus seguidores. Les dio la responsabilidad de ser el "cuerpo de Cristo" (1 Cor 12,27).

LOS HECHOS DE LOS APÓSTOLES

Prácticamente todo lo que sabemos acerca del Cuerpo de Cristo, la Iglesia, en los años que siguieron a la muerte y Resurrección de Cristo, nos lleva a los Hechos de los Apóstoles. Escritos con el Evangelio de Lucas en un trabajo de dos partes, Hechos tiene el mismo autor y fue compuesto al mismo tiempo que el Evangelio.

El Evangelio de Lucas y los Hechos de los Apóstoles tienen como destinatarios a los cristianos de procedencia gentil, quienes se habrán preguntado por qué tantos judíos se habían negado a aceptar a Cristo como el Mesías. De igual modo, sus prójimos paganos les habrán preguntado por qué creían en un Salvador judío.

En el Evangelio y en los Hechos, Lucas muestra que muchos judíos fieles sí aceptaron a Cristo y que Dios siempre había querido que el mundo entero encontrase la salvación en Cristo. El Evangelio revela cómo nació Cristo en Belén para cumplir las profecías del Antiguo Testamento. Explica cómo empezó su ministerio en Galilea y luego su viaje a Jerusalén, donde tuvo lugar su muerte y Resurrección, nuevamente para dar cumplimiento a la profecía

Los Hechos revelan cómo Cristo, a través de sus discípulos, trajo la Buena Nueva de la salvación desde Jerusalén a Judea, Galilea, Samaria y a todos los rincones de la tierra, incluida Roma. Los Hechos se centran especialmente en los ministerios de Pedro y Pablo. Pedro, el líder de los doce apóstoles, empieza su prédica en Jerusalén en Pentecostés y, movido por la divina revelación, es el primero en llevar el evangelio a los gentiles. Pablo, un judío devoto, un fariseo que persiguió a los cristianos, es encomendado por Cristo a asumir la responsabilidad de llevar el evangelio a los gentiles de todo el mundo.

Los Hechos, al igual que el Evangelio de Lucas, fue escrito en un griego refinado e ingeniosamente elaborado según las convenciones literarias contemporáneas. Desde su elegante y formal introducción hasta su conclusión donde el autor imagina a Pablo enseñando acerca del Señor Jesús en Roma, los Hechos es un libro lleno de acción, alegres personalidades, coloridas narraciones y discursos bien elaborados.

La confiabilidad de los Hechos es, por lo general, considerada como buena. Pero el propósito del autor es enseñar la verdad religiosa, no simplemente registrar nombres, fechas y lugares. Lucas escribe para proclamar a Cristo como el Salvador del mundo, y selecciona y organiza su material teniendo esto en cuenta.

Una de las herramientas favoritas de Lucas para proclamar a Cristo es el uso de sus discursos y sermones a lo largo del libro de los Hechos. Ocupan casi un cuarto del libro. Era común para la época que los historiadores pusieran los discursos en la boca de los principales personajes de sus narrativas. Se esperaba que los historiadores escribiesen lo que debería haberse dicho y hacerlo elocuente. Por esta razón, los diversos discursos en Hechos no tienen por intención ser relatos exactos. (Esto habría sido imposible, ya que Lucas escribió veinticinco años después de ocurridos los hechos.) Por el contrario, los Hechos presentan los temas de los comienzos de la prédica cristiana y los expertos generalmente concuerdan con que los Hechos proporcionan un registro fiel de tales temas. El sermón de Pedro en Pentecostés, por ejemplo, es considerado como representativo de las primeras proclamaciones cristianas de la salvación y el Bautismo como respuesta apropiada a Cristo.

En Hechos, Lucas tiene un interesante método de destacar la información importante: usa la repetición para enfatizar los temas y hechos especiales. Por ejemplo, la naturaleza de la comunidad de la Iglesia y su adoración, cuyo eje es la Eucaristía, son resaltadas en resúmenes idealizados de los comienzos de la vida cristiana (2,42-47; 4,32-35; 9,31). La historia de la conversión de Pablo se repite tres veces (9,1-22; 22,1-21; 26,1-23). El relato de la evangelización de Pedro y el Bautismo del centurión romano Cornelio se repiten tres veces (Hechos 10; 11,1-18; 15,7-11). En tres oportunidades, Pablo les dice a los judíos que él rezaba primero por ellos y después se dirigía a los gentiles tan sólo porque los judíos lo rechazaban (13,46-47; 18,5-6; 28,23-28). La decisión del Concilio de Jerusalén de recibir a los gentiles se menciona tres veces (15,19-21; 15,28-29; 21,25). Estas repeticiones, y otras también, hacen que el lector ponga atención a los más significantes mensajes de Hechos.

Un resumen de los Hechos de los Apóstoles es un resumen de los primeros años de la Iglesia. Nos puede ayudar a entender cómo los primeros cristianos llegaron a considerarse a sí mismos como el Cuerpo de Cristo en la tierra. Nos permite una mejor comprensión de lo que significa ser Iglesia, Cuerpo de Cristo hoy.

PENTECOSTÉS

Según Hechos, luego de la Ascensión de Jesús, los apóstoles se reunieron en una habitación en el segundo piso en Jerusalén con María, la Madre de Jesús, y con otros creyentes. Eligieron a Matías para reemplazar a Judas Iscariote, quien se había suicidado después de su traición a Jesús. Debieron haber conversado de cosas extraordinarias que habían sucedido desde que se habían encontrado con Jesús por primera vez. Se deben haber preguntado cómo ellos, un grupo tan pequeño de personas comunes, podían ser los discípulos de todas las naciones. El resentimiento que sentían desapareció en una misteriosa efusión de fuerza y sabiduría, que Hechos describe como un viento impetuoso y lenguas de fuego. Estas señales indicaban la venida del Espíritu Santo, que Jesús había prometido enviar a sus seguidores como su defensor y asistente. Dirigidos por Pedro, los apóstoles empezaron a predicar a las multitudes en Jerusalén para la celebración de Pentecostés.

Pedro anunció que Jesús había dado cumplimiento a las profecías del Antiguo Testamento y que había vencido la muerte como Señor y Mesías. Pedro invitaba a sus oyentes a arrepentirse y a ser bautizados en el nombre de Jesucristo para el perdón de los pecados. Prometió que ellos también recibirían el Espíritu Santo. Tres mil fueron bautizados.

Los creyentes fueron devotos de las enseñanzas de los apóstoles, de la partición del pan (Eucaristía), de la oración, de la vida en comunidad e incluso de compartir posesiones. La manera de vida de estos atrajo a otros a unírseles. Pero continuaron adorando en el Templo y se consideraban judíos que creían en Jesús como el Mesías (Hech 1-2).

MILAGROS Y EVANGELIZACIÓN

Pronto los milagros que habían marcado el ministerio de Jesús empezaron a ocurrir a través de los discípulos. Después de que Pedro y Juan curaron a un cojo, las autoridades judías los arrestaron y amenazaron con castigarlos si continuaban predicando en el nombre de Jesús. Pedro y Juan respondieron rotundamente que ellos tenían la intención de obedecer a Dios y hablar acerca de lo que habían visto y oído. Temerosos de las multitudes que habían sido testigos de la curación, los líderes judíos tuvieron que liberar a Pedro y a Juan. Los apóstoles, fortalecidos por la oración, continuaron proclamando a Cristo como el Mesías y el Señor.

Los creyentes se hicieron conocidos por su generosidad para con los necesitados, y muchos de ellos llegaron al punto de vender sus pertenencias y casas con el fin de hacer contribuciones para los pobres. No todo era perfecto. Algunos, como los Ananías y Safira, intentaron engañar a la comunidad. La persecución continuó. Los apóstoles fueron arrestados y después de una huida milagrosa fueron arrestados nuevamente. Esa vez fueron juzgados por el Sanedrín, advertidos y azotados. Sin embargo, cuando fueron liberados, volvieron a predicar.

A medida que la cantidad de discípulos de Cristo aumentaba, los creyentes helenistas (probablemente los judíos palestinos que hablaban griego) se quejaban de que no se atendían las necesidades de algunos de sus pobres. Los apóstoles, a través de la oración e imposición de manos, designaron a siete asistentes, llamados diáconos, para ocuparse de los olvidados. Pronto los diáconos estaban también predicando la Buena Nueva (Hech 3-6).

LA PERSECUCIÓN DE SAULO

Esta evangelización se enfrentó a una nueva persecución y un diácono llamado Esteban fue arrestado y apedreado hasta causarle la muerte. Saulo, un entusiasta fariseo, que tuvo una visión del asesinato de Esteban, trató de destruir la Iglesia. Buscaba creyentes y los enviaba a prisión. Era alrededor del año 35, cinco o seis años después de la muerte y Resurrección de Cristo.

Sin embargo, las persecuciones realmente allanaron el Camino (un primer nombre dado a los seguidores de Jesús) para expandirse. Muchos de los creyentes habían escapado de Jerusalén y empezaban a predicar la Buena Nueva a través de toda Judea, Samaria y Galilea. Con otro diácono, Felipe, a la vanguardia, lograron que se convirtieran algunas personas en los pueblos del Mediterráneo como Gaza, alrededor de cincuenta millas al sudoeste de Jerusalén. Se dirigieron hacia el norte, a lo largo de la costa de Azoto y otros lugares hasta llegar a Cesarea Marítima (Hech 7-8).

LA CONVERSIÓN DE SAULO

Más tarde siguió un dramático e inesperado desarrollo. Saulo, en su camino desde Jerusalén hacia Damasco, para arrestar a los seguidores de Jesús, tuvo una visión de Cristo resucitado. Se convirtió en creyente y empezó a proclamar a Jesús como el Mesías. Habrá pensado que la gente seguramente confiaría en alguien que había anteriormente perseguido a los cristianos. Al contrario, algunos judíos trataron de matarlo y Saulo tuvo que huir a Damasco. Finalmente, fue a Jerusalén, donde hubo un nuevo atentado contra su vida, que lo forzó a regresar a Tarso.

La persecución disminuyó después de eso, y la Iglesia floreció en Judea, Galilea y Samaria. Hubo milagros, incluida la curación que hizo Pedro de un paralítico en Lida y la resurrección de una viuda en Jope (Hech 9).

PEDRO Y CORNELIO:
LA EVANGELIZACIÓN DE LOS GENTILES

Hasta esa época, sólo se había predicado la Buena Nueva a los judío y samaritanos. Pero cuando Pedro fue inspirado por una visión para evangelizar y bautizar la casa de Cornelio, un centurión romano en Cesarea, surgió la pregunta de si los gentiles podían ser seguidores de Cristo. Pedro explicó su visión a los creyentes en Jerusalén, pero el tema se planteó cuando los gentiles fueron bautizados en Antioquía, una importante ciudad en la ciudad romana de Siria (ahora parte del extremo sudeste de Turquía). La Iglesia de Jerusalén envió a Bernabé, un misionero confiable, a investigar. Se impresionó tanto que trajo a Saulo de Tarso para que los ayude a evangelizar a los gentiles en Antioquía. Fue aquí que los seguidores de Cristo fueron por primera vez llamados cristianos (Hech 10-11).

PABLO Y BERNABÉ:
LA MISIÓN DE LOS GENTILES SE EXPANDE

Otra persecución tiene lugar en el año 44. Ésta es iniciada por Herodes Agripa, el nieto de Herodes el Grande y gobernador de Judea del año 41 al año 44. Él mató a Santiago, el hijo de Zebedeo, y arrestó a otros cristianos, incluyendo a Pedro, que milagrosamente escapó de la prisión. A pesar de estos problemas, los cristianos continuaron evangelizando, crecieron en número y se protegieron los unos a los otros. Los cristianos en Antioquía, por ejemplo, enviaron ayuda a los creyentes golpeados por el hambre en Judea a través de Bernabé y Saulo. Tales circunstancias de preocupación unieron más a los cristianos y esto les proporcionó un sentido de identidad como Iglesia. Las persecuciones contra ellos y la negativa de tantos judíos de aceptar a Cristo paulatinamente empezaron a cambiar la noción de que el cristianismo no era más que una rama del judaísmo, aún ligado a la adoración del Templo y sujeto a las leyes de Moisés.

PRIMER VIAJE APOSTÓLICO DE PABLO

Después de la muerte de Herodes en el año 44, Saulo (hoy conocido como Pablo) y Bernabé fueron enviados por la Iglesia de Antioquía a evangelizar en la isla de Chipre (aproximadamente a unas cien millas al oeste de la costa siria). Acompañados por un joven cristiano de Jerusalén, llamado Juan Marcos, predicaron con éxito en las sinagogas en Salamis, Pafos y otros lugares. De Chipre navegaron hasta la ciudad de Perga en Panfilia (en la actualidad, Turquía). Allí Juan Marcos los dejó y regresó a Jerusalén.

Pablo y Bernabé se quedaron en la ciudad de Antioquía en Pisidia (hoy Turquía central, no confundir con Antioquía en la provincia romana de Siria). Mientras algunos judíos depositaban su fe en Cristo, otros respondían con burlas. Entonces Pablo y Bernabé dijeron las palabras que establecieron el patrón de sus futuros esfuerzos misioneros: "A ustedes había que anunciar antes que a nadie la palabra de Dios; mas ya que la rechazan y no se juzgan dignos de la vida eterna, nos vamos a los genti-les, que así nos lo mandó el Señor, 'Te he puesto como la luz de los gen-tiles, para que lleves la salud hasta el fin de la tierra'" (Hech 13-46-47).

Desde Antoquía, en Pisidia, Pablo y Bernabé se dirigieron has-ta Iconio, Listra y Derbe (todas estas ciudades en el actual territo-rio de Turquía) donde predicaron y establecieron comunidades cris-tianas. Luego volvieron sobre sus pasos en las ciudades que habían evangelizado y designaron líderes y alentaron a los creyentes. Desde Perga, que fue su punto de partida, fueron hasta Attalia, otra ciudad portuaria. Allí tomaron un barco a Antioquía en Siria, y navegaron aproximadamente mil millas a lo largo de un período de casi tres años. Regresaron a la comunidad cristiana que les había encargado y anunciado el éxito de sus esfuerzos de la misión, en especial con los gentiles (Hech 12-14).

EL CONCILIO DE JERUSALÉN

Tuvo lugar alrededor del año 49. Algunos cristianos de descenden-cia judía en Antioquía rechazaban lo que Pablo y Bernabé habían he-cho. Estos cristianos judíos argumentaban que todos los creyentes debían cumplir la Ley de Moisés. Los líderes de la Iglesia, incluidos Pa-blo, Bernabé, Pedro y Santiago, se reunieron en Jerusalén para conver-sar el tema. El argumento decisivo fue dado por Pedro: "Creemos ser salvos por la gracia del Señor Jesús" (Hech 15-11). El concilio deter-minó que los gentiles no necesitaban la ley judía, pero sólo recomen-daban que se abstuvieran de ciertas prácticas particularmente ofensivas para los cristianos con descendencia judía.

Este Concilio de Jerusalén ilustra las verdades en el corazón del cristianismo: Jesucristo es el Mesías enviado por Dios, la Palabra y Re-velación de Dios; toda otra palabra o revelación debe ser juzgada a la luz de la vida y enseñanzas de Cristo, y la salvación sólo debe hallarse en Cristo. Los cristianos entonces reconocieron estas verdades como el fundamento de su tradición, y de ahora en adelante la Antigua Alianza sería juzgada a la luz de la Nueva Alianza. El cristianismo ya no es considerado como una secta judía, sino como una religión para todos: una religión *católica* (Hech 15,1-35).

SEGUNDO VIAJE APOSTÓLICO DE PABLO

Inmediatamente después del concilio, Pablo sugirió a Bernabé que visitaran las iglesias que habían establecido en Chipre y Asia. Bernabé quería traer nuevamente a Juan Marcos, pero Pablo se rehusó, porque él los había abandonado en el primer viaje. Entonces Bernabé tomó a Juan Marcos consigo y se embarcó para Chipre, mientras Pablo elegía al otro misionero, Silas, para que lo acompañase a Asia Menor (hoy Turquía).

Pablo y Silas viajaron por tierra a través de Siria hasta llegar a la zona conocida como Cilicia (donde se ubicaba Tarso), visitaron y alentaron a las iglesias cristianas. En Listra se unió a ellos un discípulo llamado Timoteo, que los acompañó en su recorrida por las iglesias en las regiones de Frigia y Galacia. En Tróade, Pablo tuvo una visión que impulsó a los misioneros a navegar a Macedonia (hoy Grecia). En este punto, el autor de los Hechos empieza a usar "nosotros" en vez de "ellos", lo que conduce a muchos estudiosos a pensar que Lucas acompañó a Pablo en algunos de sus viajes. Los misioneros pasaron algún tiempo en Filipos, y permanecieron en la casa de Lidia, una líder vestida de color púrpura y entusiasta creyente.

Mientras estuvieron en Filipos, Pablo arrojó un espíritu malo fuera de una niña esclava, cuyos dueños la usaban para que adivinara la suerte. Enfurecidos, los dueños de la esclava enviaron a Pablo y a Silas a la corte y allí los flagelaron y encarcelaron. Esa noche un terremoto dañó la prisión. El carcelero, pensando que los prisioneros se habían escapado, decidió suicidarse, pero Pablo logró frenarlo a tiempo. Después de oír la prédica de Pablo, el carcelero y su familia fue bautizada. Al día siguiente, los jueces de la ciudad, alarmados al enterarse que Pablo era un ciudadano romano, lo convencieron para que se fuera de Filipos.

Pablo entonces se dirige a Tesalónica y Berea, predica en sinagogas judías y gana adeptos, pero también enfrenta la hostilidad. Pablo abandona a sus compañeros y se dirige al sur de Atenas. Allí predica con po-

199

co éxito, luego se dirige a Corinto, una ciudad portuaria famosa por su inmoralidad. Allí, se queda con Aquila y Priscila, judíos oriundos de Roma y del mismo oficio que Pablo, levantaban tiendas. Junto a Silas y Timoteo, predicó a los judíos hasta que la animosidad de éstos hizo que dirigiera su atención a los gentiles. Los misioneros ganaron muchos adeptos y establecieron una iglesia en Corinto, y permanecieron allí durante un año y medio. Fue desde Corinto que Pablo envió una carta a la iglesia de Tesalónica, su primer escrito del Nuevo Testamento.

Después de tener que soportar aun más el acoso por parte de los enemigos judíos y la comparecencia ante el tribunal, en cuya ocasión fue declarado inocente, Pablo decidió navegar a Éfeso, un importante puerto en Asia Menor. Allí llevó adelante su trabajo misionero, luego se embarcó en un largo viaje a Cesarea. Desde allí regresó a su punto de partida, Antioquía, en Siria. Pasó casi tres años en su segundo viaje y recorrió más de dos mil millas. Fundó o fortaleció las iglesias en lugares como Galilea, Tesalónica, Corinto y Éfeso, cuyos nombres forman los títulos de las cartas del Nuevo Testamento y bajo este nombre son conocidas por miles de personas en la actualidad (Hech 15,36-18,23).

TERCER VIAJE APOSTÓLICO DE PABLO

Pablo no se quedó mucho tiempo en Antioquía. Alrededor del año 54 se embarcó en su tercer viaje, siguiendo aproximadamente la misma ruta que había seguido para su segundo viaje. Pasó casi dos años en Éfeso predicando a los judíos y a los griegos, curando a los enfermos, despojando demonios, y haciendo desistir a la gente de la superstición y el paganismo. En Éfeso, sobrevivió a un motín de plateros, que estaban molestos porque su prédica había perjudicado el negocio de la fabricación de imágenes de ídolos. Después del motín, Pablo fue a Grecia por tres meses; durante ese tiempo, visitó Corinto y escribió su Carta a los Romanos. Luego se dirigió hacia el norte de Filipos, donde aparentemente se volvió a reunir con Lucas. Ellos y otros misioneros navegaron luego a Tróade.

En Tróade, Pablo resucitó a un joven que se había quedado dormido durante su prédica. El joven estaba sentado en una ventana de un tercer piso, se cayó y murió. El incidente ocurrió "el primer día de la semana" cuando los cristianos se reunían para "partir el pan" (Hech 20,7). Ésta es la primera referencia del Nuevo Testamento a los cristianos que se reunían el domingo, el día de la Resurrección del Señor, en vez del sábado judío.

Después de regresar a Asia Menor donde se despidió de los ancianos (presbíteros, sacerdotes) de Éfeso, Pablo y sus compañeros, incluido Lucas, viajaron de puerto en puerto hasta abordar un barco desde Pátara a Tiro en la costa mediterránea al oeste del Monte Hermón. Luego se desplazaron hacia la costa sur a través de Tolemaida a Cesarea, donde permanecieron en la casa del diácono, Felipe. A pesar de que las profecías le advertían de las horribles consecuencias si iba a Jerusalén, Pablo tuvo la determinación de ir allí para Pascuas (Hech 18,24-21,14).

VIAJE DE PABLO DE JERUSALÉN A ROMA

Una vez que Pablo llegó a Jerusalén alrededor del año 58 con Lucas y otros compañeros, se encontró con líderes de la Iglesia. Éstos aprobaban la misión de los gentiles, pero hacían circular rumores de que Pablo estaba alentando a los judíos a desobedecer la Ley de Moisés. Para controlar estos rumores, sugirieron que trajeran algunos judíos al Templo para que los ayudasen a cumplir las promesas que habían hecho. Cuando así lo hicieron, los judíos de la provincia de Asia lo vieron y hubo un alboroto. Pablo estuvo en peligro de ser atacado por las multitudes pero intervinieron los soldados romanos. Los esfuerzos de Pablo por hablarles a los judíos casi origina un motín y los romanos estuvieron a punto de interrogar y torturar a Pablo, hasta que descubrieron que era un ciudadano romano.

Al día siguiente, el comandante romano permitió a Pablo que se dirija al Sanedrín. Pablo astutamente echó la culpa de su arresto a su creencia de la resurrección, y esto provocó que los fariseos y saduceos discutieran entre ellos. Nuevamente, el comandante tuvo que llevar a

Pablo a la Fortaleza Antonia, sólo para enterarse por medio del sobrino de Pablo de que estaban conjurando para matarlo. Entonces hizo que una pesada guardia escoltara a Pablo hacia Cesarea.

En Cesarea, Pablo fue llevado ante el procurador romano, Félix, quien lo llevó a juicio, pero, lo dejó en prisión con la esperanza de que Pablo ofreciera un soborno. Después de dos años (58-60), Félix fue sucedido por Porcio Festo. Festo le otorgó a Pablo una audiencia, pero cuando él pidió a Pablo que se dirija a Jerusalén para comparecer ante el tribunal, Pablo apeló en calidad de ciudadano romano para ser enjuiciado en Roma.

Mientras esperaba para enviar a Pablo a Roma, Festo fue visitado por el rey Herodes Agripa II, hijo del gobernador Herodes Agripa que había matado a Santiago, hijo de Zebedeo. Agripa II gobernaba unos pequeños territorios al norte y este de Palestina y no tenía autoridad sobre el proceso de Pablo. En todo caso, el discurso de Pablo frente a Festo, Agripa y la hermana de Agripa, Bernice, constituía un testigo fuerte de la verdad del cristianismo y una ocasión para que Pablo fuera declarado inocente.

Sin embargo, Festo decretó que Pablo debía ir Roma, porque había apelado al emperador. Pablo y algunos otros prisioneros fueron puestos a disposición de Julio, un centurión romano. De Cesarea navegaron hasta Tiro, luego a Mira en Asia Menor. Hicieron su camino a la isla de Creta y procuraron encontrar un lugar adecuado para pasar el invierno. Desafortunadamente, quedaron atrapados en una terrible tormenta y derribados por el viento en mar abierto. Después de dos semanas naufragaron en la isla de Malta, al sur de Sicilia. Increíblemente, quienes estaban a bordo sobrevivieron y fueron asistidos por los residentes. Pablo hizo milagros de curación y se ganó el favor de la gente.

En la primavera Julio encontró la salida para que Pablo y sus compañeros fueran a Italia. Cuando llegaron a Puozzuoli, fueron recibidos por los cristianos quienes los acompañaron hasta Roma. Allí Pablo quedó bajo guardia, pero se le permitió que evangelizara. Cuando fracasó en convertir a líderes del judaísmo al cristianismo, se volcó una vez más a los gentiles. Durante dos años (61-63) recibió a todo aquel que se le acercaba, proclamó el reino de Dios y enseñó la Buena Nueva (Hech 21,15-28,31).

LECTURA DE LOS HECHOS

Lee _Hech 1-2_, que describe la Ascensión de Cristo, el Espíritu Santo viniendo en Pentecostés y la vida en comunidad de los primeros creyentes. Lee _Hech 9_ para conocer la historia de la conversión de Pablo y para una descripción de los milagros hechos por Pedro. Lee _Hech 14_ para conocer algunas de las aventuras de Pablo en su primer viaje apostólico. Lee _Hech 26_: el juicio de Pablo ante Festo y Agripa. Lee _Hech 28,16-31_, el relato de la estadía de Pablo en Roma.

Quienes leemos los Hechos hoy pode nos obtener un mejor entendimiento de las verdades básicas del cristianismo. Jesús es el Salvador del Mundo, el Hijo de Dios enviado para redimirnos (9,20; 10,34-43). Dios es el creador del universo, el Dios de cada una de las naciones; en Dios "vivimos, nos movemos y somos" (17,28). Dios, el Espíritu Santo, es quien nos ayuda y nos guía (1,8; 13,2). Todas las Escrituras señalan a Jesucristo, que da cumplimiento a la profecía del Antiguo Testamento (18,28). La salvación está en Cristo, no en la observancia de la Ley de Moisés o en ninguna otra parte (Hech 15). Cristo está presente en el mundo a través de quienes creen en él (9,4-5), y continúa su ministerio a través de ellos (3 ,12-16). Por lo tanto, la Iglesia debe ser una comunidad de amor y servicio, de curación y perdón (4,32-35; 5,12-16; 10,42-43; 11,27-30). Cristo da su vida y gracia a los creyentes en el Bautismo (2,38), en la Eucaristía (partición del pan, 2,42) y en la Confirmación (concesión del Espíritu Santo, 19,6). A través de estos sacramentos, nos convertimos en miembros de la iglesia, el cuerpo de Cristo en la tierra. La Eucaristía, la enseñanza de los apóstoles y la oración son el corazón del culto cristiano (2,42-47; 20,7); en ellos encontramos lo esencial para nuestra actual celebración de la Misa.

LAS CARTAS DEL NUEVO TESTAMENTO

Los veintiún libros del Nuevo Testamento son denominados _cartas_ o _epístolas_. Algunas de ellas pueden ser adecuadamente identificadas como cartas en el sentido moderno de la palabra, pero otras son verdaderamente sermones o tratados teológicos. Incluyen los primeros y últimos escritos del Nuevo Testamento.

Las cartas no están colocadas en orden cronológico. Las cartas que se atribuyen a Pablo, por ejemplo, están al principio, y sus cartas a las comunidades se encuentran antes de las cartas a los individuos. Las cartas que se atribuyen al mismo autor, como la 1° y 2° de Pedro y 1°, 2° y 3° de Juan, se mantienen juntas. Dentro de estos grupos, hay cartas más extensas presidiendo a las más breves.

También se utilizan comúnmente otras clasificaciones. Cuatro de las cartas de Pablo son conocidas como "Cartas de Cautiverio", porque en ellas el autor habla acerca de lo que es estar en prisión. El Primero y Segundo Libro de Timoteo y el Libro de Tito son llamados "Cartas Pastorales" porque ofrecen una guía a los líderes (pastores) de la Iglesia.

La mayoría de las cartas sigue un modelo fijo. Empiezan con un saludo, que nombra al autor de la carta y a los destinatarios. Luego sigue una oración, por lo general, un elogio, acción de gracias e intercesión. Luego se presenta el cuerpo principal de la carta que puede incluir explicaciones de la doctrina, respuestas a las preguntas y lineamientos para la conducta moral del cristianismo. Las cartas concluyen con pedidos para que los saludos sean extensivos a ciertas personas o iglesias, seguidos de una oración de cierre y un saludo final.

En su mayor parte, las cartas fueron escritas para satisfacer las necesidades de los primeros cristianos, para ofrecer soluciones a los problemas y para dar respuestas a las preguntas. Muestran cada vez más un amplio entendimiento de la vida y mensaje de Cristo, obtenido en los comienzos de la Iglesia, bajo la guía del Espíritu Santo. Ninguna de las cartas es una explicación completa de la doctrina del cristianismo, pero todas juntas, y con los evangelios, los Hechos y el Apocalipsis, forman el fundamento del subsiguiente desarrollo teológico en la Iglesia.

Muchos de los problemas de los comienzos de la Iglesia, tal como la supervivencia en la sociedad laica, la pelea contra la tentación en un mundo hostil a la moralidad cristiana y el manejo de la debilidad humana, son los mismos problemas que enfrentamos hoy en día. Por esta razón, las cartas no sólo ofrecen una visión de los comienzos de la

Iglesia, sino que nos dirigen hacia la Palabra de Dios y nos enseñan cómo seguir a Cristo fielmente.

Las cartas contienen algunos pasajes complejos y requieren estudio. Leer las notas al pie de página de la Biblia y un buen comentario puede ser útil. Debido a que las cartas contienen muchas referencias del Antiguo Testamento y la vida y prédica de Jesús, cuanto más familiarizados estamos con el resto de la Biblia, más fácil resulta entender las cartas.

Trece cartas del Nuevo Testamento son atribuidas a Pablo. No obstante, Pablo dictó algunas cartas a sus secretarios y otras pudieron haber sido dictadas a sus asistentes que se rigieron por los lineamientos dados por Pablo. Algunas cartas atribuidas a Pablo y a otros líderes del Nuevo Testamento pudieron haber sido compuestas después de la muerte de éstos por autores que usaron las ideas de estos líderes.

Debido a la cantidad de cartas atribuidas a Pablo y la gran importancia de los esfuerzos misioneros de los comienzos de la Iglesia, los estudiantes del Nuevo Testamento deben conocer a Pablo. Podemos aprender muchas cosas acerca de su vida y ministerio a partir de los Hechos de los Apóstoles, además de la información autobiográfica que Pablo brinda en sus cartas. Otras cualidades se desprenden de la lectura minuciosa de muchos de sus escritos. De todos modos, Pablo es una personalidad fascinante y una figura significativa en el proceso que dio forma a la Iglesia del Nuevo Testamento.

LA VIDA DE PABLO

En sus primeros años, Pablo fue conocido como Saulo; las razones de su cambio de nombre y su significado no son certeras. En esta oportunidad, nos referiremos a él como Pablo.

La fecha de nacimiento de Pablo no fue registrada. En vista de que los Hechos de los Apóstoles indica que era un joven cuando el diácono Esteban fue mártir (en algún momento alrededor de los años 32-34), los estudiosos, por lo general, estiman que nació alrededor del año 5 D.C. Su lugar de nacimiento fue la ciudad de Tarso (Hech 21,39), un próspero puerto sobre el río Cidno en Cilicia (en la actualidad Turguía). Éste era un centro de aprendizaje donde prosperaron los estudios de los judíos y los griegos, un lugar capaz de estimular la mente de un hombre brillante como Pablo. Él, al igual que muchos estudiosos y rabinos de la época, tenía un oficio, la fabricación de tiendas (Hech 18,3), que sin duda aprendió de joven en Tarso.

Pablo era tanto un ciudadano romano como un judío. Cuando era un hombre joven, se mudó a Jerusalén, quizás con otros miembros de su familia, puesto que los Hechos menciona la presencia de su sobrino, el hijo de la hermana de Pablo (Hech 23,16). En Jerusalén, Pablo estudió con el famoso rabino, Gamaliel (Hech 22,3), y se lo conoció por su devoción a la Ley de Moisés. Cuando aprendió sobre cristianismo, lo vio como una amenaza a la creencia ortodoxa judía y se convirtió en un perseguidor acérrimo de los cristianos, los encarcelaba y luchaba para que les fuera quitada la vida (Hech 26,1-11).

En algún momento entre los años 34-35 aproximadamente, Pablo tuvo una experiencia en su camino a Damasco que lo convirtió. Se encontró con Cristo en una visión que lo dejó físicamente ciego, pero espiritualmente consciente de la presencia del Señor resucitado en su Iglesia. Llevado a Damasco, Pablo fue curado de su ceguera y bautizado por un discípulo llamado Ananías. La secuencia exacta de los hechos después de esto es incierta, pero parece que Pablo fue a Arabia (Nabatea, al sudeste del Mar Muerto) para dedicar tres años de oración y reflexión. Este retiro habría tenido lugar entre su huida de Damasco y su primera visita a Jerusalén (Hech 9; Gál 1). Habiéndose dado cuenta de que todavía los cristianos no confiaban en él y de que los judíos lo odiaban, partió de Jerusalén y se dirigió a Tarso. Permaneció allí, quizás sintiéndose frustrado por no poder ganarse la confianza de los judíos y los cristianos, hasta que Bernabé lo contactó y lo llevó a Antioquía alrededor de los años 42-43. Las actividades misioneras de Pablo a partir de ese momento, aparecen bien relatadas en los Hechos hasta su encarcelamiento en Roma, que finalizó hacia el año 63 aproximadamente.

Lo que le sucedió a Pablo después del año 63 no es certero. Algunos estudiosos sostienen que fue ejecutado en esta época. Otros creen, según el testimonio de las autoridades de los comienzos de la Iglesia, que viajó a España, fue nuevamente apresado y llevado a Roma, donde fue degollado según las órdenes del Emperador Nero, alrededor del año 67.

Pablo entregó todo su corazón y alma a lo que él sabía que era importante. Una vez que inició sus viajes, trabajó constantemente, muchas veces de acá para allá. Probablemente dictó algunas de sus cartas con rapidez, vertiendo ideas una tras otra con el resultado de que, por momentos, fueran difíciles de comprender. No obstante, sus escritos son tan poderosos, personales y profundos que han inspirado a millones de creyentes por casi dos mil años.

Como predicador y escritor, Pablo desplegó un fuerte temperamento y una mente aguda. Tuvo muchos amigos y habla bien de ellos en sus cartas. Pudo haberse peleado, tal como lo hizo con Bernabé por Juan Marcos, pero también pudo perdonar y reconciliarse. Sobre todas las cosas, Pablo se regocijó en su gran amor a Jesucristo. Una vez que sintió lo profundo que era el amor de Cristo por él, dio su vida completamente a su Señor. Por Cristo, soportó duras tareas, encarcelamientos, azotes, apedreadas, viajes peligrosos, noches de insomnio, todo tipo de dificultad y ansiedad (2 Cor 11,23-28). Para Pablo, la vida se puede resumir en las siguientes palabras: "Quiero conocer a Cristo y la virtud de su Resurrección y la participación en sus padecimientos, configurándome a su muerte, para alcanzar la resurrección de los muertos" (Flp 3,10-11).

CARTA A LOS ROMANOS

La Carta a los Romanos fue escrita por Pablo en Corinto alrededor del año 57, cerca del final de su tercer viaje apostólico. En ese entonces, estaban planeando visitar Jerusalén con un regalo de los cristianos griegos para los pobres de Jerusalén. Después, Pablo quiso ir a España y, en su camino, parar en Roma. Escribió esta carta para presentarse ante los cristianos romanos. Los planes de Pablo fueron, desde ya, interrumpidos por causa de su arresto en Jerusalén. Cuando finalmente llegó a Roma en el año 61, era prisionero. Los grupos de creyentes acompañaron a Pablo hasta Roma después de su llegada en

Italia (Hech 28,15), así que su carta debió haber impactado a la comunidad cristiana de allí.

La fecha de fundación de la iglesia romana es incierta, pero probablemente se desarrolló entre la gran población judía en Roma. Los amigos y colegas de Pablo, Aquila y Priscila (Prisca), habían vivido en Roma y fueron forzados a partir, cuando el Emperador Claudio ordenó la expulsión de todos los judíos en el año 49 (Hech 18,2). Ellos y otros cristianos judíos regresaron después de la muerte de Claudio en el año 54. Para ese entonces, la iglesia romana debió estar compuesta en su mayoría por gentiles. Así que la comunidad se enfrentó a las preguntas comunes referidas a la observancia de las leyes judías, el por qué tantos judíos rechazaban a Cristo y la universalidad de la salvación. En su carta Pablo trata estas cuestiones así como también otras.

Después de la habitual introducción (Rom 1,1-15), Pablo explica que los judíos y gentiles se habían perdido ante Cristo sin esperanzas (Rom 1,16; 3,20). Los pecadores, judíos y gentiles, encuentran justificación sólo a través de la fe en Cristo. Esperamos que Dios nos salve por el gran amor manifestado en la muerte de Cristo por nosotros (Rom 3,21-5,21).

Pablo insiste en que no debemos usar el amor de Dios como excusa por los pecados, pues ese amor es un llamado a la santidad. Quedamos libres de la Ley de la Antigua Alianza, pero esto es de tal modo que nosotros, bautizados en el cuerpo de Cristo, guiados por el Espíritu Santo, y conscientes de nuestra dignidad como hijos de Dios, podemos servir a Dios fielmente. Por el amor inmenso de Dios, podemos estar seguros de que Dios nos ayudará a sobrellevar cualquier dificultad, incluso la muerte en sí (Rom 6-8).

Luego, Pablo lucha contra un gran número de judíos que se negaban a aceptar a Cristo. Señala que, aunque rechazaban a Cristo, Dios era capaz de usar su error para traer la salvación a los gentiles. Dios nunca rechazó a Israel, y hay esperanza de que los judíos finalmente se vuelquen a Cristo (Rom 9-11).

Pablo luego ofrece una explicación a los deberes de la vida de cristiano. Porque somos Cuerpo de Cristo, debemos usar nuestros dones en beneficio de unos y otros. Debemos amarnos los unos a los otros, respetar la autoridad adecuada, y recordar que este mundo es pasajero. Debemos conocer las necesidades de los otros y procurar no escandalizar a quienes tengan conciencias sensibles. En todo, debemos glorificar a Dios y tratar a los otros como Cristo nos trató a nosotros (Rom 12,1-15,13). Pablo concluye con información acerca de su persona, un pedido de oraciones, saludos a sus amigos en Roma y una palabra de elogio a Dios (Rom 15,14-16,27).

Lee _Rom 5,1-11_ para conocer la teología de justificación y salvación. Lee _Rom 8,28-39_: el gran himno de confianza en la misericordia de Dios de Pablo. Lee _Rom 12_, una bella expresión del significado de la vida y amor cristianos.

Algunas personas consideran a los romanos como quienes dicen que estamos salvados por la fe y no por las obras. Ellos les plantean a otros la pregunta: "¿Has sido salvado?" Sin embargo, esta pregunta confunde el entendimiento de la justificación de Pablo con aquella de la salvación. Pablo indica que _hemos sido_ justificados (Cristo ha hecho todo lo necesario para liberarnos del pecado). Muestra que tenemos toda la razón para _ser_ salvados (lograr la vida eterna). (Ver Rom 5,1-11).

Cuando Pablo plantea esta cuestión de fe y las obras, está señalando que somos salvados por Cristo, no por las obras de la Antigua Ley. Pero la Nueva Ley de Cristo comprende las obras, en especial la obra del amor.

En Romanos 10,9, Pablo determina que "si confiesas con tus labios que Jesús es el Señor y crees en tu corazón que Dios lo resucitó de la muerte, tú serás salvado." En Romanos 10,13 escribe: "Todo el que invocare el nombre del Señor, será salvo." Pero, ¿qué significa "confesar" y "creer" e "invocar"? ¿Significa simplemente decir las palabras y no reflejarlas en nuestra vida? Por supuesto que no. ¿Cómo amamos a alguien? Expresándolo en nuestra acciones. ¿Cómo creemos? Expresando nuestra fe en nuestras acciones a través de nuestras obras. Es por esa razón que Pablo dedica tanto en su carta a los romanos a la explicación de los deberes de la vida cristiana (Rom 12,1-15,13). Es por esa razón que Pablo escribe a los Filipenses: "Trabajen por su salvación con temor y temblor" (2,12). En la teología de Pablo no existe conflicto entre la fe y las obras. Ambas son parte del camino hacia Cristo.

Podemos leer Romanos hoy para obtener una explicación de la primacía de Cristo en nuestras vidas. No nos enfrentamos ante el hecho de observar la Ley de Moisés, pero somos tentados a poner nuestra confianza en otras cosas. Cristo solo puede salvarnos. En Romanos se nos dice cómo depositar la fe en Cristo. Se nos muestra el poder de la esperanza. Se nos enseña a amar así como somos amados por Cristo.

PRIMERA CARTA A LOS CORINTIOS

La ciudad de Corinto era la capital de la provincia romana de Acaya (hoy sudeste de Grecia). Era un puerto próspero, con viajeros que iban y venían desde Roma hacia el este y regresaban con ideas, comercio, dinero y vicios. La gente de todas partes del mundo, incluidos muchos judíos, vivían allí.

Pablo fue a Corinto en su segundo viaje apostólico, y permaneció allí durante un año y medio. Vivió con Aquila y Priscila y se mantuvo a sí mismo con la fabricación de tiendas. Ayudado por Silas, Timoteo y otros, convirtió a muchos al cristianismo y estableció una vibrante comunidad cristiana.

Sin embargo, después de la partida de Pablo de Corinto, empezaron a sucederse los problemas. Hubo rivalidades y divisiones. Algunos cristianos cayeron en la práctica inmoral tan común en Corinto. Algunos tuvieron conflictos legales en las cortes civiles. Sus celebraciones litúrgicas se convirtieron en escándalos, y los pobres fueron descuidados. Los dones carismáticos, tales como el don de lenguas, adquirieron precedente en la caridad. Surgieron interrogantes acerca de la ingestión de carne, que había sido ofensiva para los ídolos, acerca del sexo y el matrimonio, acerca de la Resurrección, y acerca de otros temas.

Estos problemas e interrogantes llamaron la atención de Pablo mientras se encontraba en Éfeso durante su tercer viaje apostólico. Escribió una carta a los cristianos de Corinto que no fue preservada (1 Cor 5,9), luego en el año 56 ó 57, envió la carta que conocemos como la Primera Carta a los Corintios.

Pablo empieza su primera carta con los habituales saludos y acción de gracias (1 Cor 1,1-9), luego se sumerge de inmediato en el problema de los partidos entre los miembros de la comunidad cristiana. Algunos de ellos proclamaron lealtad a Pablo, otros a Apolo (Hech 18,24), otros a Kephas (Pedro). Pero la comunidad cristiana, insiste Pablo, sólo se puede fundar en Jesucristo (1 Cor 3,11), y cada uno de los miembros debe trabajar para la construcción de la iglesia sobre el fundamento de Cristo (1 Cor 1,10-4,21).

Pablo luego se ocupa de los desórdenes morales que se registran en la Iglesia Corintia. Ordena la excomunión (expulsión de la comunidad) de un hombre culpable de incesto. Denuncia a aquellos que arrastraban a los cristianos a los tribunales. Incita a los corintios a evitar las prácticas inmorales (1 Cor 5-6).

Luego, Pablo contesta las preguntas que le hacían en una carta proveniente de la Iglesia de Corinto. Él imparte directivas acerca del matrimonio y el divorcio, la virginidad y la viudez. Brinda lineamientos prácticos acerca de la ingestión de carne que había sido inmolada a los ídolos paganos antes de ser vendida en los mercados (1 Cor 7-8).

Algunos miembros de la Iglesia para quienes Pablo no era de su agrado, atacaron sus méritos como apóstol. Pablo se defendía a sí mismo y a su ministerio, luego incitaba a los corintios a ser fieles a Cristo y leales los unos a los otros. Apela a ellos en especial sobre el fundamento de que ellos comparten la Eucaristía: "El cáliz de bendición que bendecimos, ¿no es comunión con la sangre de Cristo? ¿El pan que partimos, no es una parte del cuerpo de Cristo? Porque no hay más que un pan, todos formamos un solo cuerpo, pues todos participamos del mismo pan" (1 Cor 10,16-17). Tal como Pablo imita a Cristo, así los corintios deben imitar a Pablo (1 Cor 9,1-11,1).

Los problemas de la comunidad habían sido reflejados en sus asambleas litúrgicas. Pablo hace recomendaciones para corregir los abusos y da la primera descripción sobre la institución de la Eucaristía de Cristo (1 Cor 11,2-34).

Los dones carismáticos, tales como el don de la curación y el don de lenguas, florecieron en Corinto. Pero algunos habían convertido estos dones en ocasiones de contención y elitismo espiritual. Pablo recuerda a los corintios que somos un solo cuerpo en Cristo y que debemos trabajar en beneficio del cuerpo. Los demás dones quedan subordinados al amor, el más grande de los dones (1 Cor 12-14).

Algunos cristianos en Corinto, quizás influenciados por el pensamiento griego que había dado como fruto a filósofos en Atenas, ridiculizaban a Pablo cuando éste mencionaba la Resurrección (Hech 17,32), incluso cuestionaban la realidad de la Resurrección de Cristo. Pablo muestra que la Resurrección es cierta y porque Cristo venció a la muerte, nosotros que creemos en él debemos resucitar (1 Cor 15).

En conclusión, Pablo da los lineamientos para una colecta a favor de los pobres de Jerusalén. Informa acerca de sus planes y acerca de otros misioneros. Ofrece saludos de los cristianos que están junto a él y envía una bendición y su amor (1 Cor 16).

Lee *1 Cor 1,10-25* para conocer los partidos en Corinto y para una lección de que debemos ser uno solo en Cristo, que fue crucificado por nosotros. Lee *1 Cor 11 ,23-26*: el relato de Pablo sobre la institución de la Eucaristía. Lee *1 Cor 12,12-13,13*: la explicación que da Pablo de la Iglesia como Cuerpo de Cristo y un bello discurso sobre el significado del amor. Lee *1 Cor 15,1-28*: Pablo como testigo de la realidad de la Resurrección de Cristo y de la nuestra.

El Primer Libro de los Corintios muestra a los lectores de hoy que la Iglesia nunca fue perfecta. Los seres humanos, incluso aquellos que pertenecían a las primeras comunidades cristianas, cometían errores y tenían fracasos. Pero como Pablo deseaba dar su vida, a fin de apartar la discordia y la división, así es que nosotros somos llamados a trabajar en unidad entre los miembros del Cuerpo de Cristo. Esta carta nos enseña mucho acerca de la vida cristiana, en especial del amor, la adoración y nuestro destino para vivir eternamente en Cristo, nuestro Señor resucitado.

LA SEGUNDA CARTA A LOS CORINTIOS

Los problemas de la Iglesia en Corinto no fueron solucionados con la carta de Pablo. Parece que los enemigos de Pablo continuaron cuestionando su autoridad y atacaron su reputación. Noticias de esto llegaron a Pablo unos meses después de que había enviado la primera carta a los Corintios, entonces compuso lo que hoy conocemos como la Segunda Carta a los Corintios.

En realidad, este libro de la Biblia puede estar compuesto en partes de tres o cuatro cartas escritas por Pablo a los Corintios. Los estudiosos han observado que algunas partes de la carta (por ejemplo, 2 Cor 6,14–7,1; 9,1-15; 10,1-13,10) parecen fuera de contexto y pueden haber sido tomadas de otras cartas. Cualquiera que fuera el caso, Pablo escribió con gran emoción. Le preocupaba que ciertos falsos apóstoles sembraran discordia entre los creyentes y lo intranquilizaba más todavía el hecho de que los corintios tenían que seguir tan rápidamente a sus maestros.

Después del habitual saludo y oración (2 Cor 1,1-7), Pablo habla sobre su propia condición; está cansado y afligido, incluso al punto de la muerte. Defiende su ministerio y explica por qué ha tenido que cambiar algunos de sus planes. Entremezcla sus explicaciones con los testimonios a la gloria de Dios, el amor de Cristo y la presencia del Espíritu Santo (2 Cor 1,8-7,16).

Después de varios llamados a la generosidad para la colecta en favor de los pobres de Jerusalén (2 Cor 8-9), Pablo retoma su autodefensa. Expresa sus sentimientos en una explosión de amor, ansiedad, enojo y frustración y, en el proceso, nos brinda detalles significativos de su propio corazón. Concluye su carta con una oración por la unidad y la paz y con una bendición (2 Cor 10-13).

Lee *2 Cor 11,16-12,10*: parte de la defensa de Pablo contra las acusaciones de sus enemigos. En estos versículos vemos las dificultades por las que Pablo debió atravesar durante su apostolado. Conocemos sus éxtasis (estar "atrapado en el tercer cielo") y sus agonías (la "espina de la carne"). Lo vemos como un verdadero ser humano, totalmente devoto a su Señor.

La carta proporciona detalles de los pensamientos y del corazón de Pablo que no aparecen en ninguna otra parte. Cuando somos tentados a ceder ante la oposición, las críticas injustas, o el rechazo de quienes tratamos de ayudar, Pablo nos alienta a perseverar tal como él lo hizo, "por el bien de Cristo" (2 Cor 12,10).

CARTA A LOS GÁLATAS

Galacia en los tiempos de Pablo ocupaba la porción central de la actual Turquía, al norte de la isla de Chipre. Pablo y Bernabé visitaron las ciudades en la zona sur de esta región en su primer viaje apostólico y Pablo predicó en la parte norte en su segundo y tercer viaje. Los estudiosos debaten si Pablo escribió esta carta a los cristianos que vivían en el norte o en el sur de Galacia. No se pusieron de acuerdo en la fecha de la carta. La opinión más común concluye que Pablo escribió esta carta a los cristianos en el norte de Galacia alrededor del año 54.

Pablo fue impulsado a escribir esta carta cuando se enteró, después de su evangelización a los gálatas, de que algunos otros misioneros habían desconcertado a los convertidos con pedidos para que obedecieran la Ley de Moisés. Pablo creyó que el Antiguo Testamento señalaba a Jesús, pero sabía que los cristianos ya no estaban unidos a sus preceptos. Se dio cuenta de que si los cristianos en Galacia trataban de encontrar la salvación en la Antigua Ley, estarían abandonando a Cristo.

Por consiguiente, se enfurecía por los falsos apóstoles que lo habían seguido a Galacia y estaba preocupado por sus convertidos, pues parecían todos muy dispuestos a escuchar a estos maestros. Escribió la Carta a los Gálatas para proclamar la unicidad de Cristo y para criticar a aquellos que trataban de encontrar la salvación en la observancia de las leyes de la Antigua Alianza.

Las emociones confusas de Pablo pueden observarse al principio de su carta. Abrevia el saludo y la oración de la introducción (Gál 1,1-5), y expresa inmediatamente su asombro por los gálatas que estaban abandonando a Cristo, luego reprende a todo aquel que enseña el evangelio contrario al proclamado por él (Gál 1,6-10).

A continuación, Pablo defiende su ministerio, explica su conversión y los primeros años como cristiano. Argumenta que los líderes de la Iglesia en Jerusalén han certificado su prédica como ortodoxa, aun estando su conducta no siempre en concordancia con sus palabras. Asegura que la salvación viene a través de Cristo, no a través de la ley judía (Gál 1,11-2,21).

Mediante el uso de una serie de argumentos extraídos del Antiguo Testamento, Pablo muestra que Cristo nos ha liberado de los pedidos de la Antigua Ley y nos da la libertad de los hijos de Dios. Esta libertad no debe ser tomada a la ligera o mal utilizada (Gál 3-4). Pablo demuestra cómo nuestra libertad debe ser ejercitada. Debemos depositar nuestra fe en Cristo. Debemos servir a los demás. Debemos vivir por el Espíritu como miembros de la comunidad cristiana, corrigiendo y ayudándonos los unos a los otros. Pablo concluye con la afirmación de que la circuncisión, la marca de la Antigua Ley, no tiene valor. "Pero a mí nunca me acontezca gloriarme sino en la cruz de nuestro Señor Jesucristo, por la cual el mundo está crucificado para mí y yo para el mundo" (Gál 6,14). Pablo está marcado con las cicatrices de su ministerio como perteneciente a Cristo. Como siervo de Cristo, pide la bendición de Dios para los gálatas (Gál 5-6).

Lee _Gál 1,11-2,21_: la descripción de Pablo de sus primeros años como cristiano y de sus luchas para proclamar la primacía de Cristo, incluso a Pedro. Lee _Gál 5,13-26_: una explicación de cómo usar bien nuestra libertad. Observa las cualidades enumeradas en 5,22-23, tradicionalmente denominadas los Frutos del Espíritu.

En la lectura de los Gálatas, somos alentados a ver a Cristo como centro de la vida. Encontramos una explicación de la relación de fe y las obras. En Gálatas 3,1-9, Pablo enfatiza que la justificación viene a través de la fe en Cristo, y no a través de la observancia de la ley judía. Al decir esto, Pablo no niega la importancia de las buenas obras. Por el contrario, muestra que la fe y las obras están íntimamente ligadas: "Lo único que vale es la fe que obras por medio de la caridad" (Gál 5,6). La fe es fundamental, pero también lo son las buenas obras. Depositamos nuestra fe en Cristo. Imitamos a Cristo en las obras de la vida diaria.

CARTA A LOS EFESIOS

Éfeso era una ciudad portuaria grande en cuyo territorio se ubica hoy el oeste de Turquía. Pablo primero predicó el Evangelio allí en su segundo viaje apostólico, y luego pasó dos años en el mismo lugar en su tercer viaje. Pero es incierto si la Carta a los Efesios fue compuesta en su forma final por Pablo, o si originalmente fue destinada a los cristianos en Éfeso.

El idioma y desarrollo de pensamiento en los efesios es diferente al del resto de las cartas de Pablo. Las referencias personales acerca de si Pablo realmente envió esta carta a los efesios están faltando. La carta en sí es más un tratado teológico y parece desprenderse de la Carta a los Colosenses. Muchos de los primeros manuscritos no enumeran los efesios como destinatarios de la carta. Por esta razon, algunos estudiosos afirman que la Carta a los Efesios fue realmente compuesta por un autor familiarizado con las enseñanzas de Pablo, posiblemente alrededor del año 90, y enviada como circular a una serie de iglesias diferentes. El nombre de Pablo y las referencias a Pablo fueron usados para sumar autoridad a la carta; esto resultaba apropiado porque Efesios es un desarrollo legítimo de la teología y escrito de Pablo. Otros expertos argumentan que la carta fue, en realidad, escrita por Pablo, quizás a través de su secretario.

La carta empieza con una declaración del plan de Dios para salvarnos a través de Jesucristo. Aquellos que creen en Cristo son sellados con el Espíritu Santo y forman la Iglesia, el Cuerpo de Cristo. Dios ha llamado generosamente a los gentiles a formar la Iglesia, que unidos a los judíos habitan el "templo sagrado en el Señor", "la casa de Dios" (Ef 1-2).

El ministerio de Pablo es recordado como parte del plan de Dios que invita a los gentiles a ser Iglesia. Desde que los creyentes son uno con Cristo, deben vivir en santidad, unidad y paz para que la Iglesia pueda edificarse según Cristo, la cabeza de su cuerpo. Los cristianos deben evitar el pecado y vivir a la luz de Cristo. Los maridos y esposas deben amarse el uno al otro, como Cristo ama a la Iglesia, y los miembros de la familia deben tratarse los unos a los otros con respeto. Todos estamos protegidos por el "escudo de Dios" y luchamos por el bien hasta el final (Ef 3-6).

Lee *Ef 3,14-21*: una oración para la Iglesia. Lee *Ef 5,1-6,4*: un consejo para la vida santa y las relaciones de familia cristianas.

Efesios ha sido por mucho tiempo destacada como la carta que describe la Iglesia como una, santa, católica y apostólica. La Iglesia es una, el

Cuerpo de Cristo (4,4-6). Es santa con la santidad de Cristo (5,25-27). Es católica en el sentido de que Dios llama a todos a ser salvados por medio de Cristo (2). Es apostólica, porque es edificada sobre "el fundamento de los apóstoles" (2,20). Por estas razones, quienes leemos esta carta nos encontramos con una hermosa visión de la Iglesia. Vemos nuestro supremo destino como miembros del Cuerpo de Cristo. Nos enseña a vivir la santidad y la caridad, en especial con los miembros de nuestra familia.

Se debe observar que esta carta no promueve el dominio del marido sobre su mujer. El marido y su mujer deben ser "sumisos igualmente unos a otros en el temor de Cristo" (5,21). Las mujeres sean sumisas a sus maridos, pero los maridos deben amar a sus mujeres como Cristo amó a la Iglesia (5,22-25). Desde que Cristo lavó los pies de sus apóstoles y dio su vida por la Iglesia, la Carta a los Efesios realmente recomienda a los casados a imitar el amor, humildad y generosidad de Cristo en sus deberes del uno con el otro.

CARTA A LOS FILIPENSES

Filipos era una floreciente ciudad al noreste de la provincia romana de Macedonia (parte de la actual Grecia). En su segundo viaje apostólico, Pablo pasó algún tiempo allí, y estableció una iglesia que visitó en su tercer viaje. Pablo se sentía cerca de los filipenses y ellos le ofrecieron ayuda en su ministerio.

El documento que conocemos como Carta a los Filipenses parece contener partes de las tres cartas que fueron más tarde editadas en un solo trabajo, probablemente por alguien de la Iglesia en Filipos que quiso adaptarlas para que fueran leídas por la comunidad.

En la primera parte de la carta, Pablo empieza con el tradicional saludo y acción de gracias. Expresa su cariño por los filipenses y hace mención de cuando estuvo en prisión, posiblemente en Éfeso, alrededor del año 55. Pablo incentiva a sus lectores a ser fieles, a imitar a Cristo en su humilde servicio y santidad de vida. Habla sobre sus compañeros apóstoles Timoteo y Epafrodito y finaliza con una recomendación a "regocijarse en el Señor" (Flp 1,1-3,1).

Otra carta empieza con Pablo que advierte a los filipenses contra un enemigo familiar, aquellos que enseñaban que los cristianos estaban atados a las leyes de la Antigua Alianza. Pablo alienta a sus lectores a centrar su atención en Cristo (Flp 3,2-21).

Los siguientes versículos posiblemente van con la primera parte de la carta; alienta a los filipenses a luchar por la unidad y la paz (Flp 4,1-9). Estos versículos están seguidos por una tercera carta, una breve nota de agradecimiento a los filipenses por su generosa ayuda al trabajo de Pablo. La carta finaliza con los saludos y una despedida (Flp 4,10-23).

Lee *Flp 2,1-18*, un llamado a vivir en la caridad y humildad imitando a Cristo. Esta sección contiene un himno a Cristo de los primeros cristianos (2,6-11). Lee *Flp 4,4-9*, una hermosa enseñanza que muestra el camino a la felicidad y la paz del corazón.

En tales pasajes, encontramos modelos para la vida como cristianos. Vemos en la vida de comunidad de Iglesia en Filipos un modelo para nuestras vidas como miembros de la Iglesia hoy.

CARTA A LOS COLOSENSES

Esta carta está dirigida a la comunidad cristiana en Colosas (una pequeña ciudad en lo que hoy es el sudoeste de Turquía). Se le atribuye a Pablo, y hay referencias a la vida de Pablo y sus compañeros en la carta. Tradicionalmente, Pablo fue considerado el verdadero autor de esta carta, y algunos estudiosos aún mantienen esta posición. Ellos sostienen que Pablo la dictó a un secretario, estando en prisión.

Otros opinan que Colosenses fue escrita por uno de los discípulos de Pablo. Sostienen que el estilo y el lenguaje no coinciden con el de Pablo y que la teología es un desarrollo posterior de su pensamiento. Ellos consideran el trabajo un sermón que fue escrito después de la muerte de Pablo, y que utilizó a Pablo como un orador divino. Los Colosenses muestra una familiaridad con las primeras cartas de Pablo y contiene muchas partes que son similares a Efesios.

La Carta a los Colosenses fue el fruto de la confusión doctrinal entre los cristianos. Los falsos apóstoles sugerían que los semidioses y los poderes divinos tenían que ser apaciguados. También, se cree que recomendaban la magia, la astrología y las prácticas de culto secretas. Algunas de estas ideas han formado parte del desarrollo de la herejía gnóstica, que más tarde sostiene que la salvación viene por medio del conocimiento místico, y niega tanto la divinidad como la humanidad de Cristo.

La Carta a los Colosenses muestra que tales ideas son contrarias al cristianismo. Expresa la creencia cristiana ortodoxa acerca de la preeminencia de Cristo como Salvador y Señor, como cabeza de la Iglesia.

La carta empieza con los saludos, la acción de gracias y una oración que profesa la creencia en la salvación traída por Cristo. Un primer himno proclama el rol único de Cristo como la imagen de Dios, aquel por medio del cual todas las cosas fueron creadas, la cabeza de su Cuerpo, la Iglesia y el redentor de la humanidad. Cristo vive en nosotros hasta tal punto que podemos incluso unir nuestros sufrimientos a las "tribulaciones de Cristo por su cuerpo que es la Iglesia." (Col 1,24).

Luego, el autor nos advierte de los falsos apóstoles y las prácticas ocultas que amenazan la ortodoxia de la comunidad (Col 2). Luego, da una bella descripción de la vida en y con Cristo. Los cristianos deben dejar de lado los vicios y ejercitar las virtudes características de Cristo, tales como la compasión, el perdón, la caridad y la paz. Resalta las relaciones humanas y de familia. La carta finaliza con los tradicionales saludos y una bendición (Col 3-4).

Lee *Col 1* para conocer el habitual comienzo de una carta del Nuevo Testamento, su expresión magnífica de la preeminencia de Cristo y su explicación de la vida de Cristo en nosotros. Lee *Col 3,1-17* para una descripción de la vida "oculta con Cristo en Dios".

Colosenses nos invita a ver a Cristo como nuestro Salvador y Señor. Nos recuerda que nuestra unión con Cristo y nuestro privilegio como aquellos que son llamados a ser Cristo en el mundo actual. Indica nuestro destino en tanto que somos seres humanos, orientándonos a "buscar las cosas de arriba, donde Cristo está sentado a la diestra de Dios" (3,1).

PRIMERA CARTA A LOS TESALONICENSES

Pablo, ayudado por Silas y Timoteo, evangelizó la ciudad macedonia de Tesalónica en su segundo viaje apostólico. Cuando Pablo se tuvo que ir, a causa de la persecución, dejó a Silas y Timoteo para atender a los tesalonicenses. Más tarde, se unieron a él en Corinto. Luego Pablo envió a Timoteo de regreso a Tesalónica para ver cómo les estaba yendo. Probablemente, a principios del verano del año 51, Timoteo trajo un informe a Pablo, y este informe impulsa a Pablo a escribir la Primera Carta a los Tesalonicenses. Esta carta es de especial importancia, porque es casi seguro que fue el primer trabajo del Nuevo Testamento en escribirse.

En este momento, alrededor de veinte años después de su Resurrección, los cristianos aparentemente esperaban la Venida de Cristo y creía que el fin del mundo tendría lugar en cualquier momento. Ellos se preguntaban cómo aquellos que habían muerto podían compartir la vida eterna. Pablo explicó que aquellos que habían muerto en Cristo, compartían plenamente la vida eterna, de igual modo que aquellos que vivieran sobre la tierra cuando Cristo regresara.

Pablo empieza su carta con los saludos para él mismo, para Silvano (posiblemente otro nombre para Silas) y Timoteo. Ofrece una oración de acción de gracias para alentar a los tesalonicenses a dejar sus ídolos por Cristo. Pablo recuerda su ministerio entre los que enfatiza su sinceridad y cariño por ellos ("como una enfermera que cuida cariñosamente a sus propios hijos"). Reconoce la persecución que están sobrellevando, posiblemente el acoso de sus vecinos paganos y la discordia causada por los cristianos judíos que insistían en la observancia de la Ley de Moisés. Explica por qué envió a Timoteo y expresa felicidad por las buenas noticias. Timoteo trajo buenas noticias de su fe y caridad (1 Tes 1-2).

Pablo ofrece los lineamientos para la conducta cristiana, especialmente santidad de vida y caridad. Afirma a sus lectores la realidad de la Resurrección y de la participación en la vida eterna por medio de Cristo. Habla de la necesidad de estar siempre listos para la Venida de Cristo. Recomienda obediencia a las autoridades de la

Iglesia y caridad hacia todos ellos. Finaliza con una oración, un saludo y una bendición (1 Tes 3-5).

Lee _1 Tes 4,13-5,28_ para conocer el sentido de cómo la primitiva Iglesia entendía la Segunda Venida de Cristo y los lineamientos de Pablo referidos a la observancia y virtud cristianas.

Más tarde los libros del Nuevo Testamento indican que los cristianos de manera paulatina empezaron a darse cuenta de que el fin del mundo y la Segunda Venida de Cristo podría ser mucho después de lo que se pensó originariamente. La Iglesia Católica enseña que no podemos saber el momento de la Segunda Venida de Cristo. A los fines prácticos, este mundo termina para nosotros cuando morimos. No sabemos la hora de nuestra muerte, y así leyendo esta carta recordamos la importancia de siempre estar listos para encontrarnos con el Señor.

SEGUNDA CARTA DE LOS TESALONICENSES

En su introducción, esta carta se cree que fue enviada por Pablo a los Tesalonicenses. Si así fue, Pablo pudo realmente haberla escrito o proporcionado las ideas principales a su secretario. Algunos estudiosos, no obstante, piensan que fue escrita por un autor desconocido para los cristianos en Asia Menor alrededor del año 90. Esta opinión se basa en las consideraciones de estilo y contenido. Sostiene que el autor usó la Primera Carta de los Tesalonicenses como modelo, con la intención de dar una enseñanza con autoridad en una situación en la cual los creyentes estaban confundidos acerca de la Segunda Venida de Cristo.

La comunidad para quien fue dirigida la carta estaba afligida por los rumores de que el "día del Señor," la Segunda Venida de Cristo, estaba cerca (2,2). Aparentemente, los rumores habían empezado con una carta que falsamente se atribuyó a Pablo. Algunos cristianos estaban temerosos y otros habían dejado de trabajar para esperar la venida del Señor.

La introducción sigue el modelo de la que encontramos en la Primera Carta de los Tesalonicenses. Después de la acción de gracias, se presenta el tema de la venida de Cristo. El autor alienta a los lectores a no preocuparse por el falso informe de que el día del Señor es inminente. Él enumera una serie de hechos que deben ocurrir antes. Estos hechos son vagamente descriptos y por cierto que no ofrecen un momento exacto para el fin del mundo (2 Tes 1-2).

El autor predica que el Señor orientará los corazones de los lectores "al amor de Dios y a la firmeza de Cristo". Luego brinda una aplicación práctica: los cristianos no deben excusarse de su trabajo. El que no trabaje que no coma. La carta finaliza con una breve oración, un saludo y una bendición (2 Tes 3).

Lee *2 Tes 2* para obtener consejos acerca de cómo mantenerse tranquilo con respecto al fin del mundo. No necesitamos entender las alusiones a la "rebelión" y a los "impíos" hechas en este capítulo para entender su principal mensaje: no "se impresionen o alarmen" (2,2)

En todos los tiempos ha habido falsos profetas que predican la venida inminente de Cristo. En la época actual hay predicadores que intentan predecir la fecha exacta del fin del mundo. Al leer la Segunda Carta de los Tesalonicenses aprendemos a no tomar seriamente a dichos alarmistas. ¡Durante dos mil años han estado equivocados! Lo que realmente importa es vivir cada momento en unión con Cristo.

Preguntas para analizar y reflexionar

¿De cuántas personalidades y sucesos importantes mencionados en los Hechos de los Apóstoles puedes acordarte? ¿Puedes hacer un resumen de los puntos más importantes de la teología de Pablo que has encontrado en sus cartas?

Actividades

Muchas biblias cuentan con mapas que ilustran los viajes de Pablo. Utiliza dicho mapa y encuentra los lugares mencionados en la explicación de los Hechos de los Apóstoles.

Estudia la siguiente descripción para familiarizarte con las principales ideas de la vida de Pablo. Completa la descripción con cualquier otro dato que desees agregar.

La vida de Pablo

5(?): nacimiento de Saulo en Tarso; 30(?): ida a Jerusalén, estudia con Gamaliel; 34-35 la conversión de Saulo; 35-38: Arabia; 38: primera visita a Jerusalén; 38-41: Tarso; 41-44: persecución bajo Herodes Agripa; 42-43: Bernabé trae a Pablo a Antioquía, misión de auxilio a Jerusalén; 45-48: primer viaje apostólico... Pablo y Bernabé; 49: Concilio de Jerusalén; 50-53: segundo viaje apostólico... Pablo y Lucas; 58: Jerusalén, arresto en el Templo; 58-60: prisión en Cesarea bajo el gobierno de Félix; 60-61: viaje a Roma; 64(?): visita a España (?); 67(?): última vez en prisión y ejecución bajo el gobierno de Nero (?).

CAPÍTULO ONCE

DE LA PRIMERA CARTA A TIMOTEO AL APOCALIPSIS

Los soldados arrojaron al anciano contra la madera de su cruz. "Otro judío", el centurión escupió despectivamente. "Éste dijo que no merecía morir como su Amo. Así que otórgale su deseo. Crucifícalo boca abajo." Los soldados tomaron los brazos del anciano e hicieron penetrar los clavos a través de su carne y huesos sobre la madera. Luego, rápidamente clavaron sus pies sobre la viga principal, levantaron la cruz y dejaron caer la cruz en el agujero que habían preparado. Pedro gemía de dolor, luego susurró una y otra vez: "Dios, tú sabes que te amo."

Pablo, con los brazos encadenados atrás de la espalda, caminó arrodillado hasta su ejecutor. Habló lo suficientemente fuerte para que oyesen los cristianos que esperaban reclamar su cuerpo para el entierro: "Vivir es Cristo, y morir es ganar." Lentamente dobló su cabeza hacia delante y esperó. La pesada espada blandió en forma de arco y Pablo inició el viaje de la muerte a la vida que tanto había ansiado.

Con el martirio de Pedro y Pablo en Roma finalizaba una era y una nueva época comenzaba. Los grandes apóstoles habían traído miles de personas al cristianismo, establecieron iglesias y designaron a los líderes. La misión de expandir el Evangelio de Cristo había pasado a una segunda generación de cristianos.

LA SEGUNDA GENERACIÓN DE CRISTIANOS

No sabemos la fecha exacta de las muertes de Pedro y Pablo, pero las pruebas más confiables muestran que ambos fueron mártires en

Roma durante la persecución del Emperador Nero, en algún momento alrededor de los años 64-67. Durante estos años, muchos cristianos romanos fueron condenados a la tortura y a la muerte. La persecución cesó en el año 68 cuando Nero se suicidó.

Para este entonces, Pedro, Pablo y otros apóstoles habían establecido iglesias cristianas por toda Palestina, Asia Menor, el norte de África, Grecia, Italia y España. Los cristianos sumaban cientos de miles, la mayoría de origen gentil. Los escritos acerca de Jesús y las Cartas de Pablo estaban circulando. Los creyentes se vieron a sí mismos como el Cuerpo de Cristo, privilegiados por llevar el amor y la verdad de Cristo al mundo.

LA DESTRUCCIÓN DE JERUSALÉN

Mientras el cristianismo se expandía por todo el Imperio Romano, un espíritu de inquietud arrasaba a Palestina. Los oficiales que sucedieron a Poncio Pilato no eran aptos para la tarea de gobernar a los ingobernables judíos, y los zelotes se hicieron fuertes en su llamado a llevar a cabo una revolución contra Roma. En el año 66, cuando el procurador romano Gessio Floro confiscaba una importante cantidad de oro del tesoro del Templo, una multitud de judíos se reunieron para protestar. Floro dispuso sus tropas sobre éstos y mató a miles de ellos. Enfurecidos, los zelotes recuperaron la ciudad entera y atacaron a los soldados romanos. Floro logró escapar, pero la Fortaleza Antonia se derrumbó y su guarnición fue masacrada. Los judíos tomaron las armas de los arsenales romanos y la rebelión se propagó como un reguero de pólvora por toda Palestina.

Los primeros intentos de parte de las tropas romanas, con base en Siria, para reprimir la revuelta no se concretaron. A pesar de que los judíos establecieron un gobierno de ley marcial y fortificaron las ciudades por toda Judea, Samaria y Galilea, la reacción de los romanos fue rápida. El gran general, Vespasio, invadió Galilea en el año 67 con un gran ejército romano. Rápidamente conquistó toda Galilea y tomó el control de la costa mediterránea hasta el sur de Azoto. Allí, un comandante judío, Josefo, fue capturado. Intentó sin éxito convencer a los judíos de que seguir con la resistencia era inútil. Años más tarde escribió una historia del pueblo judío.

En el año 68, Vespasio se trasladó hacia el interior en dirección a Jerusalén. Tras haber conquistado ciudad tras ciudad, estaba listo para atacar Jerusalén en el momento en que se produce el suicidio de Nero. En el año 70, Vespasio fue nombrado emperador. Al partir de Roma, deja a su hijo Tito a cargo de las operaciones militares en Judea. Tito va en contra de Jerusalén con un ejército de ochenta mil soldados. Sitió la ciudad en la primavera, cuando Jerusalén estaba abarrotada con quizás un millón de peregrinos que venían por las Pascuas. El número de víctimas fatales fue alto de ambos bandos; los romanos avanzaron despiadadamente, y rompieron las murallas e invadieron la ciudad. Pero los judíos resistieron detrás de las murallas del Templo, en la Fortaleza Antonia y en el centro de la ciudad.

Tito decidió hacer morir de hambre a los rebeldes, dejando aislada a Jerusalén. Quienes trataban de escapar o de contrabandear comida eran apresados y crucificados. Pronto se expandió la hambruna y la enfermedad. Según el historiador judío Josefo, esta situación pasó a ser tan desesperante que algunas mujeres fueron obligadas a comer a sus propios hijos. Aún los rebeldes se negaban a rendirse y Tito atacó a los debilitados defensores con una venganza. Los romanos derribaron los muros de la Fortaleza Antonia y el Templo. Exterminaron, incendiaron y saquearon hasta que la ciudad quedó en ruinas de cuerpos en putrefacción, árboles quemándose, y piedras ennegrecidas. Los historiadores sostienen que decenas de miles de hombres, mujeres y niños judíos murieron en la miseria causada por el hambre y la enfermedad, en el frenesí de la batalla y en las crucifixiones. Los pocos que sobrevivieron fueron llevados como esclavos.

Desde Jerusalén, los romanos atacaron los focos de resistencia que quedaban. La última, la fortaleza en Masada, que daba sobre el Mar Muerto, fue derribada en el año 73. Cuando las tropas romanas finalmente irrumpieron a través de las defensas de los zelotes, encontraron miles de cuerpos de hombres, mujeres y niños. Los judíos prefirieron suicidarse a ser llevados cautivos.

Por casi sesenta años, Judea estuvo tranquila. La población de Palestina, diezmada por la guerra, paulatinamente empezó a aumentar. En el año 131, el emperador Adriano decidió reconstruir Jerusalén como ciudad romana con un templo a Júpiter. Por supuesto, los judíos se enfurecieron y estalló una nueva rebelión bajo el liderazgo de Simon bar Kokhba. Hábil en las tácticas guerrilleras, atacaba las guarniciones romanas, luego se replegaba en escondites en el desierto de Judea. Forzó a los romanos a abandonar Jerusalén y tomó el control de gran parte de Judea. Pero los romanos enviaron otro gran ejército para reprimir la rebelión. Simón resistió con emboscadas y ataques repentinos, pero finalmente fue acorralado y murió con la última de sus tropas en el año 135. Los romanos esclavizaron y mataron a los judíos que quedaban y que no se habían escapado de Palestina. Se establecieron en Jerusalén con los gentiles, construyeron un templo a Júpiter y decretaron que Judea no existiría más. Pese a que sus colonias sobrevivieron por todo el Imperio Romano, los judíos tuvieron sus tierras recién en el siglo veinte.

EL CRISTIANISMO Y EL IMPERIO ROMANO

Puede parecer increíble que decenas de cientos de judíos fueran a Jerusalén para las Pascuas cuando parecía inminente un ataque del ejército romano. Sin embargo, los judíos se habrán sentido más seguros en Jerusalén porque sus muros y fortificaciones parecían ser inexpugnables. Además, la mayoría de los judíos creía que Dios no permitiría que la Ciudad Santa fuera destruida. En realidad, los zelotes se negaron a rendirse, incluso después de que las defensas exteriores de Jerusalén habían sido violadas, porque ellos estaban seguros de que Dios enviaría a un Mesías para salvarlos de los romanos.

Los cristianos, no obstante, sabían que el Mesías ya había venido y los evangelios registraban que Jesús había anunciado la destrucción de la Ciudad Santa (Mt 24,1-28). No tenían ilusiones acerca de la invulnerabilidad de Jerusalén. En consecuencia, muchos de ellos escaparon de Palestina cuando empezó la invasión romana.

Se establecieron en las ciudades a lo largo de todo el Imperio Romano y transmitieron su fe a otros.

El esparcimiento del cristianismo se vio favorecido por el sistema romano de caminos y la política romana de rutas marítimas. Los apóstoles viajaron libremente a predicar el Evangelio de Jesús. La promesa de la salvación de Cristo para todas las personas fue bien recibida en una época en la que el paganismo estaba perdiendo su encanto.

Las comunidades cristianas se expandían por todas partes. Los cristianos se reunían para adorar en los hogares privados, formando iglesias que eran administradas por los diáconos, sacerdotes (ancianos, presbíteros), y obispos (supervisores). La mayoría de los nuevos creyentes eran gentiles que se vieron a sí mismos, no como una rama del judaísmo, sino como una religión distinta. Hacia fines del primer siglo, había entre 300.000 y 500.000 cristianos, desde India hasta Europa occidental.

Tan vasto número de creyentes necesitaba un liderazgo si se consideraba una sola Iglesia. Después de la destrucción de Jerusalén, tal liderazgo provino de las ciudades de Antioquía, Éfeso, Alejandría y Roma. De éstas, Roma pasó a ser la más prominente. Era, después de todo, el centro del mundo mediterráneo. Era la ciudad donde Pedro, primero entre los apóstoles, había sido obispo. Era la ciudad donde Pedro y Pablo habían muerto. Hacia finales del primer siglo, Clemente, Obispo de Roma, mostró preocupación por otras Iglesias. Durante el segundo siglo, los escritos sagrados expresaron su visión de que todas las demás Iglesias debían ser una con la iglesia de Roma en cuanto a doctrina y política.

PERSECUCIÓN

El Imperio Romano tenía una religión oficial y un culto de estado que adoraba a dioses paganos y al mismísimo emperador. Los cristianos, que no querían participar de dicho culto pagano, no se sentían cómodos con el Estado y fueron a menudo acusados de ser desleales. Nero fue el primer emperador en perseguir a los cristianos, al parecer para distraer la atención por sus propios defectos, pero la persecución se localizó en Roma. El emperador Domitio (81-96) ordenó la primera persecución general de los cristianos en los últimos tiempos de su reinado. Después de él, hubo una política oficial según la cual los cristianos estuvieron sujetos a arrestos, confiscación de bienes, esclavitud, tortura y muerte. Algunos emperadores no persiguieron activamente a los cristianos, sino que otros lo hicieron, incluidos Trajan (98-117), Marco Aurelio (161-180), Decio (249-251) y en especial Deocleciano (284-305). Los historiadores debaten acerca de cuántos cristianos murieron durante las persecusiones; las cantidades probablemente llegaron a cientos de miles.

A pesar de las persecusiones, el cristianismo continuó expandiéndose y hubo varios millones de creyentes hacia el año 300. El cristianismo entró en una nueva era en el año 313 cuando el emperador romano Constantino promulgó el Edicto de Milán, por el cual otorgaba tolerancia religiosa a los cristianos. Fueron entonces libres en su culto y evangelización. El poder del amor de Cristo había conquistado el poder de Roma.

LOS ÚLTIMOS LIBROS DEL NUEVO TESTAMENTO

La mayoría de los libros del Nuevo Testamento, si no todos, fueron escritos hacia el año 100. Hacia el año 200 los veintisiete libros del Nuevo Testamento, junto con los cuarenta y seis libros del Antiguo Testamento de la colección alejandrina fueron reconocidos como inspirados por Dios. En el final del siglo cuarto, una lista de estos setenta y tres libros fue reconocida en los concilios de la Iglesia Católica.

Muchos de los libros del Nuevo Testamento reflejan las circunstancias históricas del momento en que fueron escritos. Por ejemplo, podemos ver el desarrollo de líneas de autoridad en las Cartas de Timoteo y Tito, y podemos encontrar pruebas de la persecución llevada a cabo por autoridades romanas en el Libro del Apocalipsis.

La fecha exacta en la que las cartas del Nuevo Testamento fueron escritas es incierta. Algunas de ellas, atribuidas a Pablo y a Pedro, pudieron haber sido compuestas por sus seguidores después de la caída de Jerusalén. En este libro, podemos únicamente mencionar algunas de las más notables opiniones acerca de la autoría de estas cartas. Hay muchas otras opiniones, por supuesto, pero el hecho más importante a considerar es que estos libros son inspirados por Dios, independientemente de quiénes hayan sido los autores humanos.

LAS CARTAS PASTORALES

Las cartas de Pablo a Timoteo y Tito difieren de sus otras cartas en que éstas están destinadas a los líderes de la Iglesia y no a las congregaciones de Iglesias. Porque ofrecen una guía para los pastores, son conocidas como las "Cartas Pastorales."

Algunos de los estudiosos creen que las Cartas Pastorales fueron en verdad escritas por uno de los discípulos de Pablo después de su muerte, probablemente en las décadas de los años 80 ó 90. Estas cartas demuestran que el idioma y el estilo difieren de los otros escritos de Pablo. Las Pastorales parecen reflejar una era posterior en la Iglesia; por ejemplo, la Primera Carta de Timoteo 3,6 dice que un obispo no debe ser "alguien recién convertido". Tratan diferentes cuestiones, incluida la necesidad de ser fiel a la prédica de los apóstoles y evitar el falso conocimiento que viene del denominado gnosticismo (1 Tim 6,20). No obstante, otros estudiosos señalan que estas razones no son concluyentes y no descartan la posibilidad de que Pablo haya escrito las cartas por medio de su secretario.

Cualquiera fuera el caso, la doctrina de las Cartas Pastorales es consistente y fiel a la teología de Pablo. El autor, si fue Pablo, ciertamente tuvo la intención de enseñar con la autoridad de Pablo y estaba familiarizado con los escritos de él. Una posible opinión es que el autor de las Pastorales recolectó extractos de las cartas que Pablo les había escrito a Timoteo y a Tito, y las incorporó a una serie de directivas para los líderes de la Iglesia que conocemos como la Primera y Segunda Carta de Timoteo y Tito.

PRIMERA CARTA A TIMOTEO

Timoteo era oriundo de Listra (actualmente el centro sur de Turquía). Pablo fundó una iglesia allí en su primer viaje apostólico, y en su segundo viaje dio la bienvenida a Timoteo, un compañero apóstol. Timoteo acompañó a Pablo en su tercer viaje y Pablo le asignó varias tareas. Era claro que él era uno de los más confiables socios de Pablo.

La Primera Carta a Timoteo presenta a Pablo como quien escribe desde Grecia a Timoteo, a quien Pablo había enviado a la iglesia en Éfeso. Después de un breve saludo, Pablo advierte a Timoteo para que vigile la falsa doctrina. Recordándole la misericordia de Dios para con él, Pablo impulsa a Timoteo a "pelear por lo bueno, teniendo fe y una conciencia justa" (1 Tim 1).

Luego, Pablo pide oraciones, especialmente para quienes ejercen la autoridad. Proporciona las directivas para la vestimenta y decoro en las asambleas de culto, directivas que reflejan las costumbres de un lugar y época particulares. Vuelve a contar las calificaciones de los obispos y diáconos. Describe la Iglesia como "el pilar y el baluarte de la verdad". Canta un himno de alabanza a Cristo, "el misterio de nuestra religión" (1 Tim 2-3).

Pablo luego ataca a las falsas doctrinas de aquellos que enseñaban que solamente el lado espiritual de la humanidad era bueno. Para Pablo, "todo lo creado por Dios es bueno", tanto el cuerpo como el espíritu. Timoteo debe ser fiel a sus deberes y a su oficio, conferido en virtud de "la profecía con la imposición de manos por el concilio de los ancianos". Pablo envía a Timoteo a tratar con respeto a los miembros de la comunidad. Proporciona las disposiciones para las viudas, que cumplían funciones especiales en los comienzos de la Iglesia. Aconseja a Timoteo a guiar a los ancianos (presbíteros), mencionando la imposición de manos, una referencia de lo que más tarde se dio a conocer como la ordenación de sacerdotes (1 Tim 4-5).

Pablo menciona las relaciones de los esclavos y los amos, y nuevamente advierte sobre las falsas enseñanzas, especialmente la noción de que la religión debe ser usada para fines materiales. Finaliza con exhortaciones para cumplir los mandamientos y mantenerse fiel a la verdad (1 Tim 6).

Lee _1 Tim 1_. Observa las referencias a las falsas enseñanzas y a los vicios tan comunes en el mundo pagano. Observa también la referencia al pasado de Pablo y la gran misericordia de Dios para con él. Lee _1 Tim 3_ para conocer las cualidades de los obispos y diáconos y un breve himno que honra el misterio de la Encarnación de Cristo. Observa que la expresión, "casado una sola vez" (3,2) no significa que el obispo tenía que ser casado (Pablo no lo era), sino que simplemente el obispo no se podía casar más de una vez.

La Primera Carta a Timoteo ofrece detalles sobre el desarrollo de la autoridad y estructura de la Iglesia. Incluso en el primer siglo, los líderes de la Iglesia veían la importancia de la organización si quería mantener la unidad. Nosotros vemos en la Primera Carta de Timoteo que las enseñanzas falsas debían ser contradecidas. No tenemos que sorprendernos al encontrar hoy problemas semejantes.

LA SEGUNDA CARTA A TIMOTEO

La Segunda Carta a Timoteo muestra a Pablo escribiendo en la prisión en Roma a su amado discípulo. Es más personal en su tono que en la Primera Carta a Timoteo, e incluso si adquiere su forma actual después de la muerte de Pablo, puede contener pasajes que fueron escritos originariamente por él. Pablo relata los juicios que están sufriendo y le pide a Timoteo que lo visite y le traiga algunos documentos y una capa que Pablo había dejado en Tróas. Pablo describe su trabajo como terminado y se siente listo para morir.

La carta empieza con un saludo y una expresión de gratitud que menciona la fe de la madre de Timoteo, Eunice, y su abuela, Loida. Pablo alienta a Timoteo para que sea fiel al Evangelio, que proclama a Cristo como Salvador. Pablo puede ser encadenado, pero "la palabra de Dios no puede serlo" (2 Tim 1,1-2,13).

Pablo advierte a Timoteo que sea consciente de los falsos apóstoles y que evite las disputas vanas. Lo previene de la debilidad que vendrá en los "últimos días," una amonestación a menudo encontrada en el Nuevo Testamento. Timoteo debe seguir el ejemplo de Pablo y ser fiel a las Sagradas Escrituras, porque "las escrituras son inspiradas por Dios" (2 Tim 2,14-3,17).

A medida que la carta va llegando a su fin, Pablo da otra exhortación a Timoteo para que lleve a cabo su ministerio. Habla de la aproximación de su propia muerte con confianza y esperanza. Le da noticias acerca de los compañeros apóstoles, envía saludos y concluye con una bendición (2 Tim 4).

Lee *2 Tim 1-2* para conocer las palabras introductoras y algunas exhortaciones de Pablo. Observa cómo aconseja a Timoteo a entregar el Evangelio a otros maestros, tal como Pablo se lo había entregado a Timoteo.

La carta revela el corazón y mente de Pablo durante sus últimos días en la tierra. Vemos los juicios que soportaron los primeros apóstoles y los peligros de la falsa doctrina. A pesar de dichos juicios y peligros, Pablo enfrentó el futuro con esperanza y nos inspira a hacer lo mismo.

CARTA A TITO

Tito era un cristiano gentil, un discípulo y compañero de Pablo. Es mencionado en la Segunda Carta a los Corintios como un socio confiable enviado por Pablo a Corinto en varias misiones. En el 2 Timo 4,10, se cree que Tito está en Dalmacia. En esta carta, está en la isla de Creta. La carta es más breve que la Primera Carta a Timoteo, pero se refiere a muchas de las mismas preocupaciones.

La Carta empieza con el habitual saludo e indica que Tito fue enviado a Creta para constituir a los ancianos (presbíteros) y obispos. Se enumeran las cualidades para dichos líderes, con especial atención a la habilidad para refutar a los apóstoles falsos. Aparentemente, éstos eran numerosos en Creta, y entre ellos estaban los cristianos judíos que predicaban que los creyentes estaban sujetos a la Ley de Moisés y las leyes dietarias judías (Tit 1).

Luego, otorga lineamientos para la conducta moral para los cristianos de todas las edades y clases. La gracia de Dios ha sido dada a todos, y todos esperan la Venida de Cristo. Los cristianos deben ser buenos ciudadanos, llenos de paz y misericordia, en respuesta a la bondad y el amor generoso de Cristo. La carta finaliza con los consejos para Tito respecto a cómo tratar a los falsos apóstoles, con notas personales, saludos y una bendición.

Lee _Tit 2,11-3,7_ para conocer los lineamientos sobre la vida cristiana en respuesta a la bondad de Dios. Observa la referencia al Bautismo en 3,5.

Al igual que otras Cartas Pastorales, Tito nos ayuda a entender los problemas que enfrentaba la Iglesia a medida que el liderazgo pasaba de los apóstoles a la segunda generación de cristianos. También encontramos instrucciones acerca de cómo vivir cristianamente en un mundo imperfecto.

CARTA A FILEMÓN

Esta carta es la más breve de las atribuidas a Pablo y es, por este motivo, que se ubica al final. Fue escrita por Pablo mientras estaba en prisión, quizás en Éfeso alrededor del año 56 o en Roma en el año 62 aproximadamente, y enviada a Filemón, un cristiano acomodado que vivía en Colosa (sudoeste de Turquía; ver Gál 4,9).

Onésimo (un nombre que significa "útil") era un esclavo que escapó de su dueño, Filemón, y terminó con Pablo. Él lo convirtió y escribió esta carta como una súplica a Filemón para que reciba nuevamente a Onésimo como un hermano. Hay una sutil indirecta de Pablo para que Filemón libere a Onésimo y le permita regresar a Pablo como su asistente.

Pablo no hace referencia a la institución de la esclavitud. Los primeros cristianos se dieron cuenta de que no podían cambiar las leyes romanas y esperaban que Cristo pronto volviera. Pero las actitudes alentadas por Pablo en esta Carta y en otras partes (ver Gál 3,28) finalmente hacen que los cristianos repudien la esclavitud en su totalidad.

Lee Filemón. Observa cómo Pablo no sólo dirige la carta a Filemón, sino también a Apia, a Arquipo y a otros miembros de la Iglesia que se reúnen en la casa de Filemón. Desde ya que esto daba un incentivo adicional para Filemón a acceder a los deseos de Pablo. Observa cómo Pablo elogia a Filemón, luego le ruega que escuche sus súplicas por Onésimo. Pablo finaliza con la esperanza de que pronto visitará a Filemón, con saludos y una bendición.

Quienes leemos a Filemón hoy no podemos dejar de conmovernos por el atractivo de Pablo, "como hombre mayor y ahora también como prisionero de Cristo Jesús". Somos alentados a imitar el cariño de Pablo por los demás y a abrir nuestros corazones a las personas de todas las clases sociales.

HEBREOS

Este escrito fue tradicionalmente denominado la Carta a los Hebreos. Sin embargo, el título es un agregado posterior y el trabajo fue, en verdad, un sermón. "Hebreos" forma parte del título por la gran cantidad de referencias al Antiguo Testamento en este libro, pero se desconoce el verdadero público de este sermón. El autor también es desconocido. En el pasado, algunos estudiosos pensaban que Pablo podía haberlo compuesto a raíz de una referencia a Timoteo en el último capítulo. Pero el estilo y el lenguaje difieren bastante del de Pablo, razón por la cual pocos estudiosos, en la actualidad, sostienen que él haya sido su autor.

Podemos aprender mucho acerca del trabajo a través del estudio de sus contenidos. El griego es excelente y fue escrito por alguien con habilidad en el idioma, composición y estilo literario. El autor a menudo cita la versión alejandrina (griega) del Antiguo Testamento. Por este motivo, se deduce que conocía el griego y el Antiguo Testamento. Esto ha ocasionado que muchos estudiosos sugieran que los hebreos se originaron en Alejandría, Egipto.

Si fue destinado para la comunidad cristiana en Alejandría u otra parte, o para la iglesia en su totalidad, no se sabe. A juzgar por las declaraciones en la carta, los destinatarios del sermón eran quienes habían sido cristianos por algún tiempo, y que la persecución o la rutina los tentaba a desistir de su fervor inicial. Es posible que algunos de ellos hayan dejado de asistir a los servicios regulares de adoración y que hayan abandonado su fe cristiana.

Por las diversas referencias que se dan de la adoración del Templo, algunos estudiosos creen que Hebreos fue compuesto antes de la caída de Jerusalén en el año 70, pero esto es incierto. Pudo haber sido escrito al principio de los años 60 o a fines de los 90.

Cualesquiera fueran las preguntas acerca del autor, el público y la fecha de composición de Hebreos, no hay duda acerca del valor del trabajo en sí. Es una presentación maestra de Cristo como la Palabra de Dios, el sacerdote que nos salvó por su muerte y el líder que abre los cielos para nosotros. Las explicaciones teológicas se mezclan con las exhortaciones morales a lo largo de todo el trabajo. Completa su propósito de impulsar a los cristianos a seguir a Cristo con coraje y valor.

El autor empieza estableciendo que Dios, que ha hablado a nuestros antepasados de muchas maneras, en estos "últimos días" nos ha hablado a través de su Hijo. Cristo está sobre toda la creación, más alto que los ángeles, por esta razón, debemos ser fieles en seguirlo a través del sufrimiento y muerte a la vida eterna (Heb 1-2).

Cristo es nuestro "sumo sacerdote", más grande que Moisés. Él nos conduce hacia la Tierra Prometida y el "descanso del sábado" del cielo. Entiende nuestra debilidad y debemos confiar en él (Heb 3,1-5,10).

Hebreos nos incita a ir más allá de las enseñanzas básicas de nuestra fe, para darnos cuenta de que Cristo es un sumo sacerdote que nos guía por siempre. Él trasciende el sacerdocio de Aarón, y al igual que el sacerdote del Antiguo Testamento, Melquisedeck, recibe su sacerdocio directamente de Dios. El ministerio divino de Jesús excede la adoración del templo: su muerte sacrificatoria nos salva. Su sacrificio en la cruz ha reemplazado los sacrificios de la Antigua Alianza. Por esta razón, debemos mantener nuestra fe, hacer buenas obras y participar de las asambleas litúrgicas de la Iglesia (Heb 5,11-10,39).

Fortalecemos nuestra fe por medio de la consideración de los grandes creyentes de la Antigua Alianza. Dios nos ha otorgado lo que ellos esperaban. Ellos nos observan cómo nosotros "corremos con perseverancia la carrera que se nos presenta ante nosotros, mirando a Jesús, el pionero y perfeccionista de nuestra fe". Debemos soportar nuestras pruebas con valentía, pues el sufrimiento nos fortalece en nuestro viaje a la "ciudad del Dios que vive". Debemos vivir en santidad. Con Dios como nuestro ayudante, debemos imitar a los grandes líderes que nos han antecedido, pues "Cristo Jesús es el mismo ayer y hoy y siempre" (Heb 11-13). Lee *Heb 1,1-4*: la introducción a este gran sermón. Lee *Heb 2,14-18*: una expresión de nuestra unidad con Cristo. Lee *Heb 4,1-5,10*: un ejemplo del uso de referencias del Antiguo Testamento del autor y una bella explicación de Cristo como el sacerdote que comparte incluso nuestros sufrimientos. Lee *Heb 10,19-39* para ver cómo el autor usa tanto las promesas como las advertencias para alentarnos a ser fieles hasta el fin. Lee *Heb 12,18-24*, que señala el único y verdadero objetivo de la existencia humana.

Estas son solamente muestras de la doctrina de Hebreos. Este libro, si se lo lee en su totalidad, nos dará un entendimiento más claro de la presencia constante de Jesús como nuestro maestro, líder y sacerdote. Nos ofrecerá una nueva visión de la fe (11,1), esperanza (6,18-19) y amor (10,24), como las virtudes que nos unen de cerca a Cristo.

CARTA DE SANTIAGO

"Santiago, siervo de Dios y del Señor Jesucristo, a las doce tribus de la Dispersión, Salud." Con este saludo empieza la Carta de Santiago, pero no revela la identidad de Santiago o de las tribus. Es posible que Santiago haya sido pariente de Jesús y el líder de la Iglesia de Jerusalén, o de algún otro. El término "doce tribus" designa a Israel y "la dispersión" se refiere a los judíos que viven fuera de Palestina. En este contexto del Nuevo Testamento, estas expresiones se pueden referir a los cristianos de antecedentes judíos o a todos los cristianos que se consideraban a sí mismos como la nueva Israel.

Debido a que esta carta y las otras que le siguen se dirigen a los creyentes en general, a veces son denominadas "Cartas Católicas (Universales)". Esta designación se encuentra en algunas biblias, pero no es parte del título de estas cartas.

La Carta de Santiago es, en verdad, un sermón escrito para alentar a sus lectores a llevar una vida moral, y enfatiza que la fe debe quedar expresada en las buenas obras. Su estilo es judío, con similitudes a la literatura sapiencial del Antiguo Testamento en sus dichos y exhortaciones. Emplea diálogo (2,18-26) y diatriba (debate agresivo, 4,3-4 y 5,1-6). A pesar de ser judío en su estilo, está escrita en excelente griego.

Si la Carta de Santiago proviene del líder de la Iglesia de Jerusalén, precede el año 62, el año de su muerte. Si proviene de otro Santiago, pudo haber sido escrita en cualquier momento en la segunda mitad del primer siglo.

Después del saludo introductorio, Santiago explica el valor de las pruebas y tentaciones. Alienta a sus lectores a ser "hacedores de la palabra", a dejar que la religión encuentre expresión en las acciones y a evitar el favoritismo a ricos y poderosos. Para Santiago, la fe debe conducir a la acción, porque la fe sin obras es vana. Santiago predica el control de la lengua y enseña el significado de la verdadera sabiduría. Advierte a los lectores en contra de las divisiones y la presunción, señala la naturaleza transitoria de los ricos y enseña el valor de la oración, en especial, por los enfermos. Finaliza con una promesa para aquellos que provocan la conversión de los pecadores, pues ellos serán salvados de la muerte (Sant 1-5).

Lee *Sant 2,14-3,12*, una clara declaración de la importancia de las buenas obras y un lindo sermón para controlar la lengua. Lee *Sant 5,13-16* sobre el poder de la oración. Observa cómo la oración es mencionada en cada versículo. La Iglesia Católica entiende la referencia de la unción de los enfermos como aquella relacionada con el Sacramento de la Unción de los Enfermos.

Los que leemos hoy a Santiago encontraremos consejos sólidos y de sentido común para vivir nuestra fe en el mundo actual. Por cierto, todo este trabajo puede ser considerado como un comentario de las palabras de Jesús: "No todo el que me dice: ¡Señor! ¡Señor! Entrará en el reino de los cielos, sino el que hace la voluntad de su Padre, que está en los cielos" (Mt 7,21).

PRIMERA CARTA DE PEDRO

Esta carta está dirigida de parte de Pedro, el apóstol, a las iglesias de Ponto, Galacia, Capodocia y Bitinia, regiones en Asia Menor (en la actualidad Turquía). Hasta hace poco, la mayoría de los estudiosos creían que la carta había sido enviada por Pedro desde Roma (denominada "Babilonia" en 5,13) y escrita por medio de Silvano (ver 5,12) alrededor del año 64.

Algunos estudiosos modernos, no obstante, opinan que el lenguaje y las circunstancias encontradas en la carta presumen una fecha posterior, quizás 80-95, y un autor que escribe en nombre de Pedro. Incluso otros piensan que la carta fue compuesta por alguien que usaba sermones y cartas de Pedro como fuente.

De todos modos, la carta está inspirada en Dios y es un bello sermón que alienta a la fidelidad de la vida cristiana. Hay muchas referencias al Bautismo y la carta puede contener partes de las primeras instrucciones y liturgias bautismales. Cita los himnos, oraciones cristianas al igual que refranes.

La carta se refiere a los sufrimientos y al "fuego encendido" (4,12). Estas referencias se pueden relacionar con la persecución de Nero, con las pruebas de la vida en un mundo pagano, con la hostilidad de parte de los vecinos de los judíos, con la persecución de Domitio a fines del primer siglo.

Esta carta y la que le sigue indican el lugar especial de Pedro en los comienzos de la Iglesia. El Evangelio de Mateo informa que Jesús decía a Pedro: "Tú eres Pedro y sobre esta piedra edificaré mi Iglesia y las puertas del infierno no prevalecerán contra ella. Te daré las llaves del reino de los cielos y lo que atares en la tierra será desatado en los cielos y lo que desates en la tierra será desatado en los cielos" (Mt 16,18-19). Este pasaje ordena un lugar especial de liderazgo y autoridad para Pedro. Muchos otros pasajes del Nuevo Testamento refuerzan esta visión. Pedro es llamado primero en las listas de los apóstoles (Mc 3,16-19). Él es la figura central en los hechos del Evangelio, tales como la Transfiguración (Mt 17,1-8). Después de negar a Jesús, él es el designado por el Señor para guiar el ganado (Jn 21,15-19). Él es el primero en proclamar el Evangelio públicamente y es el vocero principal de los apóstoles (Hech 2,14-40). Finalmente, Pedro se dirigió a Roma, donde fue martirizado; de acuerdo con la tradición (a la que se hace referencia en la parte introductoria de este capítulo), fue crucificado boca abajo. Quienes sucedieron a Pedro como los obispos de Roma fueron reconocidos como poseedores de una autoridad especial y como líderes entre los obispos, tal como Pedro había sido el líder entre los apóstoles.

La Primera Carta de Pedro empieza con un saludo, una referencia al Padre, Hijo y Espíritu, y una bendición. Le sigue una explicación del nuevo nacimiento del Bautismo y de las virtudes de la obediencia, el respeto y el amor que deben ser parte de la vida cristiana. Los cristianos son privilegiados por ser las piedras vivientes en la casa espiritual de la Iglesia de Dios. Son una raza elegida, un sacerdocio real, una nación santa... el pueblo de Dios (1 Ped 1,1-2,10).

Pedro aconseja a los cristianos a dar un buen ejemplo a los no creyentes y a ser ciudadanos leales. Los esclavos pueden imitar el amor sufrido y generoso de Jesús. Los maridos y sus mujeres deben honrar y respetarse el uno al otro. Todos deben vivir en amor y bondad. Cuando los cristianos deben pasar por pruebas, deben responder como Cristo, quien sufrió por nosotros. Debemos vivir moralmente, incluso en un mundo inmoral, haciendo todo en el amor y gracia de Dios (1 Ped 2,11-4,11).

Pedro asegura a los cristianos que deben soportar el "fuego encendido" que comparten en los sufrimientos de Cristo. Los líderes de la Iglesia deben cuidar a estas personas. Los creyentes deben obedecer a sus líderes, ser humildes los unos con los otros, atentos a resistir al diablo, y dependientes de la misericordia de Dios. Después de estas exhortaciones, Pedro finaliza con saludos personales y una bendición.

Lee _1 Ped 1,1-2,10:_ una explicación del Bautismo y de la vida cristiana. Lee _1 Ped 5,6-11:_ una breve exhortación que nos recuerda que debemos depositar nuestra confianza en Dios y en la promesa de vida eterna de Dios.

La Primera Carta de Pedro nos ayudará a entender el gran privilegio de ser bautizados como cristianos. Nos alienta a admirar a Cris-

241

to por su fuerza cuando experimentamos dificultades. Nos da consejo en nuestros esfuerzos por imitar a Jesús.

SEGUNDA CARTA DE PEDRO

Se cree que esta carta es de "Simón Pedro", un siervo y apóstol de Cristo Jesús. Pero desde el comienzo, la noción de que la carta en verdad provino de Pedro, el apóstol, es cuestionada. Su lenguaje y estilo difieren de la primera carta de Pedro. Habla de los apóstoles ya muertos (2 Ped 3,2-4) y se refiere a la colección de cartas de Pablo como parte de las Escrituras (2 Ped 3,15-17). Su principal preocupación es que los herejes se burlan porque la Segunda Venida de Cristo no ha ocurrido aún; esto apenas habría sido un problema en la vida de Pedro. Finalmente, hay un pasaje acerca de los falsos apóstoles (2 Ped 2,1-18), que parece desprenderse de la Carta de Judas y no es probable que Pedro haya hecho comentarios de una autoridad menos importante.

Por estas razones, algunos estudiosos católicos creen que la Segunda Carta de Pedro fue en realidad escrita por un predicador posterior que quería apelar al prestigio de Pedro y que pudo haber usado algunos de sus sermones como fuente. Hablando como Pedro, recuerda la Transfiguración (1,16-18), se refiere a una carta anterior (3,1) y habla de estar cerca de la muerte (1,13). Es como si el autor estuviera diciendo: "Si Pedro estuviera aquí, esto es lo que les diría." Esto, desde ya, da testimonio de la especial referencia a Pedro, adoptada en los comienzos de la Iglesia.

Después de un saludo y una oración, el autor alienta a su público a depositar su fe en Dios. Cristo, que fue transfigurado antes que Pedro, puede ser confiado y el mensaje profético de Dios es plenamente confiable (2 Ped 1). Los falsos apóstoles, por el otro lado, deben ser evitados. Ellos confunden a las personas con promesas vacías (2 Ped 2). Aquellos que se burlan de la Segunda Venida de Cristo son necios, pues "con el Señor un día es como mil años". Dios es paciente en darnos tiempo para arrepentirnos, pero este mundo un día dejará de existir. Debemos, entonces, estar listos para el juicio (2 Ped 3).

Lee *2 Ped 3* para conocer el punto principal de la carta: el juicio de Dios por cierto vendrá, a pesar de que se desconoce la hora exacta.

Este mensaje es verdadero hoy. El mundo llegará a su fin para nosotros en el momento de nuestra muerte, y debemos estar siempre listos. El autor de la Segunda Carta de Pedro habla de la tierra que es disuelta por el fuego. Usa lenguaje apocalíptico, no enseña ciencia. Pero, en realidad, los científicos dicen que finalmente nuestro propio sol se convertirá en un gigante rojo e incinerará la tierra. (¡Esto no es una causa inmediata de preocupación, ya que los científicos sostienen que ocurrirá aproximadamente en unos cinco mil millones de años!)

PRIMERA CARTA DE JUAN

Esta carta es en verdad una enseñanza teológica, pues le falta el saludo y el cierre de las cartas del Nuevo Testamento. Muchos expertos creen que fue escrita por un discípulo del autor del Evangelio de Juan, quizás por la misma persona que agregó el capítulo 21 al Evangelio. La fecha de composición es probablemente alrededor de los años 95-100. Esta carta parece que ha sido dirigida a la iglesia o a las iglesias en Asia Menor, tal vez Éfeso y las comunidades aledañas.

La Primera Carta de Juan enfatiza la creencia en la humanidad de Jesucristo y en realidad de la filiación divina de Cristo. Pone especial atención en los temas de la fe y el amor. Debemos creer en Jesucristo y en la verdad que fluye de él. Debemos amarnos los unos a los otros como Dios nos ha amado. Nuestra fe y amor deben encontrar expresión en las buenas acciones, en el cumplimiento de los mandamientos.

Esta carta también se ocupa del problema de los falsos apóstoles que rechazan a Jesús como Mesías e Hijo de Dios (2,22) y niegan la Encarnación (4,2). Estos falsos apóstoles provenían de la comunidad, pero se fueron y son ahora considerados "anticristos" (2,18-19).

La Primera Carta de Juan está llena de bellas enseñanzas acerca de Cristo, el amor de Dios por nosotros, y nosotros mismos como hijos de Dios. Pero no está organizada de una forma que pueda ser seguida fácilmente por los lectores modernos. Incorpora refranes poco relacionados entre sí, uno después del otro, y sigue el formato de una circular, reformulando las ideas con palabras apenas diferentes. Incluso así, si no esperamos argumentos lógicos cuidadosamente elaborados y, a cambio, aceptamos el enfoque del autor, podemos sacar mucho provecho de sus refranes, explicaciones y exhortaciones.

La Primera Carta de Juan empieza con un prólogo que tiene algunas semejanzas con el prólogo del Evangelio de Juan. El autor entonces proclama a Dios como la luz y exhorta a su público a caminar bajo su luz. Deben cumplir con los mandamientos, sobre todo el mandamiento del amor. El autor les habla a los grupos dentro de la comunidad, luego se ocupa del tema de los anticristos, aquellos que han negado a Cristo. Los fieles deben rechazar a estos maestros y buscar la verdad de Cristo. Los fieles son los hijos de Dios y deben vivir en el amor y la verdad de Dios (1,1-3,11).

Porque Dios nos ha amado tanto, nosotros debemos amarnos los unos a los otros. Porque Cristo entregó su vida por nosotros, nosotros debemos dar nuestras vidas por los demás. Ponemos nuestra confianza en Dios cuando creemos en Jesucristo. Nuestra fe es verdadera cuando creemos que Jesús vino en cuerpo, un hecho negado por los anticristos. El Dios en el que creemos es un Dios del amor. Debemos aceptar el amor de Dios; debemos amarnos los unos a los otros. La fe en Dios y en Jesús trae la victoria y la vida eterna (1 Jn 3,12—5,1).

Aparentemente, la carta originariamente finalizaba en 5,13. Los versículos restantes fueron agregados posteriormente. Éstos aconsejan a los creyentes a rezar por los pecadores y reiteran la necesidad de depositar la fe en Dios y en Cristo (1 Jn 5,14-18).

Lee *1 Jn 1*, el prólogo, seguido por una reflexión sobre Dios como luz. Lee *1 Jn 4,7-21*, que enseña que debemos creer en el amor de Dios por nosotros y amarnos los unos a los otros.

Quienes leemos la Primera Carta de Juan encontraremos que profundiza nuestra creencia en el amor de Dios y en la realidad de que Cristo es uno para nosotros y el Hijo único de Dios. Encontraremos la simple, pero profunda explicación de quién es Dios... "Dios es amor" (4,16).

SEGUNDA CARTA DE JUAN

Esta breve carta y la que le sigue la dirige el "anciano" (presbítero, sacerdote) a destinatarios específicos. La identidad del anciano es desconocida para nosotros, pero el hecho de que no haya tenido que dar su nombre significa que debe haber sido un líder prominente en los comienzos de la Iglesia. Se cree que, en general, proviene de la comunidad que produjo el Evangelio de Juan y la Primera Carta de Juan. Pudo haber sido el mismo individuo que escribió la Primera Carta de Juan. La Primera y Segunda Carta de Juan son, por lo general, fechadas alrededor de los años 95-100.

La Segunda Carta de Juan es enviada a la "Señora elegida y sus hijos", una designación para una iglesia cristiana. A diferencia de la Primera Carta de Juan, ésta tiene la forma clásica de las cartas antiguas: el saludo, la acción de gracias, el cuerpo y cierre, los saludos de la iglesia de la "hermana elegida". Es breve, posiblemente elaborada para que abarque una sola hoja de papiro. Pudo haber sido enviada a la comunidad de la iglesia que preguntaba por los mismos problemas que se consideran en la Primera Carta de Juan. El anciano menciona estos temas brevemente: verdad, amor, falsos apóstoles, el anticristo. Luego promete visitar la iglesia sin duda alguna para explicar los principales asuntos en detalle.

Lee la _Segunda Carta de Juan_. Esta carta puede ser considerada un breve resumen de los temas de la Primera Carta de Juan. Su exhortación a rechazar los falsos apóstoles no se desprende de una falta de caridad, sino de la necesidad de mantener la verdad de Cristo no corrompida por el error.

En esta carta, somos incitados a buscar la verdad, a vivir en amor, a cumplir los mandamientos, a evitar el error y a construir nuestras vidas sobre la base de la prédica de Cristo.

TERCERA CARTA DE JUAN

La carta es otro mensaje enviado por el presbítero, esta vez a Gayo, aparentemente el líder de una comunidad cristiana en Asia Menor.

La carta se ocupa de la actividad apostólica en los comienzos de la Iglesia y los problemas de autoridad.

Después del saludo introductorio y las felicitaciones, el anciano le pide a Gayo que le de la bienvenida y ayude a los apóstoles que había enviado. Se queja porque el otro líder, Diotrefes, rechazó reconocer su autoridad. El anciano menciona que si él viene, espera que rectifique la situación. Da recomendaciones a un tal Demetrio, quizás sea quien entrega la carta. Finaliza con la esperanza de visitar a Gayo pronto y con una breve oración y saludo.

Lee la *Tercera Carta de Juan*. Esta carta muestra que los problemas de autoridad existieron desde los comienzos de la Iglesia. A pesar de ello, el cristianismo floreció en la verdad de Cristo y en el amor de Dios. No nos debemos sorprender, entonces, de enfrentar los problemas en la Iglesia de hoy. Podemos estar seguros de que con la ayuda de Dios la Iglesia continuará para vivir en la verdad y el amor.

CARTA DE JUDAS

Al autor de esta carta se lo llama "Judas, siervo de Jesucristo y hermano de Santiago". La persona a la que se hace referencia es probablemente un individuo llamado el hermano (pariente) del Señor (Mc 6,3). Si este Judas es el autor, la carta puedo haber sido escrita en algún momento alrededor del 60-80. Sin embargo, la carta parece referirse a los apóstoles mientras están en el pasado (Jds 17), y muchos estudiosos sostienen que fue en verdad compuesta a fines del primer siglo por alguien que usó el nombre de Judas para darle al trabajo especial autoridad. Los destinatarios de la carta no son identificados; pudieron haber sido los miembros de alguna comunidad cristiana o de toda la iglesia en su conjunto.

La ocasión para escribir esta carta fueron las falsas enseñanzas de algunos que negaban a Cristo y convertían la libertad del cristiano en una licencia para consentir la inmoralidad. Judas ataca a los falsos apóstoles y anima a los verdaderos creyentes a ser fieles a la verdad.

Judas empieza con un saludo y una oración, luego menciona los falsos apóstoles como intrusos y personas ateas. Condena sus acciones inmorales y los advierte acerca del juicio de Dios. Judas se refiere a varios libros apócrifos (no pertenecientes a la Biblia) de la época del Antiguo Testamento (6,9-14-15); los usa para ilustrar algunos puntos, sin afirmarlos como históricos. Luego, se dirige a los destinatarios de su carta. Los impulsa a constituirse a sí mismos en su "más sagrada fe", a permanecer en el amor de Dios y a anhelar la vida eterna. Finaliza con una oración de alabanza.

Lee _Judas._Vivimos en un mundo donde los falsos maestros niegan el pecado e interpretan la libertad como una licencia para hacer cualquier cosa, hasta algo malo. Judas nos puede ayudar a prevenir la inmoralidad que seguramente conduce a la destrucción.

LIBRO DEL APOCALIPSIS

El Libro del Apocalipsis (o de la Revelación), pertenece a esa categoría de literatura llamada apocalíptica, popular doscientos años antes y doscientos años después de Cristo. Esta forma literaria se encuentra en el Libro de Daniel del Antiguo Testamento, en partes de otros libros en el Antiguo y Nuevo Testamento y en muchos trabajos no bíblicos de este período.

La literatura apocalíptica se originó durante los tiempos de persecución y tuvo por finalidad dar aliento a los lectores en sus pruebas. Usó lenguaje que el autor y su público pudieran entender, pero que el perseguidor hallaba sin sentido.

Este lenguaje apocalíptico incluye símbolos, tales como animales extraños y otras criaturas extrañas. Asigna especial significado a los números. Por ejemplo, en el Apocalipsis, el cuatro significa todo el mundo (norte, sur, este y oeste); el siete simboliza la perfección; el doce recuerda las doce tribus de Israel y representa el pueblo de Dios; y mil significa multitud.

El lenguaje apocalíptico emplea visiones dramáticas que, a menudo, eran interpretadas por un ángel. Describe hechos contemporáneos en lenguaje alegórico, pero de maneras que podían ser interpretados por quienes estuvieran familiarizados con los hechos. Usa voceros del pasado para describir los hechos actuales, con el resultado de que los voceros parecían conocer el futuro. Ofrece descripciones pintorescas de la lucha entre el bien y el mal, con garantías de que el bien finalmente triunfará.

La literatura apocalíptica se ocupa de los hechos y circunstancias contemporáneas. Por esta razón, el Libro de Daniel fue escrito para dar esperanzas a los judíos durante la persecución de Antíoco IV. El Apocalipsis fue escrito durante la persecución de Domitio para dar esperanzas a los cristianos en tiempos extremadamente difíciles. Ninguno de los libros intenta dar una hora exacta de los hechos futuros, tal como el fin del mundo.

Desafortunadamente, muchas personas a lo largo de la historia han intentado usar el Libro del Apocalipsis únicamente de esta forma. Pensaban que podían ver en este libro un pronóstico de lo que estaba por acontecer en su propio siglo. Una y otra vez, dichas personas han usado el Apocalipsis para predecir el fin del mundo. Desde ya que todos se han equivocado. Cuando nos enfrentamos a las alarmantes predicciones del fin del mundo, supuestamente basadas en el Libro del Apocalipsis, vienen a nuestra memoria las palabras de Jesús: "Pero aquel día y aquella hora nadie la conoce..." (Mc 13,32).

Si deseamos comprender el Apocalipsis, necesitamos familiarizarnos con su terminología y uso de simbolismos. Familiarizarse con el Antiguo Testamento también es una necesidad, pues más de la mitad de los versículos en el Apocalipsis contienen pasajes o referencias del Antiguo Testamento. Las notas en el pie de página de la biblia y un buen comentario pueden ser de utilidad. Nosotros debemos también hacer un esfuerzo para introducirnos en el espíritu del Apocalipsis. Las extrañas criaturas y los reiterados ciclos de visiones, batallas y catástrofes son parte de la forma literaria, cuya finalidad es comprender el punto principal de que el bien triunfará sobre el mal, porque Dios es bueno.

Es útil comparar el Libro del Apocalipsis con una forma contemporánea de comunicación, las películas de las *Guerras de las Galaxias*. En estas películas, el bien se ve amenazado porque las fuerzas del mal dan rienda suelta a toda clase de monstruos. Los agentes del bien sufren derrotas catastróficas. Las batallas se extienden por la tierra, en otros mundos y en el espacio. Pero al final, el bien conquista al mal.

Las películas de la _Guerra de las Galaxias_ provocarían gran confusión a alguien que las tomara literalmente o sostuviera que representan noticias de último momento. Pero cuando vemos estas películas por lo que son, representaciones épicas de la batalla entre el bien y el mal, podemos disfrutarlas y aprender con ellas.

Lo mismo es verdad acerca del Libro del Apocalipsis. Si lo tomamos literalmente, como historia o como un pronóstico e imagináramos que el "milenio" del capítulo 20, por ejemplo, se refiere a un período de tiempo verdadero del futuro, terminaríamos confundidos y desilusionados. Pero si consideramos el Apocalipsis por lo que realmente es, una representación épica de la lucha entre el bien y el mal y una promesa inspirada de que el bien ciertamente triunfará, podemos disfrutarlo y obtener muchas bendiciones de este libro.

Además de su tema principal de que el poder y la bondad de Dios triunfarán sobre el mal, hay muchas otras lecciones importantes que se enseñan en el Apocalipsis. Jesucristo es proclamado Salvador del mundo. Jesús es declarado el verdadero Dios, pues es designado con los mismos términos que Dios, el Padre. El Espíritu Santo se lo muestra, a menudo, como el que conmueve las vidas de los creyentes, por esta razón completa una descripción de la Trinidad. La perfección absoluta de Dios es desplegada a través de los numerosos simbolismos de sabiduría, poder, santidad y majestad de Dios. Se muestra el universo como la obra de Dios y sujeta a la divina Providencia. La gente tiene libertad de voluntad y puede pecar, incluso al punto de perseguir a los inocentes, pero Dios finalmente reivindicará a los justos y castigará a los culpables; Dios no ve lo que pasa en la tierra como un espectador desinteresado; Dios constantemente llega a las personas para invitarlas a aceptar el amor, la gracia y la salvación divinos. Cristo es representado en la gloria como un ser en contacto con la Iglesia; Cristo es uno con los creyentes y actúa en su nombre. Con tal enseñanza, el Apocalipsis nos invita a confiar en Dios, Padre, Hijo y Espíritu Santo, pues Dios nos acompañará en las pruebas, incluso en la muerte misma, y nos llevará a la vida eterna.

El Apocalipsis empieza con un prólogo que anuncia a Juan como el autor. No sabemos la identidad de esta persona; algunos han sugerido que es Juan, el Apóstol, o el autor del Evangelio de Juan, pero hay pocas pruebas que sustentan estas presunciones. No obstante, el autor debe haber sido un líder de cierta importancia en los comienzos de la Iglesia (1,1-3).

A continuación, el Apocalipsis sigue con una colección de cartas dirigidas a siete comunidades de la Iglesia en Asia Menor (actualmente Turquía). Siete significa finalización, y por eso, las cartas están probablemente dirigidas a toda la Iglesia. Se cree que Juan escribió desde Patmos, una isla a cincuenta millas al sur de Éfeso, usada por los romanos para los prisioneros desterrados. Cristo se le aparece y le dice que escriba. Las cartas que siguen están llenas de simbolismo, a menudo relacionadas con la ciudad destinataria. Estas cartas animan a los creyentes a perseverar en la fe y a alejarse del relajamiento y el pecado (1;4-3,22).

Luego, siguen una serie de visiones del reino de los cielos. Estas visiones no son tomadas literalmente. Cristo es descripto como un cordero con siete cuernos y siete ojos. No debemos suponer que el autor realmente haya visto una criatura tan extraña; por el contrario, los cuernos simbolizan el poder y los ojos, la sabiduría que todo lo ve. Las visiones muestran que el reino de los cielos y la tierra están interrelacionados. Los santos en el cielo, por ejemplo, elevan las oraciones de quienes están en la tierra (4,1-5,14).

La siguiente parte introduce una serie de visiones: los siete sellos, las siete trompetas, las siete plagas y las siete copas. Dentro de estos patrones de siete se ubican otras visiones que involucran a ángeles, profetas, una mujer (que representa a María y a la Iglesia), un dragón (Satanás), las bestias (probablemente el Imperio Romano y sus gobernantes). Estas visiones describen el choque entre el bien y el mal, la persecución de los inocentes y los castigos de Dios infligidos sobre los malos (6-16).

Roma es, en ese entonces, mostrada como "Babilonia la grande", el bastardo perseguidor de los cristianos. La caída de Roma es anunciada y un milenio proclamado... probablemente una representación simbólica del tiempo entre la Resurrección de Cristo y el fin del mundo. El fin del mundo verá finalmente la victoria de Dios sobre las fuerzas del mal (17-20)

Con el fin del mundo vendrá "un nuevo cielo y una nueva tierra". La belleza del cielo es mostrada en conmovedoras descripciones de la nueva creación y la nueva Jerusalén. El Apocalipsis finaliza con la seguridad de su verdad y la certeza de la Venida de Cristo (21-22).

Lee *Apoc 1,1-2,7*: una introducción, la primera visión de Cristo y la primera de las siete cartas. Lee *Apoc 12*: la visión de la mujer y el dragón, que representa la lucha actual entre el pueblo de Dios y Satanás. Lee *Apoc 21,1-8*: una imagen del cielo y de la unión con Dios prometida a los justos, así como también una advertencia del castigo que soportarán los malos.

Quienes lean el Apocalipsis encontrarán una conclusión que se adapta a toda la Biblia. El Génesis nos asegura la existencia de Dios. Proclama que Dios creó el mundo y dio vida a los seres humanos porque Dios quiso que ellos compartieran el amor de Dios (Paraíso). El resto de la Biblia es un comentario sobre las tragedias que se han suscitado en nuestro mundo, porque las personas han rechazado la amistad de Dios y la forma en que Dios constantemente se acercaba para hacerlos volver. Sobre todo, la Biblia nos asegura que Dios envió a Jesucristo para ofrecernos la salvación y la vida eterna. El Apocalipsis reconoce las luchas por las que tenemos que atravesar a partir del pecado, pero también nos deja que conozcamos que el amor de Dios y la salvación de Cristo son los poderes más grandiosos del universo. No importa qué tan mal se hayan equivocado los seres humanos, no importa qué terribles sean las heridas del pecado en el mundo, no importa qué tan desesperante pueda ser nuestra situación, Dios seguramente prevalecerá.

Por lo tanto, ¡la victoria no está aún completa, pero ya es cierta! El Apocalipsis y toda la Biblia nos invitan a confiar en Dios y a aceptar el reino de Dios que nos es ofrecido a través de Jesucristo:

"Y oí venir del trono una gran voz, que decía: 'He aquí la morada de Dios con los hombres; él habitará con ellos, ellos serán su pueblo y Dios mismo morará con los hombres. Se enjugará toda lágrima de sus ojos y no habrá más muerte, ni luto, ni clamor, ni pena, porque el primer mundo ha desaparecido.' Y el que estaba sentado en el trono dijo: 'He aquí que hago nuevas todas las cosas.' Luego me dijo: 'Escribe que estas palabras son fieles y veraces.' Me dijo aún: 'Está hecho. Yo soy el Alfa y la Omega, el principio y el fin.'" (Apoc 21,3-6). "Amén. ¡Ven Señor Jesús!" (Apoc 22,20).

Preguntas para analizar y reflexionar

Imagínate a ti mismo viviendo en el primer siglo. Perteneces a la comunidad cristiana en Grecia y estás reunido junto con otros miembros en una casa para la Eucaristía dominical. El sacerdote entra a la habitación y anuncia que Pedro y Pablo fueron martirizados en Roma. Estos grandes líderes, y la mayoría de quienes han visto a Jesús cara a cara, no están más. El cristianismo ahora depende de ti, la segunda generación de creyentes. ¿Cómo te sientes al respecto? ¿De qué hablas con tus amigos? Las cartas de Pablo que advierten acerca de los falsos apóstoles fueron leídas a tu comunidad años atrás. ¿Quién hablará con autoridad acerca de la verdad y la falsedad? ¿Los funcionarios romanos perseguirán ahora a los cristianos de todo el imperio? ¿Tiene tu grupo alguna posibilidad de sobrevivir a dicha persecución? Luego el sacerdote pide silencio. Se dirige a la comunidad: "Todos hemos oído las noticias acerca de la muerte de Pedro y Pablo. Hemos compartido sus pensamientos y sentimientos. Ahora me gustaría pedirles a ustedes que piensen acerca de la vida, la muerte y la Resurrección de Jesús, y acerca de su prédica." Luego el sacerdote se dirige a ti y te dice: "Tú has sido un cristiano por más tiempo que el resto de los que estamos aquí. Por favor, cuéntanos lo que piensas que Jesús nos diría acerca de estos hechos y acerca de nuestro futuro...." ¿Cuál es tu respuesta?

Actividades

Lee Apoc 21,1-4. Dedica unos minutos a relajarte en silencio y en paz. Luego, trata de imaginar cómo sería entrar al paraíso. La belleza es impactante. Estás rodeado de la presencia amorosa de Dios. Ves a los miembros de tu familia y tus amigos más cercanos, caminando hacia ti. La última vez que los viste vivos, eran muy ancianos y enfermos; ahora están tan vivos y tan hermosos que estás sorprendido. Los abrazas y conversas y te ríes. De repente, la realización completa todo tu ser: "Nunca jamás seremos separados. No hay nada que temer, nada por lo que preocuparse. No más tristezas, no más odio, no más enfermedad, no más lágrimas, no más muerte. Esto es lo que siempre he querido; esto es para lo que fui hecho."

Reza todo el tiempo que desees, reflejando la belleza del paraíso, el amor de Dios y la alegría de estar con tu familia, amigos, santos y los más grandes personajes que alguna vez habitaron la tierra y murieron en el amor de Dios. Refleja, así como lo señalan el Apocalipsis y toda la Biblia, que el paraíso es el verdadero hogar. Pide a Jesús que te ayude a conservar esto siempre en mente. Habla a tus santos preferidos y a los amigos y familiares que han fallecido. Pídeles que se queden junto a ti, que te cuiden, y que te ayuden a vivir de manera tal que un día te _unirás_ a ellos en el paraíso.

LA BIBLIA: UN LIBRO PARA TODA LA VIDA

"¿Qué me pareció tu libro? Sabía que me harías esta pregunta", dijo el creyente, sonriendo a Jesús. "Disfruté leerlo, pero hay algunas cosas que aún no comprendo." "Pregúntame –respondió el Señor–, como sabrás, esos interrogantes los tendremos por siempre."

"Antes que nada, ¿por qué estuviste tanto tiempo en silencio hasta que finalmente le hablaste a Abraham? Hubo gente en la tierra cientos de miles de años antes que él. Y, ¿por qué solamente hablaste a los judíos?" "En verdad –dijo Jesús (el creyente se sintió aliviado al ver que Jesús también estaba sonriendo)–, me mantuve en silencio hasta Abraham y no sólo hablé a los judíos. Fue tan solo que ellos me escucharon. Las cosas podrían haber marchado mucho mejor si la gente hubiera hecho lo mismo."

El creyente consideró las palabras de Jesús por un momento, luego volvió a hablar: "Otra cosa que no entiendo es cómo la Biblia puede ser tan hermosa en algunas partes, me encantó lo que dijiste en Juan 17, por ejemplo, pero tan fea en otras... guerras, traición, confusión, disgustos. Desde que Caín asesina a Abel en el primer libro hasta las persecuciones en el último, hay tanto mal." "Es verdad –admitió Jesús–, porque ésa es la condición humana. A los seres humanos les fue confiado el don de la libertad al comienzo. Nunca les quité ese don. Así que tan sólo pude invitarlos y amarlos y enseñarles de tal manera que les permití la libertad para decir sí o no a la bondad de Dios. La Biblia da cuenta de mi amor y mi invitación. Muestra la bondad y el amor que toca la vida humana, cuando la gente dice sí. También da cuenta de las terribles consecuencias cuando la gente dice no."

"Pero —insistió el creyente—, hay tanto mal. La Biblia lo muestra en prácticamente cada una de las páginas. ¿Por qué?" "Libertad, libertad, libertad", repitió Jesús amablemente y explicó: "Sin la libertad, las personas no son humanas. Es verdad que sin libertad nadie podría elegir el mal. Pero también es verdad que sin libertad nadie podría elegir el bien o amar o disfrutar la unidad del corazón con los demás y con Dios, quien es el que más se ha esforzado. Sí, hay maldad, pero la Biblia muestra que la bondad de Dios no puede ser vencida por el mal. Dios no hace nada mal, pero Dios quiere arriesgarse a dar a los seres humanos libertad para hacer el mal, para que puedan tener la libertad de hacer el bien. Un hecho puro de amor excede todo mal en el universo. Recuerda las palabras de Pablo al efecto de que nada, ni siquiera la muerte, puede separarnos del amor de Dios. ¡Y te recuerdo que mi Resurrección dio prueba de esto mucho antes de que Pablo escribiera Romanos 8!"

El creyente se hubiera enrojecido si esto hubiera sido posible en un cuerpo espiritual. Hubo una gran pausa, entonces... "Una pregunta más, Jesús, y me tranquilizo: ¿por qué la Biblia llevó a tantas peleas y causó tanta confusión? ¿Por qué has permitido que incluso tus propias palabras en el Nuevo Testamento sean interpretadas de tantas maneras diferentes?" "Permíteme que te haga una pregunta —dijo Jesús—: ahora que has tenido la oportunidad de ver el universo en tu nuevo cuerpo espiritual, ¿qué opinas de él?" "Es magnífico —respondió el creyente—, miles de estrellas, cientos de galaxias. Necesitaré una eternidad para comprender todo." "Es verdad —declaró Jesús—, ¡e incluso el más poderoso de los seres humanos no podría ni siquiera hacer la más pequeña de las estrellas! El conocimiento y el amor de Dios son como el universo, inmenso más allá de lo que los seres humanos pueden imaginar. Hasta el más sabio de los seres humanos que sólo puede entender una mínima parte de la sabiduría de Dios, es capaz de comprender únicamente una pequeñísima gota del vasto océano del conocimiento divino. Si tan sólo la gente pudiera admirar esa pequeñísima gota con reverencia y humildad. Si tan sólo pudieran abstenerse de intentar transformar la verdad a su propia imagen y semejanza. Si tan sólo pudieran recordar que envié al Espíritu Santo para enseñarles y guiarlos a través de la Iglesia. Entonces la Biblia sería para todos una fuente de sabiduría y unidad. Pronto lo descubrirás, quienes viven aquí aprendieron estas lecciones. ¡Ésa es una de las razones por la cual a este lugar se lo llama paraíso!

LA BIBLIA: LA PALABRA DE DIOS AL MUNDO

Vendrá un día en el que todas nuestras preguntas serán respondidas. Pero por ahora debemos hacer nuestro mayor esfuerzo por entender lo que podamos, con coraje, entusiasmo y humildad. La Biblia es la forma que Dios tiene de dirigirse a nosotros como sus hijos amados. Posee toda la grandeza, sabiduría y amor que podemos comprender, porque viene de Dios. Pero porque llega a través de seres humanos, también tiene limitaciones. Sin embargo, estas limitaciones no deben enceguecernos ante la grandeza, la sabiduría y el amor.

Pues Dios quiere que todo el mundo llegue, a través de la Biblia, al "conocimiento de la verdad" (1 Tim 2,4). Hemos visto que la Biblia contesta la mayoría de las preguntas básicas a las cuales nos enfrentamos como seres humanos. Preguntas tales como:

"¿Hay un Dios?" ¡Sin duda! La Biblia nos ayuda a darnos cuenta de que todo, excepto el pecado, debe venir de un Creador todopoderoso, o de la nada. Muestra a Dios como la Fuente de todo cuanto existe. La Biblia nos muestra el conocimiento de que Dios es la unión amorosa de tres Personas, Padre, Hijo y Espíritu Santo, que quiere que formemos parte de su familia de amor.

"¿Tiene la vida un sentido y propósito?" ¡Por supuesto! La Biblia nos enseña que Dios dio la vida a los seres humanos, así que podemos llegar a conocer a Dios, a caminar con Dios en el jardín que es la tierra (Gn 3,8), a sentir la bondad, el conocimiento y el amor de Dios, y a usar bien nuestra libertad para moldear este planeta para lo que ha sido creado. La vida aquí es un viaje que empieza con el nacimiento y nos lleva, a través de la muerte, a una unión incluso más cercana con Dios, ya que la muerte nos despoja de nuestras limitaciones y nos abre a las más plenas posibilidades de conocimiento y amor. Esta unión con Dios es nuestro propósito y objetivo.

"¿Por qué entonces es tan dolorosa a veces la vida? ¿Por qué hay tanto mal, tanto pecado y sufrimiento?" Porque Dios nos ha hecho libres para amar y por esa razón somos libres para decir sí o no. El mal es por cierto el más difícil de los problemas que enfrenta la existencia humana, y no hay respuestas sencillas. La historia de Adán y Eva muestra cómo los seres humanos hacen un mal uso de la libertad al pecar, al decir no a Dios, en vez de aceptar la palabra de Dios de lo que está bien y lo que está mal. El resto de la Biblia relata las tristes consecuencias del pecado.

"¿Hizo el pecado que la vida sea difícil de soportar y la derrota sea inevitable?" ¡De ningún modo! Mientras los seres humanos le dicen no muy seguido a Dios, Dios nunca nos ha dicho nada más que sí... El amor de Dios llega a nosotros, tal como lo podemos observar en cada página de la Biblia, en la belleza de la naturaleza, en cada bendición que alguna vez ha conmovido al ser humano, en los momentos de la oración y la alabanza, en la enseñanza de los líderes espirituales y en las buenas vidas de quienes han seguido el camino de Dios. Sobre todo, Dios ha dicho sí a través de Jesucristo, Dios ha sido uno de nosotros. Jesús ha entrado verdaderamente en nuestra condición humana y soportado lo que nosotros debemos soportar, incluso el sufrimiento y la muerte, para que nunca estemos solos. Admitimos la realidad del mal; pero con Jesús a nuestro lado, sabemos que podemos triunfar sobre el mal, incluso sobre la muerte misma.

"¿Cómo podemos encontrar la felicidad y paz verdaderas?" Aceptando a Jesucristo, viviendo acorde a las normas que nos ha dado, reconociendo su presencia permanente en la Iglesia, y siendo parte de esa presencia. Cómo logramos esto, por supuesto, se vuelve más claro cuando conocemos mejor la Biblia y vivimos como miembros de la Iglesia de Cristo. Pues es a través de la Biblia y la Iglesia que Cristo nos enseña y comparte con nosotros su vida y su amor. Vivir la Biblia y vivir como miembros de la Iglesia debe ser el trabajo de toda una vida, el más grande desafío que podemos enfrentar como seres humanos y el más noble de los emprendimientos humanos.

"¿Qué sucede con nosotros cuando morimos?" ¡Nacemos a una nueva vida! Si creemos en Jesucristo y vivimos acorde a su palabra, estamos unidos a su vida, a su muerte y Resurrección, de tal manera que la muerte se convierte en el nacimiento a la vida eterna. Existe, en nuestros corazones, un deseo de algo que este mundo no nos puede brindar. Esto es porque somos hechos para Dios, y nuestros corazones estarán inquietos hasta tanto descansen en Dios. Este descanso en Dios nos llevará a la Fuente de conocimiento y amor, y por esta razón, la vida eterna proveerá todo lo que tanto anhelamos. Tendremos la felicidad, seguridad y paz que tanto deseamos aquí. Tendremos esa amorosa unión con Dios y el uno con el otro, que parece tan difícil conseguir ahora. Desde la primera página de la Biblia hasta la última, Dios nos asegura que lo que necesitamos y deseamos será nuestro.

"Al principio creó Dios el cielo y la tierra" (Gn 1,1), Dios planificó que los seres humanos deben disfrutar el conocimiento y el amor de Dios. Al final, para aquellos que dicen sí a Dios, agradecen la bondad de Dios, la gracia de Jesucristo, y el amor del Espíritu Santo, hay "un cielo nuevo y una tierra nueva... la morada de Dios con los hombres. Él habitará con ellos, ellos serán su pueblo y Dios mismo morará con los hombres" (Apoc 21,1-3).

LA BIBLIA, LA TRADICIÓN Y LA IGLESIA

Los católicos creen en la Biblia como la palabra de Dios. Creemos que la Biblia es un regalo que Dios hace a la Iglesia para que sea atesorado y usado. Las respuestas a las preguntas más básicas de la vida pueden encontrarse en la Biblia.

Pero muchas otras preguntas no tienen su respuesta en la Biblia. Los católicos creen que las respuestas a estas preguntas pueden ser encontradas en la sagrada Tradición de la Iglesia, pues sabemos que Dios revela la verdad a través de la sagrada Tradición, así como también a través de las Escrituras.

Aquí somos desafiados por quienes afirman que los cristianos deben creer solamente en lo que está en la Biblia. Sin embargo, esta afirmación contradice la Biblia misma, porque las Escrituras ofrecen gran cantidad de pruebas referidas a la existencia de la sagrada Tradición.

El Evangelio de Juan finaliza con esta declaración: "Pero, otras muchas cosas hizo Jesús. Si se escribieran una por una, me parece que el mundo entero no podría contener los libros que pudieran escribirse" (Jn 21,25). Claramente, la Biblia no contiene toda la verdad revelada por Dios.

Las Escrituras reconocen la existencia de tradiciones transmitidas a través de la enseñanza oral, como también a través de la Biblia. San Pablo escribió a los Tesalonicenses: "....manténganse firmes y guarden las enseñanzas que han recibido, ya sea de palabra, ya sea por escrito" (2 Tes 2,15).

Jesús prometió continuar hablando a través de sus discípulos: "Quien los escucha me escucha" (Lc 10,16). Después de la Resurrección, los apóstoles predicaron la palabra de Dios y designaron a otros para enseñar después de ellos. El Nuevo Testamento da cuenta de este mandato de Pablo a Timoteo: "Y las cosas que oíste de mí ante muchos testigos, confíalas a hombres fieles, que sean capaces de enseñar a otros" (2 Tim 2,2). La sagrada Tradición *es* Cristo enseñando al mundo por medio de los líderes de la Iglesia que nos guía y dirige.

Jesús prometió enviar al Espíritu Santo para conducir a la Iglesia hacia la verdad: "Cuando venga él, el Espíritu de la verdad, los guiará a la verdad completa" (Jn 16,13). Dicha guía es necesaria, si queremos aplicar los principios bíblicos a los problemas modernos.

Si nos preguntaran: "¿Cuál es la columna y fundamento de la verdad?", la gente que niega la sagrada Tradición respondería: "La Biblia, por supuesto." Pero ¡eso no es lo que dice la Biblia! La Biblia declara que la Iglesia es la "columna y fundamento de la verdad" (1 Tim 3,15).

La Iglesia, desde ya, vino antes que la Biblia y esto prueba que hay una revelación divina que no se encuentra en la Biblia. Los primeros cristianos no tienen Nuevo Testamento. Si todas las enseñanzas hubieran tenido que surgir de las Escrituras, la temprana Iglesia habría tenido poco que enseñar. Además, el concilio de la Iglesia tomó decisiones acerca de qué libros debían ser aceptados en la Biblia. Sin la sagrada Tradición no habría habido forma de determinar cuáles libros pertenecían a la Biblia y cuáles no. Sin la sagrada Tradición, no habría Biblia.

La historia ha dado otra prueba de la necesidad de la sagrada Tradición. Uno de los principios enseñados por quienes se han alejado de la Iglesia en el siglo dieciséis fue la "Sola Scriptura". Esta es la noción de que Dios revela la verdad a cada individuo sin la necesidad de la sagrada Tradición o una Iglesia que interprete y clarifique lo que dice la Biblia. Pero la historia ha mostrado que esto no puede ser la forma en que Dios actúa, porque da origen a la formación de miles de denominaciones, cada una con su propia versión de la verdad. Si Dios guiase a cada individuo hacia la verdad, todos creerían lo mismo. Jesús no prometió que cada persona encontraría la verdad sin recurrir a la Iglesia. A cambio, Jesús establece una Iglesia y promete que las puertas del Infierno no prevalecerán sobre ésta. (Mt 16). Los católicos hoy creen lo que los primeros cristianos creyeron acerca de la Eucaristía y otras doctrinas esenciales. Esto es porque ellos son guiados por la revelación de Dios en la sagrada Tradición, por la Iglesia de Cristo, y no por los caprichos de algún individuo o de las cambiantes corrientes de un mundo pasajero.

Finalmente, no hay pasaje en la Biblia que diga que la Biblia es solamente la fuente de revelación divina. Por esta razón, cualquiera que declare que debemos creer únicamente en lo que encontramos en la Biblia, ¡nos está pidiendo que creamos en algo que no está en la Biblia!

La sagrada Tradición y la Biblia no están en yuxtaposición. A la mayoría de los dogmas de nuestra fe se los puede encontrar en la Biblia de manera explícita. Todas nuestras creencias católicas están en armonía con la Biblia. (Ver *"We believe..." A Survey of the Catholic Faith* de Oscar Lukefahr, C.M. Ediciones Liguori, 1990, 1995). Algunas, como la doctrina de la Asunción de María, son enseñadas implícitamente en la Biblia y reveladas más claramente por Dios a la Iglesia bajo la guía del Espíritu Santo.

Nosotros los católicos, entonces, dependemos tanto de la Biblia como de la tradición. ¡Hacemos esto con la autoridad de la Biblia misma!

INTERPRETACIÓN DE LA BIBLIA
A TRAVÉS DE LA TRADICIÓN DE LA IGLESIA

La sagrada Tradición de la Iglesia ayuda a los católicos a entender e interpretar la Biblia. El enfoque católico frente a la relación de la Biblia y la Tradición puede verse en el tema de los "hermanos y hermanas" de Jesús y el tema relacionado con la virginidad perpetua de María.

El Nuevo Testamento habla de "hermanos y hermanas" de Jesús (Mt 13,56-57). Pero la Iglesia Católica enseña que Jesús no tuvo hermanos o hermanas por consanguinidad y que su madre María siempre fue virgen. Estas verdades nos llegan de la Biblia y de la sagrada Tradición.

En los tiempos bíblicos, como ahora, "hermanos y hermanas" puede utilizarse de muchas maneras. Cuando escuchamos a los presentadores dirigirse al público como "hermanos y hermanas," asumimos que las palabras no se refieren a los parientes consanguíneos, sino a los amigos o miembros de una nación, grupo o raza en particular. En el Antiguo Testamento, "hermanos y hermanas" tal vez se refiera a los miembros de la misma tribu (Dt 15,12) o raza (Dt 23,7), o a los sobrinos (Gn 13,8) o primos (Lev 10,4) o a los parientes en general (2 Rey 10,13).

El Nuevo Testamento nunca habla de otros hijos de María, así que es imposible probar desde la Biblia que Jesús realmente haya tenido hermanos o hermanas por consanguinidad. Es más: hay muchos pasajes que indican que no los tuvo.

Dos de los que son llamados hermanos de Jesús, a saber, Santiago y José (Mt 13,56-57), son más tarde identificados como los hijos de otra mujer, posiblemente una hermana de María (Mt 27,56). Si María tuvo otros hijos, hubieran sido mencionados en la descripción de la peregrinación al Templo, cuando Jesús tenía doce años de edad. Si María tuvo otros hijos, es difícil de explicar por qué Jesús, mientras colgaba de la cruz, le encargó a María el cuidado de sus discípulos amados. "Cuando Jesús vio a su madre y al discípulo que él amaba junto a María, él le dijo a su madre: 'Mujer, he aquí tu hijo.' Luego dijo al discípulo. 'He aquí tu madre.' Y desde aquel momento, el discípulo la recibió consigo" (Jn 19,26-27). Haber confiado al amado discípulo a María no hubiera tenido sentido si María tenía otros hijos.

La palabra *hermanos* es usada en el Nuevo Testamento por los seguidores de Jesús más de un centenar de veces. Por ejemplo, el Jesús resucitado le pidió a María Magdalena "ve con mis hermanos". Jesús dijo que aquellos que hacen la voluntad de su Padre son sus hermanos (Lc 8,21).

Algunas personas sostienen que Lc 2,7, refiriéndose a Jesús como el "primer hijo" sugiere que María debe haber tenido hijos después de Jesús. Pero el "primogénito" no significa otros hijos. Una inscripción fechada en el año 5 A.C. en el sepulcro de una mujer judía en Egipto dice que murió "dando a luz a su primogénito".

La expresión en algunas traducciones al inglés indican que José "no tuvo relaciones matrimoniales con ella [María] hasta que ella dio a luz un hijo (Mt 1,25), lo que también parece indicar otro hijo. Pero nuestra palabra en inglés *hasta* implica "solamente hasta ese momento y no en adelante". Las palabras griegas y semíticas traducidas por *hasta*, por lo general, significan "hasta ese momento", sin referirse en adelante. *Hasta* en inglés sugiere que José no tuvo relaciones con María después del nacimiento de Jesús. Pero *hasta* en griego o semita no sugiere que él así lo haya hecho. Se centra únicamente en el tiempo hasta el nacimiento de Jesús y no dice nada acerca de lo que pasa a partir de allí. Una expresión similar en 2 Sam 6,23 indica que Micol "no tuvo hijos hasta el día de su muerte". La traducción al inglés usa *hasta*, pero la expresión semítica detrás de ambas frases es lo mismo, y obviamente Micol no tuvo hijos después de su muerte. En Mateo 28,20, Jesús dice: "Yo estoy con ustedes hasta el fin del mundo." (La palabra traducida aquí *hasta* es la misma que el *hasta* de Mateo 1,25.) Aquí Jesús quiere decir que estará con nosotros hasta el fin del mundo y más allá del fin del mundo, es decir, para siempre. De igual modo, Mateo 1,25 lleva el significado de que José no tuvo relaciones matrimoniales con María hasta y después del momento en el que ella dio a luz a Jesús.

Los primeros escritores cristianos están de acuerdo en que Jesús no tuvo hermanos por consanguinidad y que María siempre fue virgen. Jerónimo (345-420) escribió que "Ignacio, Policarpo, Ireneo, Justino mártir, y todos los demás hombres letrados de los tiempos apostólicos" testimoniaron la virginidad perpetua de María. Estos escritores no tuvieron motivo para establecer que Jesús fue el único hijo, más que el hecho de que ¡él era realmente el único hijo!

Además, si Jesús realmente tuvo hermanos de sangre, sería difícil explicar por qué la Iglesia habría negado su existencia. La razón más plausible de por qué la iglesia siempre ha considerado a Jesús como el único hijo es que ¡verdaderamente fue hijo único!

Por este motivo, nuestra enseñanza católica se remonta a los comienzos de la Iglesia y ha mantenido una misma creencia a lo largo de casi dos mil anos. Desde que el Espíritu Santo guía a la Iglesia, podemos estar seguros de que el Espíritu Santo condujo a los creyentes al hecho de la virginidad perpetua de María.

El hecho señala la unicidad de Jesús como el Hijo único de Dios. La Biblia establece que María era virgen cuando concibió a Cristo por el poder del Espíritu Santo (Lc 1,31-35). La tradición de la Iglesia enseña que María siguió siendo virgen. ¿Por qué? Porque ella y José fueron testigos del milagro de la concepción y nacimiento de Jesús. Se dieron cuenta de que Dios les había confiado el más grande tesoro en la historia del mundo, el único Hijo de Dios. Entendieron que su tarea en la vida era alimentar y proteger al Salvador de la raza humana. Varios años más tarde, Jesús hablaría a quienes renunciaron al matrimonio "por el bien del reino de los cielos" (Mt 19,12). No es extraño que María y José hayan querido renunciar a su derecho de tener otro hijo, con el fin de dedicar sus vidas al cuidado del Hijo de Dios.

La creencia de la Iglesia respecto a la virginidad perpetua de María no es importante por lo que se dice acerca de Jesús y de nosotros. El hecho de que Jesús fuera el único hijo de María establece su unicidad como el único Hijo de Dios. El hecho de que Jesús fuera el hijo único de María da origen a una especial relación entre María y nosotros. Debido a que somos el Cuerpo de Cristo (1 Cor 12,27), María es nuestra madre, y tiene el mismo amor maternal por nosotros que el que tiene por Jesús. Él nos dice, al igual que a sus discípulos amados: "He aquí su madre."

Estos hechos, arraigados en la Biblia y clarificados por la sagrada Tradición de la Iglesia, nos ayudan a ver a Cristo de la manera más clara posible. Nos ayudan a conocer a María como su Madre Virgen y como nuestra Madre Virgen. Estas creencias, al igual que el Nuevo Testamento, han enriquecido las vidas de innumerables generaciones de católicos.

APLICACIÓN DE LAS ENSEÑANZAS DE LA BIBLIA A LOS PROBLEMAS DE HOY

La sagrada Tradición de la Iglesia y el oficio de las enseñanzas oficiales de la Iglesia también ayudan a los católicos a aplicar las enseñanzas de la Biblia a los problemas actuales. Un ejemplo de esto es el tema del aborto.

Algunos cristianos argumentan que el aborto es moralmente aceptable e indican que el aborto no está prohibido en la Biblia. Los católicos, y muchos otros cristianos, creen que el aborto está prohibido por el mandamiento "No matarás" (Éx 20,13).

Los predicadores oficiales de la Iglesia, el papa y los obispos, empiezan con el pronunciamiento de la Biblia "No matarás". Ellos consideran que la tradición de la Iglesia prohíbe la matanza de hijos nonatos. También consideran los descubrimientos de la ciencia médica moderna, que muestra, con claridad, que un nonato no es simplemente un par de tejidos sino un ser humano. Ellos aclaran a los católicos lo que la Biblia enseña en un tema tan crucial como las normas morales de cada individuo y de la sociedad.

"¿HACIA DÓNDE VAMOS?"

Esta _Guía Católica para la Biblia_, entonces, debe concluir con una invitación a continuar leyendo la Biblia y a estudiar la sagrada Tradición de la Iglesia. Ambas son la palabra de Dios, y juntas nos guían a la vida eterna.

Quienes han seguido esta introducción a la Biblia desde un comienzo, han leído pasajes de los diferentes libros de la Biblia. Han estudiado la Biblia a la luz de la enseñanza y la Tradición de la Iglesia. Los incentivo a leer, estudiar y rezar la Biblia y a investigar más las tantas fuentes de las que disponemos para brindarnos una ayuda (Ver Bibliografía).

Quizás, la mejor forma de continuar es leer algunos libros del Nuevo Testamento desde el principio hasta el final. Recomiendo que leas primero el Evangelio de Lucas, luego los Hechos de los Apóstoles, luego la Carta de Pablo a los Romanos. Después de estos libros, tal vez quieras ir al Evangelio de Juan, a la Carta de Pablo a los Filipenses y al resto del Nuevo Testamento. Luego puedes empezar con la lectura del Antiguo Testamento. Reza para pedir ayuda y pídele a Dios que abra tu corazón y mente ante la palabra. Ya has empezado, y la Biblia es una colección de tesoros que esperan ser descubiertos.

Los padres que tienen hijos pequeños pueden comprar la Biblia para niños y a menudo, leerles las historias de la Biblia. Muchas familias tienen un Nuevo Testamento en el lugar de la cena y leen algunos versículos durante esta comida. Los esposos y esposas deben considerar la lectura de la Biblia juntos.

Tal vez quieras comprar los casetes del Nuevo Testamento. Puedes escuchar dichas cintas mientras manejas, mientras trabajas en la casa o durante los momentos de oración.

Quienes están familiarizados con las computadoras pueden usarlas para estudiar la Biblia. Los programas de búsqueda permiten a quienes estudian la Biblia ir a cualquier pasaje de la Escritura o ver todos los pasajes que contienen una enseñanza particular.

Si tu parroquia tiene un grupo de estudio de la Biblia, analiza la oportunidad de unirte al grupo, pues hay un valor especial cuando se estudia la Biblia con otras personas. Si no existe dicho grupo, tal vez quieras empezar solo, usando este libro u otras guías de la Biblia. Puedes procurar información o ayuda de tu sacerdote o maestro de catequesis de tu parroquia.

Reza la Biblia, en especial en la oración litúrgica de la Iglesia. Los pasajes de la Biblia son proclamados y rezados en todas las misas, y quienes asisten a misa diariamente cuentan con la mejor oportunidad de que los conmueva la palabra de Dios. Algunas parroquias tienen oración matutina y vespertina basada en la Liturgia de las Horas de la Iglesia. Muchos católicos usan la Liturgia de las Horas, la oración diaria de la Iglesia, como una forma de rezar la Biblia en unión con la Iglesia de todo el mundo. Puedes conseguir más información acerca de la Liturgia de las Horas con tu sacerdote o en una librería católica. Éstas también tienen libros con oraciones basadas en la Biblia con selecciones para cada circunstancia y situación.

Tal vez, desees memorizar tus pasajes bíblicos favoritos para que guíen tu pensamiento y tus emociones. Cuando sientas perturbado, por ejemplo, puedes tener sentimientos encontrados o puedes superar la tentación reflejada en estas palabras: "Yavé es mi pastor, nada me falta" (Sal 23,1), o en la promesa de Jesús: "Yo estoy con ustedes" (Mt 28,20). Dichos pasajes ayudan a los creyentes a vivir cada día en la presencia de Dios y a descansar tranquilos por las noches. Muchos católicos memorizan un pasaje corto de la Biblia de la liturgia del domingo y luego lo rezan varias veces durante la semana. Hay quienes cuelgan las citas de la Biblia en la heladera o tienen un calendario con un versículo para cada día. Hay quienes tienen una Biblia siempre a mano, sobre una mesa, para poder leer un versículo al azar, simplemente para ver lo que Dios tiene para decirnos en diferentes momentos del día.

Las posibilidades son interminables. Cualquiera sea la forma en la que recurrimos a la Biblia, debemos recordar que es la palabra de Dios. Él nos conoce mejor de lo que nosotros nos conocemos a nosotros mismos, nos ama más de lo que podemos imaginarnos y quiere caminar a nuestro lado cada uno de los días hasta que alcancemos una perfecta unión con Él en el cielo.

Cuando tomamos la Biblia, estamos llamando a Dios. Y Dios siempre está dispuesto para escucharnos.

Preguntas para analizar y reflexionar

La sección, "La Biblia: La Palabra de Dios al Mundo", enumera las seis preguntas básicas, cuyas respuestas encontramos en la Biblia. ¿Puedes pensar en los pasajes que responden estas preguntas?

Has dedicado buen tiempo al estudio de la Biblia. ¿De qué formas te ha ayudado tu estudio a entender la Biblia?, ¿a entender la fe católica?, ¿a crecer como creyente?, ¿a rezar?

Actividades

Puesto en la presencia de Dios, toma la Biblia con respeto. Piensa en todos los creyentes que la han tomado. Piensa en los creyentes cuyas historias son relatadas por la Biblia. Considera tus actitudes hacia la Biblia y tu conocimiento de ella, antes de empezar este estudio. Compáralas con lo que significan hoy. Considera cómo te gustaría que sean en el momento de tu muerte. Agradece a Dios por la Biblia y por las oportunidades de conocerla y amarla como la obra de Dios. Besa la Biblia con respeto y ábrela en tu pasaje favorito. Deja que Dios te hable.

BIBLIOGRAFÍA

Atlas of the Bible: An Illustrated Guide to the Holy Land. Pleasantville, NY: Reader's Digest, 1982.

Catechism of the Catholic Church, Washington, D, C.: Conferencia Católica de los Estados Unidos, 1994.

Collegeville Bible Commentary: Collegeville, MN: Publicación Litúrgica, 1989.

Jesus and His Times. Pleasantville, NY: Reader's Digest, 1987.

Jesus Christ, Word of the Father, Comisión Teológico-Histórica para el Gran Jubileo del año 2000. Nueva York: Editorial Crossroad, 1997.

Keller, Werner. *The Bible As History.* Segunda edición actualizada. Nueva York: Bantam Books, 1993.

Lukefahr, Oscar, C.M. *"We Believe...." A Survey of the Catholic Faith.* Segunda Edición, Liguori, MO: Publicaciones Liguori, 1995.

McKenzie, John, S.J. *Dictionary of the Bible,* Bruce, 1965.

New Revised Standard Version of the Bible: Edición Católica Nashville, TN. Publicación Católica de la Biblia. 1993.

New Revised Standard Version of the Bible: Edición católica. Versión electrónica. Liguori, MO: Publicaciones Liguori, 1994.

New American Bible- New Testament. Un set de doce cassettes. Hosanna, 2421 Aztec Road NE, Albuquerque, NM 87107. Teléfono 1-800-545-6552.

ÍNDICE

Se terminó de imprimir 2000 ejemplares
En el mes de junio de 2006 en
KADMA S.R.L.
Paraguay 372 (1870) - Avellaneda
Provincia de Buenos Aires
República Argentina